AF269526

Conectando con los Arcturianos

David K. Miller

Conectando con los Arcturianos

EDICIONES OBELISCO

Si este libro le ha interesado y desea que le mantengamos informado de nuestras publicaciones,
escríbanos indicándonos qué temas son de su interés (Astrología, Autoayuda, Ciencias Ocultas, Artes
Marciales, Naturismo, Espiritualidad, Tradición…) y gustosamente le complaceremos.

Puede consultar nuestro catálogo en www.edicionesobelisco.com.

Colección Psicología
Conectando con los Arcturianos
David K. Miller

1.ª edición: febrero de 2014

Título original: *Connecting with the Arcturians*

Traducción: *Sergio Pawlowsky*
Maquetación: *Marta Rovira Pons*
Corrección: *M.ª Jesús Rodríguez*
Diseño de cubierta: *Enrique Iborra*

© 2012, David K. Miller
(Reservados todos los derechos)
© 2014, Ediciones Obelisco, S. L.
(Reservados los derechos para la presente edición)

Edita: Ediciones Obelisco, S. L.
Pere IV, 78 (Edif. Pedro IV) 3.ª planta, 5.ª puerta
08005 Barcelona - España
Tel. 93 309 85 25 - Fax 93 309 85 23
E-mail: info@edicionesobelisco.com

Paracas, 59 - Buenos Aires
C1275AFA República Argentina
Tel. (541 - 14) 305 06 33
Fax: (541 - 14) 304 78 20

ISBN: 978-84-15968-32-0
Depósito Legal: B-673-2014

Printed in Spain

Impreso en España en los talleres gráficos de Romanyà/Valls S. A.
Verdaguer, 1 - 08786 Capellades (Barcelona)

Capítulo 1

Somos los Arcturianos

Somos los Arcturianos y yo soy Juliano, uno de los comandantes del contingente que supervisa la conexión con la Tierra. Sentimos un gran interés por la Tierra porque nos consideramos las comadronas de vuestro nacimiento espiritual a la quinta dimensión. Vosotros no concebís que un nuevo Hombre nazca en la tercera dimensión sin que nadie ayude a la madre y al bebé. Por lo tanto, hemos sido designados ayudantes competentes para asistiros en vuestro nacimiento. Somos como un imán que atrae vuestra energía espiritual para conducirla a los reinos superiores.

Os rogamos que comprendáis lo importante que es para vosotros que tengamos esta atracción magnética. En vuestra tercera dimensión existen numerosas distorsiones y desviaciones. Sabemos que os resulta difícil concentraros. Somos expertos en enfocar la energía a los reinos espirituales más elevados. La labor que hacemos con vosotros fomentará y acelerará vuestro desarrollo para ayudaros a pasar a la quinta dimensión de forma cómoda y sencilla. Por ello, pensamos que estar juntos forma parte del proceso de vuestra Ascensión.

Muchos de vosotros tenéis múltiples conexiones de vidas anteriores con diferentes sistemas estelares, como las Pléyades y otros sistemas galácticos de los que no sois conscientes con vuestra base de conocimientos terrestre. No olvidéis que os conectáis con los demás sistemas estelares a través del Portal Estelar Arcturiano, es decir, de nosotros. Somos seres afectuosos y estamos al servicio de la máxima sabiduría.

No interferimos, sino que nos limitamos a conduciros a esos planos en calidad de ayudantes y guías.

Es importante que aprendáis a relacionaros con las dimensiones superiores y a adquirir más soltura en el intercambio con otros seres planetarios que están en línea con los objetivos de vuestro desarrollo, sobre todo cuando os encontréis con los que llamáis seres extraterrestres, porque debéis procurar alinearos con quienes comprenden y apoyan el camino del desarrollo evolutivo que habéis elegido.

Tal vez penséis que somos seres espirituales muy evolucionados de la quinta dimensión que ayudan a los terrestres en su transición. Nosotros también experimentamos, hace mucho tiempo, el cambio desde la tercera dimensión, nuestra propia Ascensión. Hemos evolucionado a un estado superior de conciencia, un estado que muchos de vosotros admiráis enormemente y en el que deseáis participar. Este estado de conciencia guarda relación con la superación de los primitivos instintos básicos y con el paso a una frecuencia más alta que os permitirá existir en vuestros cuerpos de luz.

Ésta es realmente la finalidad de vuestro camino evolutivo en la Tierra. Deseáis abandonar lo físico e ir a la luz. ¿Qué significa «ir a la luz»? Se refiere a vuestra capacidad para estar en vuestros cuerpos de luz, libres de las limitaciones físicas de la Tierra, libres de la necesidad de los aspectos sumamente constreñidos de vuestras vidas, aspectos que tienen que ver con el carácter finito de la concepción de vuestra existencia.

No sólo hemos trabajado con muchas semillas estelares, sino que también hemos observado el proceso de cambio evolutivo de numerosos planetas. Nos resulta muy interesante observar la Tierra y el cambio planetario que experimenta en estos momentos. Nunca un planeta ha dispuesto de tanta ayuda como tiene ahora la Tierra. Debéis saber que muchos seres superiores se interesan y preocupan por la Tierra y que velan por vosotros. Además, están participando en la evolución de la Tierra y en su nuevo nacimiento. Literalmente, la Tierra está «renaciendo». En el Universo existe un ciclo continuo de muerte y renacimiento. La Tierra está viviendo un proceso de nacimiento, y vosotros os halláis en la cúspide de este cambio evolutivo.

Las trasmisiones Arcturianas

Queremos tratar con vosotros la naturaleza de nuestras trasmisiones. En primer lugar, os estamos estudiando detenidamente, además de ayudaros. Analizamos vuestro desarrollo como seres planetarios. Analizamos vuestra resistencia, vuestras densidades y vuestros bloqueos frente a los planos superiores, incluida la aceptación de nuestra existencia. Parte de esta resistencia se centra en vuestro avance cultural y vuestra insistencia en el proceso educativo se basa en la comprensión lógica. Por un lado, esto ha supuesto un gran avance, pero por otro lado ha levantado numerosos muros sólidos en vuestro desarrollo espiritual como seres galácticos.

Es preciso que os recordemos vuestras capacidades para trasformaros y activaros a través de la luz. Podemos llegar a vosotros mediante el habla, pero parte de nuestro mensaje principal consiste también en un intercambio de energía. Mientras hablamos, nuestras naves en la quinta dimensión están centradas en vosotros. Quienes estéis escuchando estas palabras y leyendo estas páginas debéis saber que podéis expandir vuestra conciencia a la quinta dimensión. Sabed que nuestra luz y la de nuestras naves pueden alcanzaros. No temáis activaros. Nos habéis buscado porque habéis sentido en vuestro interior una presencia de otra parte de la galaxia.

Pensad en la emoción que sentiréis al reconocer que existís en una galaxia en la que podéis interactuar con innumerables seres y entidades. Abriros a esta posibilidad. Cuando lo hagáis, entonces podréis recibir nuestras trasmisiones.

Nuestras trasmisiones utilizan una frecuencia tan alta que vuestros instrumentos todavía no pueden medirla. Al recibirnos notaréis un ligero pitido en el campo áurico, lo que activará receptores electromagnéticos especiales en vuestra estructura celular y, así, podréis recibir nuestros pensamientos. Esto os servirá de ayuda para liberaros a fin de recibir estos mensajes. Después podréis traducirlos a vuestro idioma.

Hemos aprendido vuestro lenguaje y hemos estudiado vuestras pautas de pensamiento. Nos hemos familiarizado con vuestros métodos de deducción e inducción. Hemos estudiado vuestros temores, vuestras reacciones y vuestra agresividad humana, que ha sido tan problemática; vuestras envidias y odios, todo eso lo hemos explorado a través de numerosos contactos y observaciones. A veces, con el permiso de vuestros yo superiores, hemos residido temporalmente en vuestros cuerpos para vivir unos días con vosotros, o semanas, o incluso meses, cuando ha sido conveniente. Os hemos observado para poder aprender más sobre vuestros estados emocionales. Agradecemos la oportunidad de haber estado con vosotros durante estos períodos de tiempo.

A cambio, os hemos ofrecido lo inverso: una invitación a residir con nosotros. Podéis venir con nosotros a nuestro planeta en espíritu o visitar nuestras naves. Lo inverso, no obstante, ha sido más complicado, porque muchos de vosotros no estáis suficientemente preparados para una existencia en una frecuencia más alta. Nos hemos dado cuenta de que, en gran parte, necesitáis una profunda sanación. La experiencia de vivir en la Tierra ha sido muy traumática para la mayoría de vosotros y requiere una recuperación. Estamos deseosos de poner a vuestra disposición nuestra tecnología y nuestras pautas de pensamiento para vuestra sanación.

Uno de nuestros regalos especiales para vosotros son nuestras pautas de pensamiento. Disponemos de ciertas frecuencias que pueden hacerse accesibles a otros. Estas frecuencias de pensamiento no se trasmiten necesariamente mediante palabras, aunque hay sonidos que pueden expresarse con voz. Cuando seáis capaces de existir en nuestra frecuencia, podréis sentir que vuestras células se expanden hacia vuestros cuerpos de luz, vuestra conciencia de luz y vuestros yo galácticos. Abrid vuestras mentes a la posibilidad de existir en una nueva frecuencia. Os enviaremos diferentes sonidos que os ayudarán a activaros en esta frecuencia. Si estáis leyendo estas palabras, simplemente conectad con nosotros en vuestros pensamientos y estaremos dispuestos a colaborar con vosotros.

Basta con que sintonicéis con nuestra frecuencia para poder elevaros y expandiros. Las frecuencias son olas que podéis surcar. Recibid nuestra frecuencia en vuestros campos. Ahora, dirigid la conciencia a vuestras auras y abriros a recibir la frecuencia de los Arcturianos. Somos pacíficos y espirituales. Buscamos un desarrollo superior y un mayor contacto etérico. Podemos ayudaros a trascender vuestras vibraciones menores. Precisamente a través de nuestra capacidad para trabajar con frecuencias podemos conseguir estados más elevados de sanación, de conciencia espiritual y de desarrollo tecnológico.

La misión Arcturiana en la Tierra

Los Arcturianos han estado conectados con la Tierra y la raza humana durante los últimos 150.000 años en diferentes formas y, durante los últimos 20.000 años, hemos estado muy implicados en los asuntos del planeta Tierra. Algunos de nosotros estuvimos aquí mucho antes, pero ahora estamos en la fase activa de nuestra implicación planetaria. En vuestro período histórico actual hemos mantenido importantes contactos con vosotros. Estuvimos con los Hebreos en el Monte Sinaí bajo la dirección de Sananda y de otros. Hemos estado supervisando algunos de los cambios evolutivos que se han producido. Aún más recientemente, hemos trabajado directamente con muchos de los Nativos Americanos. Ahora colaboramos muy estrechamente con muchos de vosotros como semillas estelares. Podéis comprobar, por tanto, que nuestra relación con la raza humana viene de largo.

En estos momentos mantenemos un buen contacto y estamos muy implicados en la evolución de la Tierra porque hay aquí muchas semillas estelares Arcturianas. Trabajamos con el permiso y al servicio de vuestra Hermandad Blanca. Reconocemos a Sananda como el Maestro Ascendido de vuestro planeta. La guía que os ofrece procede de la fuente galáctica más elevada. Conectamos con este conocimiento, así como con su trabajo y su gran afecto. Reconocemos todas vuestras experiencias religiosas, con el único deseo de llevaros a la más elevada interfaz con la luz espiritual.

Es cierto que continuamente otros seres espaciales van a vuestro planeta para observar. Actualmente, algunos de ellos interactúan con vosotros. Nosotros sólo nos relacionamos con ciertas personas elegidas en un plano modificado, pero queremos que seáis conscientes de nuestra presencia, tal y como nos han autorizado las fuentes más elevadas, en conjunción con vuestra evolución planetaria.

No hemos intervenido directamente en los cambios evolutivos o en la reestructuración genética de los humanos, cuestiones que quedaron en manos de los Pleyadianos y los Sirianos. Otros grupos extraterrestres también se han dedicado a esta labor. Nosotros, sin embargo, actuamos más en la función de maestros o supervisores. Estamos aquí para ayudaros en vuestra graduación, de forma que podáis ascender al Portal Estelar y entrar en el reino de la quinta dimensión.

Nuestra misión actual en la Tierra es de base muy amplia. Es una misión de amor, desarrollo espiritual y aprendizaje. Se trata de una misión de conexión y, más concretamente, de infusión de energía. La Ascensión es una forma de expansión, para la que se precisa más energía. Ésta es una ley universal. Podemos ayudaros a acelerar vuestro sistema mental, emocional y físico a través del proceso de infusión de energía.

La Tierra está viviendo una transición interdimensional. Se están abriendo los cerrojos de los reinos de la tercera dimensión, no solamente para vosotros, sino también para la Tierra. Gracias a ello se producirá una enorme trasmisión de energía. Si enfocáis vuestra energía en seres superiores como nosotros, podréis trabajar con eficacia en esta nueva energía. Nos complace enormemente poder fijar ahora de forma más profunda la energía de la quinta dimensión en vuestro sistema planetario y ayudar a la Tierra en su proceso de Ascensión.

En esta situación inicial de aumento de la energía y de apertura a las dimensiones superiores necesitáis una diana en que enfocar la energía. Y ésta es una de nuestras misiones con respecto a vosotros: facilitaros una diana coherente, etéricamente pura y de elevada energía espiritual. Os facilitamos una pasarela para que os reunáis con nosotros, del mismo modo que tenemos una pasarela que conduce a la galaxia. Es nuestro regalo para vosotros. Queremos que sea una pasarela de grupo, porque nos comunicamos y trabajamos como una conciencia de grupo.

Deseamos ayudaros a elevar vuestro nivel de conciencia hasta que podáis entrar en los corredores dimensionales que ahora se están abriendo. Podéis utilizar estos corredores dimensionales para comunicaros e interactuar con nosotros. Podemos entrenaros para que trabajéis en espacios interdimensionales y os proyectéis a través de los corredores hasta nuestras naves, y después al sistema Arcturiano. Podemos ayudaros a proyectaros a los templos interdimensionales situados en las hermosas montañas de Arcturus.

También tenemos la misión de ayudaros en vuestra purificación. Venid a nosotros en vuestra conciencia, sabiendo que os ayudaremos a purificaros y limpiaros, para que podáis alcanzar, al igual que vuestro planeta, un plano más elevado. Sabemos cómo ayudaros a purificar vuestras pautas de pensamiento. Hace tiempo nos dimos cuenta de que cuando refináis las pautas de pensamiento, vais por buen camino hacia vuestro nacimiento espiritual.

Somos una raza espiritual y nos comunicamos por telepatía. Somos especialistas en conduciros a la luz espiritual más elevada y en utilizar las cámaras de sanación para ayudaros. Os hacemos llegar un haz de luz azul dorada que emite rayos muy poderosos que entrarán en vuestro chacra de la corona. Con este impulso de energía os saludamos personalmente a cada uno de vosotros. Os recomendamos que hagáis entrar esta energía en vuestro chacra de la corona y expandáis la conciencia incluso más allá de vuestra incipiente conciencia de los Arcturianos.

El sistema Arcturiano

Tenemos un nombre diferente para Arcturus en un idioma que no podríais entender y significa «la estrella que da luz», que para vosotros sería como la madre que proporciona una nutrición vital. Se trata de una estrella madura que ha sido nuestro faro durante muchos eones.

Como podéis suponer, nuestros años no son como los vuestros. Nuestro planeta da una vuelta alrededor de la estrella Arcturus cada

322 años terrestres. Imaginad qué referencia temporal tan distinta de la vuestra. Vivimos en un Sistema Solar que tiene 15 planetas, cada uno de los cuales se halla en una fase distinta de desarrollo. Algunos planetas sólo existen en la tercera dimensión; otros existen simultáneamente en las dimensiones cuarta y quinta.

En el sistema Arcturiano vivimos sin apenas gravedad. No obstante, existe una ligera fuerza gravitatoria que actúa sobre nuestra presencia etérica.

Actualmente supervisamos un planeta habitado de nuestro sistema que, como la Tierra, se halla en la tercera dimensión, pero que está moviéndose hacia la quinta dimensión. Les estamos ayudando a reencarnarse a través del sistema terrestre y, así, utilizar esa energía para conectar con un punto de acceso a la quinta dimensión. Muchas semillas estelares Arcturianas que existen ahora en la Tierra proceden de este planeta.

La cultura Arcturiana

Existimos en una realidad dimensional cuya claridad no podéis comprender en estos momentos. La pureza y claridad de nuestro planeta serían muy reconfortantes para vosotros. Inmediatamente después de un contacto inicial con nosotros, notaríais una purificación personal y el bagaje suplementario, que acarreáis en vuestra tercera dimensión, quedaría eliminado al instante.

No nos preocupan la supervivencia física, la seguridad, la jubilación ni las pensiones, ni siquiera formas de trabajo primitivo. Todo eso no existe en nuestro reino. Consagramos nuestro tiempo y espacio a la vida espiritual. Pero no penséis que llevamos una vida sin placeres. Nos dedicamos a la música y a las relaciones. Nos dedicamos a trabajar, pero no en el nivel primitivo que exigen vuestra cultura y sociedad. El trabajo que hacemos se adapta más a nuestros deseos y caminos espirituales y este concepto más elevado del trabajo es algo que vosotros anheláis.

Nos fascina mucho el color azul y deseamos entremezclarnos con otras dimensiones. Todo el sistema de nuestra civilización se basa en un grupo de líderes dedicados a la proyección de pensamientos. Contribuyen a mantener la estructura de nuestra civilización, sus códigos, su armonía espiritual y su unidad. Los cimientos del sistema se conservan a través de la proyección de pensamientos. Ésa es la auténtica tarea de nuestros líderes. Han sido elegidos especialmente para ello y se les prepara para mantener las proyecciones de pensamientos de nuestro sistema, lo que permite a otros dedicarse a explorar. Nuestros exploradores saben que pueden regresar a nuestra base de operaciones. Cuando viajamos de una dimensión a otra, es importante llevar con nosotros a trabajadores que mantendrán la conexión con nuestra base de operaciones a través de proyecciones de pensamientos.

La proyección de pensamientos exige un gran esfuerzo y una capacidad para concentrarse intensamente. Los Pleyadianos y los Arcturianos la utilizan para manifestar objetos y herramientas. Disponemos de centros de formación especial para enseñar la proyección de pensamientos. El primer paso es eliminar compromisos, porque, según una de las leyes del Universo, no se puede proyectar pensamientos en beneficio personal o por codicia. Si el ego se implica demasiado en estas proyecciones, entonces la tarea se torna imposible. En la enseñanza de los principios de la proyección de pensamientos se trasmite el conocimiento de cómo utilizar sabiamente este instrumento.

Todos los seres, incluidos los humanos, poseemos una frecuencia particular que nos permite expresarnos de forma única en una misión. Vuestra misión es un símbolo y un signo significativo de vuestra luz estelar. Desde muy temprano en nuestro desarrollo infantil aprendemos este concepto, de forma que enseguida somos capaces de proporcionar el mayor estímulo y orientación a cada niño. No somos competitivos, ya que nos preparan para ser conscientes de que cada uno de nosotros tiene una frecuencia o propósito únicos.

Los Arcturianos son una raza muy pacífica. Llevamos mucho tiempo sin tomar parte en una guerra. Tenemos la capacidad de manifestarnos en la tercera dimensión, así como de protegernos en nuestras naves, pero no participamos en nada que se parezca a cualquier forma de conflicto. Si encontramos un problema podemos desmaterializarnos de inmediato y, por consiguiente, si se proyectara un objeto en nuestro camino, simplemente nos atravesaría sin causarnos ningún daño. Numerosas civilizaciones extraterrestres han aprendido a hacer esto.

En Arcturus también experimentamos la muerte de nuestra forma, pero en un sentido diferente porque no se considera el fin, sino un estado transitorio de nuestra existencia. Nuestra vida Arcturiana es solamente uno de los muchos yos multidimensionales diferentes que forman parte de nuestro ser completo.

Las bibliotecas de energía Arcturianas

Vuestras memorias se activarán cuando los campos de energía electromagnética vibren más rápidamente. Acudid mentalmente a las bibliotecas de Arcturus, que os resultarán muy confortables. Estas bibliotecas no son como las de la Tierra, lugares adonde vais a leer libros. Son bibliotecas de fuentes de energía. Por eso, debéis imaginar que, al entrar en una biblioteca, estáis recordando pautas de energía y de vibraciones electromagnéticas.

Todos los maestros religiosos que habéis tenido a lo largo de la historia han estado expuestos a energías extraterrestres o han tenido un contacto prolongado con ellas. Algunos de ellos ni siquiera eran conscientes de estar en contacto con fuentes extraterrestres. Estos contactos se presentaban como dioses o ángeles que hablaban. Todos vuestros maestros alcanzaron el punto de conciencia electromagnética que les permitía sentir una energía mística, no verbal. Hacia esta energía os movéis cuando entráis en las bibliotecas Arcturianas.

Eckankar también está muy relacionado con la energía Arcturiana. La vibración de la luz de Eckankar es Arcturiana en su origen. Los haces de luz de los arreglos vibratorios electromagnéticos tienen una frecuencia muy similar a la de la energía que encontraréis en las bibliotecas Arcturianas. Los maestros Eckistas han venido a trabajar a las bibliotecas Arcturianas cuando así lo han querido. Muchos de ellos acceden actualmente a la energía Arcturiana que procede de las bibliotecas.

Vuestros procesos de pensamiento son muy verbales y literales, pero también podéis saber y recordar a través de un intercambio energético. En esto se ha basado el proceso de Eckankar en su forma, en un cambio energético que procede directamente de las escuelas espirituales Arcturianas, donde se prepara y enseña a través del magnetismo energético. Buscad la forma de permitir que este proceso ocurra en vuestro interior.

Forma y aspecto

Os enviaremos una imagen de nuestro aspecto. No toméis a los Zeta Reticuli como patrón. Imaginad a un ser delgado varón que, según vuestra terminología, mide aproximadamente 1,80 metros, es muy delgado y tiene cabello largo y suelto. Lleva una capa que le llega hasta la cintura. Tiene la cara delgada, los ojos grandes –dos veces el tamaño de los ojos humanos–, las orejas relativamente pequeñas y finas, los labios delgados. Hablar no es una gran prioridad porque utilizamos la trasmisión de pensamientos. Es un ser muy agradable. ¿Podéis imaginarlo?

Vamos a manifestaros nuestra presencia. Trabajaremos a través de Gudrun para dibujar la imagen, y ella contará con toda la información y orientación necesarias. Quizá podría incluirse esa imagen entre algunos de los escritos, porque hay muchas personas que sienten curiosidad por nosotros y comprendemos vuestro deseo de tener un retrato más completo de nosotros.

Ésta es la mejor forma que podemos adoptar en la tercera dimensión, aunque somos capaces de existir en varios niveles y de asumir otras formas. Pero para entrar en este plano dimensional adoptamos una forma concreta. Si conectarais con nosotros en otro plano, nos revelaríamos en otra forma que no podríais describir con la terminología terrestre.

Ahora no podríais relacionaros con nuestra forma pura, porque seguís manteniendo una presencia física en la Tierra, que requiere cierto confinamiento de pensamiento y energía. Cuando seáis capaces de salir de ese confinamiento, sabréis que también vosotros sois seres vibrantes que no necesitan estar encerrados en cuerpos físicos. Estáis evolucionando hacia esta perspectiva, que también se halla en la Ascensión. Es preciso que os deis cuenta de que no necesitáis vuestros cuerpos físicos para una existencia continuada. El objetivo es que seáis cada vez más completos en vuestro cuerpo de luz o forma vibratoria.

Es posible que pongáis en duda nuestra estructura física o nuestra aparente carencia de fuerza física. Gracias a nuestros procesos de pensamiento muy desarrollados, podemos utilizar la telequinesia y el teletrasporte para desplazarnos y mover otros objetos. No precisamos hacer ningún tipo de esfuerzo físico. ¡Los poderes mentales son mucho más eficientes! No tenemos que crear objetos pesados. Contamos con una tecnología suficientemente avanzada como para crear objetos ligeros y moverlos con la mente sin problemas.

Cuando estáis cerca de objetos ligeros, como una pluma o un papel, podéis sentir «el movimiento del pensamiento» en la Tierra. Cuando sopla el viento sabéis que es posible que el papel se mueva. A veces incluso podéis alentar al viento para que sople, lo que hará mover el papel. Este tipo de acción es un primer indicio de telequinesia. Si os interesa desarrollar vuestras aptitudes telequinésicas, así como las telepáticas, os sugiero que al principio trabajéis con objetos muy ligeros. Pero no os garantizamos el éxito. No habéis sido entrenados en una fase temprana como nosotros desde nuestra infancia para desempeñar estas actividades.

Conciencia Arcturiana

Somos almas individuales, pero constantemente nos relacionamos con nuestra alma colectiva, aunque de una forma que no es fácil de comprender para vosotros. Tenéis la idea de que para adquirir conciencia de grupo es preciso abandonar la individualidad. Sin embargo, cuando se entra en un grupo, de hecho, aumenta la individualidad. No defendemos la necesidad de que se produzca un abandono masivo de la individualidad. Tenemos almas individuales, pero estamos tan evolucionados que mantenemos un contacto constante con nuestra alma colectiva.

Hemos superado los límites del ego que vosotros seguís experimentando. Hemos superado incluso las dimensiones físicas de vuestra existencia, como vuestra forma corporal. Hemos desarrollado técnicas para las almas de grupo o, como habéis dado en llamarlas, familias extensas. Quizá penséis que nuestros yos individuales se han entregado al yo del grupo. Esto ha sucedido en algunas civilizaciones galácticas locales. Los Zeta Reticuli han experimentado un lapso evolutivo, un punto débil en su cadena. Debido a que se han centrado exclusivamente en el grupo, no han podido progresar. Han perdido demasiada individualidad y han empezado a perder vitalidad genética. Afortunadamente, nosotros no tuvimos ese problema. Hemos podido englobar e integrar las necesidades del individuo en las del grupo.

Os rogamos que comprendáis que, a nuestro entender, somos una energía colectiva y que participamos en la actividad del alma colectiva. A la pregunta de si somos mentales, la respuesta es sí, somos mentales. Nos comunicamos con vosotros mentalmente. No canalizamos nuestra comunicación mediante lo que consideraríais respuestas emocionales. Creemos que podéis acceder a esta energía emocional a través de vuestros grandes líderes como la Madre María o Sananda-Jesús. Nuestra función no consiste necesariamente en repetiros ese mensaje de emoción, porque otros ya os están trasmitiendo esa vibración.

No estamos de acuerdo con la idea de que un ser mental no siente amor o no es emocional. ¿Cómo se puede existir en una estructura mental sin una presencia emocional-corporal? Pensamos que la energía mental no tiene por qué ser una energía de distanciamiento. Desde nuestro punto de vista, al llegar al plano mental uno se vuelve observador y objeto a la vez, sin que se disipe ninguna línea divisoria. Es posible que vuestra filosofía os haya hecho creer que es preciso abandonar uno de los dos. Queremos trasmitiros el mensaje de que cuando os fundáis con vuestra alma de grupo, no sólo no perderéis vuestros yos individuales, sino que éstos se expandirán.

Hemos evolucionado más allá de los problemas emocionales que son tan frecuentes en la Tierra. Tenemos la capacidad de vencer todas las emociones negativas que han estado atormentando a vuestro planeta. Sabemos que muchos de vosotros nos consideráis, a los Arcturianos, seres predominantemente mentales. Es verdad que deseamos ayudaros a desarrollar vuestras mentes. Sí, somos seres muy científicos, pero también podemos ayudaros a clarificar y purificar vuestras emociones. Por supuesto, no somos únicamente seres mentales. Comprendemos muy bien vuestra vida y bienestar emocionales.

La energía Arcturiana

La energía Arcturiana puede describirse como luz cristalina. Estamos consagrados a la iluminación espiritual, cuyo objetivo sabemos que guarda relación con recoger y conservar más energía. No penséis en recoger más energía en términos de acumular más posesiones materiales. En realidad se trata de energía holográfica multidimensional. La energía con la que trabajamos y que os explicamos procede de todas las direcciones, no solamente de arriba o de abajo, o de frente o de detrás; es una energía total. No sois sólo una parte anterior o posterior. Vuestra alma no conoce límites; vuestro yo monádico no tiene arriba o abajo, ni nada en él que podáis definir de acuerdo con vuestras perspectivas espaciales.

Es interesante que, cuando habláis de la energía de la Madre-Padre Creador, a menudo decís que no podéis describir esa energía. Vuestro yo monádico también es indescriptible. Hemos de alcanzar una conciencia que, en la medida de lo posible, no tenga límites. En estado puro también vosotros sois de naturaleza ilimitada y holográfica.

Evolucionamos hacia un estado de fusión total en el yo monádico. En el proceso de fusión hemos desarrollado la capacidad de trasmutar nuestra energía a otras dimensiones. Hemos desarrollado la capacidad de viajar interdimensionalmente, a niveles más altos o más bajos, y para ello debemos crear un portal o corredor. Al entrar en vuestra dimensión, que es mucho más densa que la nuestra, creamos una apertura porque traemos energía superior. La Tierra necesita con urgencia estas infusiones de energía. Cuando os conectáis con nuestra conciencia contribuís a estabilizar la infusión de energía que ofrecemos a la Tierra.

Debido a que la energía Arcturiana es una vibración muy ligera, está orientada a una elevación de grupo. Somos expertos en trabajar con grupos. Éste es uno de los motivos por los que Sananda nos ha invitado. Sabemos que la conciencia de grupo genera más energía para vosotros, y que podéis aprovechar esta energía de grupo para elevaros vosotros mismos. No os pedimos que renunciéis a vuestra individualidad o a vuestro criterio, sino que os reunáis en grupos y así accedáis a la conciencia colectiva y al potente aumento de energía que la acompaña. Esta energía de grupo os ayudará a superar los pequeños bloqueos y desvíos en vuestros procesos personales de Ascensión.

La energía de la conexión Arcturiana es contagiosa. La mayoría de los que sois trabajadores de la luz estáis deseando vibrar con nosotros. En realidad, en otras vidas habéis buscado una conexión Arcturiana. Hemos sido designados el gran portal energético para este sector de la galaxia. Muchos se han esforzado por alcanzar este sector o portal. Ahora trabajamos con vosotros para conduciros al nivel más elevado de vuestras posibilidades intuitivas. Sabemos que existen numerosos problemas a los que os enfrentáis en la existencia de la tercera dimensión, algunos de ellos son problemas físicos de salud, otros tienen que ver con asuntos financieros y con el trabajo. Independientemente del nivel de problema que tengáis, recordad que nuestra energía está conectada con vosotros.

La energía Arcturiana es como un hilo de luz que pasa por vuestra existencia y os conecta con nosotros. No perdáis vuestra conciencia espiritual a causa de ningún problema de la tercera dimensión. Estos problemas de la tercera dimensión no reflejan castigo alguno o una espiritualidad inferior. En esta dimensión se acumulan diferentes niveles y tipos de energía, y se precisa una conciencia perceptiva muy sofisticada para poder esquivar todas las densidades diferentes en el plano terrestre.

Al final, uno de los niveles de densidades os alcanzará, os encontraréis con uno de ellos. Ello no significa que no estéis a la altura de vuestro máximo potencial. Tomadlo como una oportunidad de infundiros más luz espiritual. Si deseáis recibir una mayor infusión de luz Arcturiana, podéis pedir un aumento de energía. Os llevaremos tanta luz como sea posible y asimilable por vosotros sin que perdáis la conciencia o sufráis sobrecarga.

No podemos infundiros demasiada luz si no podéis tolerarla. Si esta infusión os lleva a eludir vuestros compromisos en el nivel de la tercera dimensión, entonces no es aceptable. Queremos que estéis implicados en vuestra existencia en la tercera dimensión. No intentamos apartaros prematuramente de lo que experimentáis en la Tierra. Reconocemos en todos vosotros un deseo de alejaros de vuestra existencia en la tercera dimensión. De hecho, sabemos que, si pudiéramos apartaros o si así lo decidiéramos o tuviéramos permiso para ello, todos vosotros os marcharíais.

Muchos de vosotros abandonaríais alegremente lo que tenéis, porque pensáis que no es necesario concluir vuestro drama de la tercera dimensión. Sin embargo, también nos damos cuenta de que estos dramas individuales de la tercera dimensión son importantes para vosotros y vuestras almas. Por mucho que esto os aflija, estos dramas de la tercera dimensión son, de todas maneras, importantes para vosotros.

Esta poderosa frecuencia Arcturiana os trasforma cuando estáis en contacto con ella. La energía Arcturiana os permite recibir mucha información procedente de nosotros, y, asimismo, puede actuar como fuerza sanadora para vosotros. Cuando tengáis esta frecuencia Arcturiana en vuestro interior, se convertirá en una segunda naturaleza de tal forma que podréis ampliar fácilmente vuestra espiritualidad. A medida que alrededor de vosotros haya cada vez más confusión e incapacidad para siquiera sostener una vela, seréis capaces de mantener una gran luz espiritual.

Capítulo 2

Una realidad más amplia

Vivimos en un inmenso Universo creado. Existe un centro del Universo, pero no es fácil describíroslo. Sería preciso que entendierais el concepto de un centro sin comienzo y sin final. El Universo espaciotemporal rodea el núcleo o Universo central.

El Universo espaciotemporal

El Universo espaciotemporal se expande y contrae en ciclos muy largos. La fase de expansión del ciclo actual es lo que hoy día entendéis por Big Bang (la gran explosión), a la que seguirá la fase de Big Crunch (la gran contracción), donde al final todo en el espacio-tiempo se contrae. Según nuestra perspectiva, experimentar una contracción cosmológica no conllevaría una contracción como ser espiritual. Es más, durante una contracción se puede producir una expansión tal que saque a un ser totalmente fuera del Universo espaciotemporal.

La expansión y la contracción son cuestiones filosóficas a las que hemos dedicado bastante tiempo. Cuando el Universo alcance el punto en que deje de expandirse, el tiempo se detendrá momentáneamente y el Universo empezará a contraerse. Para entonces, el Universo habrá evolucionado tanto que los seres del límite exterior entrarán en la luz y en un nuevo universo no espaciotemporal, lo que se experimentará como una Ascensión. La contracción alcanza un punto determinado al igual que la expansión. Cuando la contracción alcance ese punto, los seres del límite interior también se trasformarán y entrarán en un nuevo reino.

Sabemos que otros universos han pasado por este ciclo de expansión y contracción. Estudiar este Universo y otros nos ha ayudado a comprender mejor estos conceptos. Queremos experimentar este ciclo o proceso. Además, estamos estudiando el Universo vacío prácticamente como vosotros estudiáis los agujeros negros.

El agujero negro es un modelo del límite exterior del Universo. Puede decirse que el límite más exterior, el punto exacto donde ya no hay más, es como un agujero negro. Según un concepto del agujero negro, cuando algo entra en él ese objeto pasa por un conducto que lleva a otro reino. Hay quien se ha referido a ese conducto como agujero de gusano. Y ahora imaginad esto: alrededor de todo el límite exterior del Universo actual hay una especie de gigantesco agujero negro.

En estos momentos estudiamos el límite exterior del Universo y nos dirigimos hacia un punto desde el cual podamos experimentar transiciones a otros universos. Es el estudio de la cosmología o el conocimiento del Universo. Son conceptos importantes, porque estáis aquí en la Tierra para experimentar esos procesos, así como la comprensión de la fuerza de la energía universal. Deseáis conocer y comprender estos procesos lo mejor posible, porque se refieren a la transición en la Tierra. Una de vuestras misiones en la manifestación de la conciencia y el conocimiento en la tercera dimensión consiste en esta cosmología.

La fuente de la energía del Creador, la fuente de la luz y la fuente del espíritu se encuentran en las estrellas. El Sol activa toda la vida en la Tierra, y la luz solar o la luz estelar da vida a todos los planetas de la galaxia. Sin estrellas no habría vida. Los soles y las estrellas están por todas partes en el Universo. No los podéis mirar directamente sin gafas protectoras. Sin embargo, podéis recibir sus ofrendas espirituales especiales. Éste es uno de los secretos del concepto de Sol Central.

Los Andromedanos buscan el Sol Central en todas las galaxias. En el centro de nuestra galaxia hay una estrella, de la que proceden todas las demás estrellas. Fue la estrella primigenia. Este Sol Central Galáctico está conectado a todos los demás soles centrales del Universo, incluido al inmenso Sol Central del centro del Universo. Cuando encontréis este Sol Central, entonces podréis conectaros con todas las energías de soles centrales de todas las galaxias. Ésta es una energía sobremanera potente.

En Arcturus se ha creado un Consejo de Luz, cuyos miembros han sido especialmente entrenados para ver nuestro Sol Central Galáctico. Somos capaces de identificar el área del Sol Central, de la que proceden seres de luz superiores de la magnitud de Sananda-Jesús. Él es una manifestación de la energía del Creador procedente del Gran Sol Central.

La galaxia de la Vía Láctea

Ir hacia el núcleo galáctico es el mayor reto para aquellos de nosotros que exploramos la galaxia. Es un proyecto que todavía se está estudiando a fondo, ya que existe una gran controversia en torno a la manera de acercarse al centro galáctico. En el núcleo hay una intensa energía del Creador. Muchos de los que se acercan al núcleo posteriormente no quieren marcharse y, por lo tanto, es posible que no vuelvan.

Realmente no podemos describir el núcleo galáctico porque es indescriptible. No sería correcto decir que existen civilizaciones en el núcleo, porque entonces vosotros hablaríais de una estructura que, sencillamente, no es necesaria allí. Quienes van al núcleo y no regresan no tienen una experiencia negativa y, de esta forma, el núcleo galáctico va fortaleciéndose. No es una pérdida que un ser vaya al núcleo y no regrese. No es un agujero negro por donde entra la energía y desaparece para siempre.

Seres evolucionados como Sananda pueden ir allí y regresar, si así lo deciden. Hay otros seres del mismo nivel que Sananda, capaces también de desempeñar esta tarea y están tan evolucionados que pueden llevar a otros con ellos. Pero una cosa es que te lleven y otra cosa es regresar. Estamos intentando desarrollar formas de garantizar el regreso desde el núcleo galáctico. Tenemos el compromiso de comunicar la experiencia a otros.

La galaxia de la Vía Láctea también genera un campo gravitatorio galáctico. La galaxia emite constantemente una onda muy sutil. Podemos surcar esta onda y viajar a través de las dimensiones. Vosotros surcáis las olas de los mares cuando navegáis. Sin embargo, cuando se entra en el espacio interdimensional, no sólo se toma conciencia del conjunto de esta galaxia y se surcan sus ondas energéticas, sino también las de otras galaxias. De hecho, ésta es la forma preferible de ir de una galaxia a la siguiente. Hay varios métodos diferentes de viajar por el campo gravitatorio galáctico. Vuestros científicos pronto descubrirán el método de propulsión antigravitatorio. Entonces, podréis salir del planeta sin las enormes cantidades de energía que emplean los sistemas de propulsión.

El cinturón de fotones

El cinturón de fotones es un sistema energético que va al encuentro de la Tierra, pero no se trata de una energía perjudicial, tal y como han predicho algunos. Al contrario, es una energía de cambio, que os permitirá experimentar personalmente el cambio dimensional planetario de la Tierra. Muchos de vosotros seréis capaces de utilizar esta nueva energía para curar todas vuestras irregularidades. Abrid vuestro corazón a esta nueva energía procedente de la galaxia. Queremos que todos vosotros sepáis que incluso las estrellas os envían energía especial, que el propio cielo se va abrir de una nueva forma y diferentes niveles de energía alcanzarán el planeta.

El estudio cosmológico tiene varias facetas que se refieren al viaje en el tiempo, a la zona vacía y a otras energías de sistemas solares. El sistema vacío se ha calificado de un punto en el cinturón fotónico. La zona vacía en el cinturón de fotones es como un agujero de gusano en un agujero negro que puede acelerar drásticamente la conciencia y la energía. Hay quien ha descrito la zona vacía como un punto a través del cual se puede pasar a otra dimensión. En todo el sector de la galaxia de la Vía Láctea existen zonas vacías en agujeros de gusano.

Vosotros os encontráis en el sector de la galaxia de la Vía Láctea que nosotros llamamos sector Mu.

Vuestro Sistema Solar estará pronto dentro del cinturón fotónico y pasará a través de una zona vacía del cinturón. La experiencia de la zona vacía es uno de los factores importantes que han motivado, esta vez, la llegada de muchos de los extraterrestres a vuestra sección local de la galaxia. Uno de los motivos por los que hemos venido aquí es estudiar cómo pasáis por esas zonas. Imaginad que un mundo va a pasar por un agujero negro, ¿no lo estudiaríais? Os gustaría saber cómo entran y si salen. Vuestro proceso planetario va a pasar por algo similar a un agujero negro, que crea una energía transitoria. Vosotros os encontráis ahora en ese proceso y sois testigos de él. Nosotros y muchos otros, venimos a estudiar cómo os afecta este proceso. Para muchos habitantes del planeta Tierra, este proceso supondrá una Ascensión. Sentimos una gran curiosidad por esta transición.

En otros lugares del sector Mu se producen en estos momentos acontecimientos similares al de vuestro proceso planetario. En todo vuestro sector Mu existen bandas y zonas de trasformación energética. Recordad que formáis parte de un gran sector galáctico. Hay otras áreas de la galaxia que también están experimentando una trasformación. La galaxia de la Vía Láctea se está trasformando a escala gigantesca. Vosotros y la Tierra pasaréis por una trasformación que está físicamente relacionada con la energía que llamáis el cinturón fotónico. A mayor escala, hay partes de la galaxia que también pasan por sistemas masivos de fotones y, por consiguiente, que provocan una trasformación en sistemas galácticos enteros.

Este punto en la historia galáctica, que vosotros experimentáis como Ascensión y trasformación, refleja una potencia más elevada del conjunto de la galaxia. La galaxia de la Vía Láctea está alcanzando un punto de conciencia mutua a medida que se acerca a una nueva alineación con el sistema Andrómeda. Al final surgirá un punto de fusión de estas dos galaxias. La Vía Láctea y Andrómeda se convertirán en un sistema unificado, lo que representa un camino superior de evolución en los corredores galácticos.

La siembra de vida en la galaxia

Hemos estudiado la llegada de la vida a la galaxia. Sabemos que se ha llevado vida a diferentes áreas. Existen numerosas interpretaciones diferentes de cómo se originó la vida en el planeta Tierra. Sabemos que sentís curiosidad por encontrar la «respuesta correcta». Se han traído formas de vida a esta galaxia. El sistema Arcturus y vuestro Sistema Solar están cerca del límite exterior de la galaxia de la Vía Láctea. La vida ha sido sembrada desde los niveles interiores hasta los niveles exteriores de la galaxia. Durante eones han existido muchos sistemas galácticos interiores y especies galácticas interiores. Podéis imaginar que el origen de todo el Universo parte desde un lugar central y de ahí se va extendiendo a los niveles exteriores. La vida se ha sembrado de galaxia en galaxia, así como de Sistema Solar en Sistema Solar.

¿Quién trajo la vida a la Tierra? ¿Quién es Yahvé? ¿Quién es Jehová? Debéis saber que aquel a quien se nombra no puede ser el Creador, no es Dios, sino un aspecto o, incluso, una entidad de energía. El verdadero Creador no puede manifestarse en forma de un nombre pronunciado. Ésta es la verdad de la Cábala, así como de la Energía Galáctica. Nosotros, al igual que los Pleyadianos, compartimos la sed de esta Energía y el contacto con ella. Buscamos formas de expansión y formas de acercarnos más y más a una alineación con esta Luz.

Los Consejos Galácticos crearon la vida. Se decidió propagar la vida en todo este sector de la galaxia. Fue una decisión consciente de un grupo de seres que vosotros, en vuestro nivel de comprensión, consideraríais dioses. Existe una jerarquía de seres que participan en las decisiones de la galaxia, como las relacionadas con la creación de un planeta, de un Mesías y de la Hermandad que supervisa toda esta operación.

La «semilla» genética más pura se halla en los seres más próximos a la energía divina. Existe una búsqueda de esta energía pura en las galaxias. Sin embargo, en lugar de intentar dar con ella, pretendemos que nuestra energía evolucione hasta convertirse en Luz pura. En estos momentos nos dirigirnos constantemente hacia esta Luz pura. Os pedimos que también centréis vuestro desarrollo en convertiros en seres de luz pura.

Semillas estelares

Queremos hablaros de la comunicación estelar y de las semillas estelares. Algunos de vosotros os comunicáis con las estrellas, con el planeta Saturno y con nuestra estrella madre, que llamáis Arcturus. Las semillas estelares están en comunión con la galaxia y han viajado por toda ella en vidas anteriores. En el ascenso por la escala de la evolución y en el avance en vuestros caminos kármicos llegaréis, al final, a un punto en el que podréis viajar por toda la galaxia. Tendréis una mayor conciencia de las estrellas y de los cambios dimensionales que se producen.

Cada una de las secciones de la galaxia tiene una característica dimensional y un campo vibratorio diferentes a los de las demás secciones. En vuestra galaxia existe un área que se considera el puesto de mando o centro de este sector de la galaxia, con el que se han establecido comunicaciones a través del Portal Estelar Arcturiano.

Las semillas estelares han vivido varias vidas en otros mundos. Algunas de ellas no han estado en mundos dimensionales superiores. Las hay que han estado en «lugares equidimensionales», pero han llegado a un estado evolutivo más elevado en ese mundo. La mayor parte de las semillas estelares proceden de esta galaxia y, en particular, de vuestra sección local de la galaxia. Muchos de vosotros venís de diferentes planetas del sector galáctico local y, por esta vez, habéis elegido reencarnaros o encarnaros en el sistema planetario Tierra. Tenéis conexiones e intereses profundos en los sistemas planetarios más allá del Sistema Solar.

Para poder soportar las diferentes vibraciones cósmicas, debéis ser capaces de alinear vuestras propias vibraciones con una frecuencia superior. Entonces podréis viajar con libertad a diferentes sectores de la galaxia. Pero aunque viajarais en vuestros cuerpos mentales a través del espacio, encontraríais algunas áreas infranqueables debido a la diferencia de las vibraciones cósmicas. Por eso es importante que desarrolléis el sentido de semilla estelar. Con ello queremos decir que, si sois verdaderas semillas estelares, podréis adaptaros a los cambios vibratorios, a diferentes campos cósmicos, incluso si se hallan en reinos etéricos. Si sois más materiales, el cambio de tiempo resultará más duro. Aprenderéis a ajustar vuestra vibración cuando empecéis a viajar.

Es totalmente aceptable viajar de forma extracorpórea a través de los sistemas estelares. Podéis moveros con rapidez en vuestro cuerpo mental, sobre todo en áreas como la vuestra, donde tenéis acceso directo a través de la retina. Es muy importante que vuestras retinas palpiten para activar las áreas del cerebro que, a su vez, abrirán las llaves que os permitirán vibrar con la energía estelar. Todo ello hará que avance vuestro desarrollo como semillas estelares.

Por consiguiente, las semillas estelares tienen la capacidad de acceder a vibraciones cósmicas y de moverse con facilidad por distintos sectores de la galaxia. Además, pueden asimilar mucha información a través de canales directos, como vosotros hacéis ahora, y de visualizaciones. Las semillas estelares son capaces de ver interdimensionalmente, es decir, de utilizar la retina para visualizar y, de esta forma, contribuir a manifestar nuestras naves en la tercera dimensión. Os estáis moviendo hacia un tiempo en el que podréis experimentar la manifestación física de nuestras naves. Debéis comprender que las naves no se encuentran en vuestra realidad como algo físico en la tercera dimensión. Cuando veáis nuestras naves lo estaréis haciendo en una dimensión superior, a la que nos referimos como cuarta y quinta dimensiones, áreas que podréis experimentar cuando seáis más hábiles como semilla estelar.

Estamos logrando un mayor acceso canalizado para poder haceros llegar energías específicas que os ayuden en el desarrollo del alma de grupo y de las semillas estelares. Recordad que existen trabajadores de la luz y semillas estelares. Ambos están relacionados, pero son diferentes. Vosotros deseáis desarrollaros también como semillas estelares, no sólo como trabajadores de la luz o seguidores de Sananda y la energía de Cristo. Abríos para conectaros con la energía de las semillas estelares y con el bien amado Ashtar, que ha estado al frente de las comunicaciones interestelares. Le saludamos y aplaudimos sus esfuerzos continuos.

Existen varias formas de experimentar la iluminación en la Tierra. Aquellos que elijan un camino que no guarda relación con las semillas estelares posiblemente no vivirán la experiencia de relacionarse con seres de una dimensión superior. Con gran probabilidad, quienes estáis leyendo estas palabras sois semillas estelares y buscáis con entusiasmo la luz procedente de reinos superiores y extraterrestres, incluidos los Arcturianos.

Os unís a nosotros en el acercamiento a la energía del Creador y a la Unidad universal. A medida que ascendemos, vosotros también. Nuestra perspectiva es de una mayor trasformación, de una trascendencia de ciclos de encarnación y trascendencia del sistema dimensional espaciotemporal. Este camino de unificación os permitirá, al final, experimentar también la energía intergaláctica e interuniversal.

Otras relaciones extraterrestres de los Arcturianos

Tenemos una gran interacción con los Pleyadianos. Trabajamos con ellos y allí donde hemos estudiado con ellos y ellos con nosotros se han producido numerosos intercambios. En muchos aspectos nos hallamos en un nivel superior al de ellos. Resulta complicado hablar de esto. Cuando decimos «superior» vosotros pensáis en una competición. Desde nuestra perspectiva, entre los Arcturianos y los Pleyadianos existen diferencias espirituales y tecnológicas fundamentales. Os pedimos que no toméis esto en absoluto como una afirmación negativa o un juicio de valor.

A pesar de que hemos sido invitados a ayudaros en el proceso de Ascensión planetaria de la Tierra, serán los Pleyadianos quienes establezcan, probablemente, el primer contacto. Como no somos de la misma especie que la vuestra, a algunos os será más difícil interactuar con nosotros que con los Pleyadianos, que también tienen forma humanoide.

Veréis que, por ejemplo, desde vuestro punto de vista somos seres más andróginos. Sabréis que los Pleyadianos están más cerca de una sexualidad masculina-femenina tradicional. No es una diferencia negativa; es, simplemente, un desarrollo evolutivo diferente. En algunos aspectos estaríais más cómodos en una sociedad Pleyadiana. Por otro lado, algunos de vosotros sentís gran fascinación por nuestros pensamientos evolutivos superiores o nuestro desarrollo único. No obstante, venimos de corrientes evolutivas distintas.

No trabajamos directamente con los Sirianos. Ya se os ha informado profusamente sobre los Sirianos y su función en la Tierra. Somos muy cautos al explicar su participación en vuestro planeta. Ha habido cosas buenas y malas, en términos terrestres, y por malas se entienden las interacciones no espirituales, destructivas, entre los Sirianos y vuestro planeta. Parte de los Sirianos ha dominado vuestro planeta. Estos Sirianos se han relacionado con los que habéis llamado, en vuestros versos bíblicos, los Nefilim o «Caídos». Además, los Sirianos siguen relacionándose con el planeta que habéis llamado Nibiru. Otros Sirianos más positivos han buscado la armonía y un camino evolutivo superior.

En algunos aspectos los Sirianos tienen varias soluciones para vuestros problemas. Por ejemplo, la influencia Siriana permitió el desarrollo de la tecnología nuclear en vuestro planeta. Del mismo modo, la influencia Siriana contribuirá a limpiar vuestros residuos nucleares.

Habéis preguntado por la entidad llamada Kryon y por el uso propuesto de implantes. Creemos que debéis evaluar la situación. La misma energía, la energía Kyron, es una potente energía conocida de la galaxia. Sin embargo, no trabajamos con este método particular que llamáis implantes. Somos conscientes de que liberar los patrones kármicos negativos es actualmente una gran prioridad. Podría haber malentendidos entre vuestros canales en cuanto a cómo llevar a cabo esa liberación. Desde nuestra experiencia, no os recomendamos ningún tipo de implante para liberar cualquier patrón de energía negativa.

Nos resulta fascinante ver las numerosas y distintas entidades que van apareciendo para interactuar con vosotros. Solamente os podemos decir que cada uno de vosotros tenéis vuestro camino particular y vuestros guías con los que trabajar. A algunos de vosotros os atraen los Arcturianos y trabajáis con nosotros. No pedimos vuestra alianza; no os pedimos que dejéis de lado nada vuestro. No queremos en modo alguno que abandonéis vuestra voluntad. Simplemente ofrecemos nuestra información, que ponemos a disposición de quienes tengan un corazón más elevado y puro.

Viajes espaciales

Tecnológicamente estamos muy avanzados. Nos interesan en especial las matemáticas y la tecnología del viaje espaciotemporal a través de imágenes mentales y la aceleración de la antigravedad. Viajamos en el espacio utilizando los principios de la desmaterialización, además de aspectos técnicos relacionados con el movimiento de grandes naves espaciales a ciertas velocidades. Viajar a través del espacio no es totalmente un fenómeno mental. Todavía existen aspectos científicos del viaje espacial que precisan resolverse.

La clave del viaje dimensional e interdimensional es la proyección de pensamientos. Proyectáis el lugar donde queréis estar y el resto de vosotros os sigue. Podemos ayudaros a proyectaros al espacio interdimensional. Una vez que hayáis alcanzado la proyección interdimensional y dimensional, podréis continuar viajando por la galaxia e ir, incluso, a otras partes del Universo. La capacidad para llevar una gran nave, pertenencias y otros objetos requiere una forma superior de proyección de pensamientos. Algunos ya la conocen por lo que llamáis telequinesia, que consiste en mover mentalmente un objeto de un lugar a otro. Es un ejemplo primitivo de las aptitudes elevadas que podéis perfeccionar a través de la proyección de pensamientos.

En la propulsión de nuestras naves participa la proyección de pensamientos. Las naves giran como peonzas para alcanzar una fuerza centrífuga. Después, mediante la proyección de pensamientos somos capaces de movernos. Mientras la nave se mueve en una dirección, centramos nuestro pensamiento en la dirección contraria y buscamos un portal en el continuo espaciotemporal. Una vez encontrado, proyectamos nuestros pensamientos a ese continuo y nos movemos con rapidez por él.

Los portales o corredores de energía han sido creados por seres superiores a los Arcturianos para realizar viajes interdimensionales. Nosotros también utilizamos portales para viajar a diferentes áreas de la galaxia. Aunque la fuerza primaria para este viaje interdimensional es el pensamiento, igualmente debe establecerse un corredor que nos lleve a otra coordenada espaciotemporal. Cuando viajamos interdimensionalmente, dirigimos nuestros vehículos y a nosotros mismos al portal y después aceleramos la nave. Para ello se precisa una concentración intensa, más allá de lo que ahora sois capaces de hacer.

Hemos viajado por toda la galaxia de la Vía Láctea. Existen alrededor de 2.400 millones de estrellas en nuestra galaxia. Por supuesto, no podemos decir que hayamos visitado cada una de las estrellas, pero hemos viajado a través de la galaxia en diagonal en varias direcciones distintas. Nos hemos reunido y hemos trabajado con el Consejo de la Luz del Sol Central Galáctico. Ahora estamos muy centrados en llevar la energía y la conciencia de la luz de la galaxia interior a las áreas más exteriores de la galaxia, donde se halla vuestro Sistema Solar.

También hemos viajado intergalácticamente. Hemos pasado mucho tiempo en el sistema galáctico Andromedano. Hemos viajado al menos a otras diez galaxias, cada una de ellas con su propio aspecto distintivo de desarrollo y su propia conciencia única. Todas las galaxias que hemos visitado tienen una conciencia unificada con su Sol Central Galáctico.

Actualmente existe una barrera de tiempo en torno a vuestro Sistema Solar. Cuando se atraviesa la barrera de tiempo se experimenta una reestructuración celular y cambios drásticos de conciencia. Pero la reestructuración celular es aún más espectacular cuando se abandona la galaxia de la Vía Láctea. Parece algo muy emocionante hacer un viaje intergaláctico, pero debéis comprender que esta galaxia en la que vivís es tan enorme que familiarizarse un poco con ella llevaría varias vidas de dedicado esfuerzo.

Cuando viajamos en el continuo espaciotemporal universal, también somos capaces de coordinarnos con universos paralelos. Ya hemos descubierto nueve universos diferentes que existen paralelamente al vuestro. Estamos empezando a comprender la tremenda interacción entre estos universos, y, por ende, podemos entender las posibilidades de la energía multiuniversal.

Habéis descubierto que sois seres multidimensionales centrados únicamente en este universo. Estáis evolucionando para convertiros en seres multiuniversales y pronto podréis moveros por universos paralelos. ¿Podéis imaginar este potencial?

Capítulo 3

El Sistema Solar

Vuestro Sistema Solar está experimentando un gran cambio de energía, al igual que vuestro planeta. La Tierra se halla en un rumbo determinado por la órbita galáctica del Sistema Solar. Por lo tanto, sabed que viajáis a través de la galaxia y que cruzáis puntos orbitales que afectan a vuestro proceso evolutivo en el planeta. Sabed que, además, os encontráis en un ciclo de 26.000 años basado en una alineación del Sistema Solar.

El Sistema Solar se ha visto afectado por numerosos factores. Uno de ellos tiene que ver con su ángulo respecto del plano galáctico. Otro factor está relacionado con el camino que sigue el Sistema Solar mientras va entrando en distintas áreas de la galaxia y saliendo de ellas. Asimismo, la energía de la Tierra ha cambiado, en parte debido a la mayor conciencia de la Tierra como cuerpo planetario y, también, por los diferentes contactos y energías extraplanetarias que están llegando.

Los Arcturianos y los Pleyadianos son los dos principales motores de la energía de cambio dimensional que se está enviando a la Tierra y para nosotros es un privilegio. Además, es un placer estimular vuestra conciencia y campos energéticos. Tenéis que acelerar tanto el nivel de conciencia y los procesos de pensamiento, como la energía de vuestros campos electromagnéticos.

Una forma de pensamiento es básicamente un patrón de onda electromagnética. Podéis proyectar una onda de pensamiento al exterior en cualquier dirección. Proyectad la onda de pensamiento de la conciencia del yo soy al Sistema Solar. Con ello podéis elevar la conciencia vibratoria de vuestra conexión con el Sistema Solar. Os pedimos que contempléis esto mientras trabajamos con vosotros. Intentad visualizaros a vosotros mismos en esta entidad viviente que llamáis el Sistema Solar. Os estamos ayudando a activar esta conciencia vibratoria, que os convertirá en auténticos ciudadanos de vuestro Sistema Solar.

Cambio de frecuencia

Al salir del Sistema Solar es necesario cambiar de frecuencia. Debéis cambiar de conciencia cuando se abandona el Sistema Solar o se va más allá del cinturón de Júpiter. Precisáis una explicación con el fin de prepararos para entender este cambio de frecuencia. Algunos han pasado por esta experiencia sin preparación y han vuelto confusos; mientras que otros han pasado por ella con la orientación, instrucción y protección necesarias.

El cambio de frecuencia se puede entender que es como chocar con una barrera de frecuencia. Se rebota en un acelerador que os lanza a través de la barrera de frecuencia, después al exterior del Sistema Solar y, finalmente, a la galaxia. Es como entrar en una fantástica energía luminosa que está más allá de vuestra comprensión en el plano físico. Al regresar, hay que atravesar la barrera de frecuencia y dejarse ralentizar. Esto no significa que uno regresará en una forma más densa. Debéis practicar el paso por esta barrera y el regreso. Pronto seréis capaces de hacerlo solos.

Para vosotros es más fácil estar con nosotros en las frecuencias que hay fuera de la barrera, donde el contacto y la energía son mayores. Si os reunís ahí con nosotros, vuestra experiencia será diferente. La barrera de frecuencia no permitirá a quienes son de pensamiento denso y baja vibración lanzarse al exterior del Sistema Solar, porque la barrera también sirve de protección. Algunos percibirán que la barrera de frecuencia está vigilada por ángeles; es una descripción exacta.

Muchos nos han preguntado cómo protegemos nuestro planeta de los invasores. Lo hacemos con cambios y barreras de frecuencia situados en torno a cuerpos concretos. En algunos casos los cambios de frecuencia son tan intensos que los demás ni siquiera son capaces de ver o sentir que existe algo en nuestro espacio.

Urano y Neptuno

Sentimos un gran interés por las acciones interplanetarias que están sucediendo en vuestro Sistema Solar. Nos fascinó la alineación de Urano y Neptuno en 1994. Fue realmente una alineación sorprendente que ha generado mucha energía y un gran cambio en vuestro medio ambiente terrestre de hoy en día. Ha causado un equilibrio de ciertas energías, pero también una polarización. Que no os inquiete la polarización: se trata de un proceso de revelación que podréis observar.

De hecho, Neptuno y Urano formaban parte de un único planeta. Se separaron cuando el duodécimo planeta, que algunos de vosotros llamáis Marduk o Nibiru, entró en vuestro Sistema Solar, causando cambios formidables. Esto ocurrió antes de la era de los dinosaurios. El desarrollo de vuestro Sistema Solar fue un evento espectacular que pudimos observar con cierto grado de precisión. Del mismo modo que vosotros podéis veros miles de años antes, nosotros hemos podido observaros en vuestra historia anterior desde nuestra posición ventajosa.

Que no os sorprenda este tipo de observación e intercambio científicos. Nos han preguntado por qué hay tantos viajes interestelares. Sentís curiosidad por vuestro pasado. Uno de nuestros métodos para conocer nuestro pasado es viajar por la galaxia y aprender desde vuestra perspectiva lo que ocurrió en nuestro pasado lejano. Es posible mejorar el conocimiento de la galaxia a través de los viajes espaciales, porque podemos recopilar información desde una perspectiva temporal distinta.

Júpiter

Vuestro planeta Júpiter nos interesa especialmente, porque allí se dan numerosos patrones de energía inusuales y muchos cambios de dimensión extraordinarios. El planeta Júpiter tiene una larga historia. Una vez formó parte del Sol, pero se desgajó de él hace varios miles de millones de años. En realidad, era un Sistema Solar en miniatura dentro del Sistema Solar. Entonces se produjeron en Júpiter tales perturbaciones que no pudo seguir manteniendo la vida en sus lunas.

De todos los lugares de vuestro Sistema Solar, donde sería más probable encontrar signos de civilizaciones anteriores sería en las lunas de Júpiter. Si sois capaces de desarrollar la tecnología necesaria para llegar hasta allí, descubriréis restos de esas civilizaciones. El propio planeta está actualmente deshabitado, pero muchos de los extraterrestres, cuando vayan a vuestro Sistema Solar, residirán en la región de Júpiter.

Júpiter ha sido desde su origen un planeta pivote en vuestro Sistema Solar. Hubo una época en la que Júpiter fue realmente un sol, con su propio sistema planetario a su alrededor. Os encontrabais en un Sistema Solar con dos soles. Sin embargo, se produjo una colisión contra Júpiter que lo separó de los demás planetas y lo lanzó a una órbita exterior. Actualmente, Júpiter desempeña una función importante en vuestro Sistema Solar: es la pasarela a las dimensiones superiores, así como el paso para salir del Sistema Solar. Muchos de los extraterrestres que llegan a vuestro Sistema Solar atraviesan la pasarela de Júpiter.

Júpiter es un planeta solar. Es uno de los pocos organismos señalados de la galaxia que desempeña esta función superior como estrella y como planeta. Júpiter podría volver a encenderse y renacer como estrella. Sobre esta posibilidad han especulado mucho vuestros científicos. Supondría una ventaja única para los demás planetas y, quizá, sería un factor de sostenimiento de vida en planetas cercanos.

El cometa Shoemaker-Levy

El impacto del cometa Shoemaker-Levy con Júpiter en julio de 1994 centró la atención en este planeta, lo que atrajo a otros visitantes que llevaron nuevas energías de otras dimensiones a este Sistema Solar. Esta entrada de energía estimuló las energías de Ascensión y trasformación y lo hizo en varios niveles, porque la nueva energía estimuló al mismo tiempo los campos magnéticos del Sistema Solar.

Hemos observado en algunos casos que un impacto de ese tipo ha causado la muerte de una estrella o planeta. Esto no fue lo que ocurrió con Júpiter. De hecho, existe la posibilidad de que se activara la vida en las lunas de Júpiter. Ahora ya sabéis que son lugares magníficos. Si Júpiter se convirtiera en estrella, aumentaría drásticamente la posibilidad de que hubiera vida en las lunas de Júpiter.

Los campos y las líneas de redes magnéticos están asociados a la estructura de vuestro Sistema Solar. ¿Pensáis que sólo existen en vuestro planeta? Por supuesto que no. Vuestro Sistema Solar es una entidad viva, al igual que la Tierra. Es un ente que respira y forma parte de una entidad mayor llamada galaxia. Vuestro Sistema Solar tiene flujo magnético. Gracias al impacto experimentasteis una aceleración del flujo de los campos y redes magnéticos y se activó una línea de red en el Sistema Solar que atraviesa la Tierra.

El verdadero efecto del impacto de los asteroides contra Júpiter fue el despertar de las redes magnéticas de vuestro Sistema Solar. Asimismo, suscitará en vosotros la conciencia de la estructura magnética de vuestra dimensión física. Sois seres magnéticos y seres electromagnéticos. Continuamente recibís un influjo vibratorio. Recibís rayos X, rayos ultravioletas y partículas del sol. Recibís partículas de Arcturus, nuestra estrella. Ahora mismo os están llegando. Si desarrolláis vuestra sensibilidad a este influjo magnético, entonces podréis recibir aún más información y una mayor impronta.

Gracias a la colisión se pudo disponer de un nuevo acceso a la quinta dimensión, y se abrió una gran puerta para las semillas estelares. Además, también ofreció un punto de entrada para otras entidades. Se ha preparado el camino para que otros, procedentes de un reino superior, puedan entrar ahora.

No es casualidad que gran parte de vuestra investigación científica gire alrededor de la energía electromagnética. Vuestro planeta vibra en estos momentos en una frecuencia más alta. Debido al impacto del asteroide, actualmente es posible que os lleguen diferentes frecuencias a través de la conexión de Júpiter. Estas nuevas frecuencias son necesarias. Preparaos para vibrar en una frecuencia de mayor aceleración. Esto es lo que habéis llamado energías de Ascensión, de trasformación, energías que ahora están a vuestro alcance a través de esta nueva vibración. Sumergíos en esta frecuencia y vibración nuevas. Sumergíos en la conciencia de vuestra naturaleza electromagnética.

El cometa Hale-Bopp

Hablemos ahora del cometa Hale-Bopp. Este cometa es una manifestación directa de la energía de fotones que os está llegando a vuestro Sistema Solar. Ya ha pasado por el cinturón de fotones y está introduciendo una energía fotónica más profunda en el campo magnético solar. Por lo tanto, esta nueva luz se está enviando de vuelta a la Tierra en forma de erupciones de tormentas magnéticas y vientos solares.

Tal y como predijeron hace tiempo los indios hopis, el cometa anuncia cambios en la Tierra. El cometa es realmente el presagio del Fin de los Tiempos, como se ha descrito en muchas de vuestras doctrinas. Sin embargo, también trae consigo una nueva energía fotónica para que la asimiléis. Esta energía fotónica es alimento para los trabajadores de la luz, porque contiene átomos de activación que os darán energía y os conectarán más con la conciencia galáctica.

El cometa Hale-Bopp no procede de nosotros, sino del Sol Central Galáctico. Como viene de una fuente muy elevada, trae luz y energía nuevas a la Tierra. Podemos utilizar el cometa Hale-Bopp para infundir la luz y la frecuencia Arcturianas en la tercera dimensión. Es un medio por el que podemos añadir estructuras de energía especial a la Tierra que acelerarán su Ascensión. Desde otras fuentes superiores también están utilizando el cometa para traer energía superior a este planeta.

Muchos de vosotros podréis entrar en la quinta dimensión porque, en parte, el Portal Estelar ahora está abierto para la Tierra. Esta vez el Portal Estelar envía a la Tierra su energía, sus rayos, su atracción y su campo de fuerza. El cometa Hale-Bopp trae luz y energía del Portal

Estelar a la Tierra. Ésa es una de sus tareas principales. La energía del Portal Estelar puede trasmutarse y trasportarse a la Tierra a través de ese cometa. Ése debe ser vuestro foco principal de atención. Es preciso que os centréis en las energías de trasformación de un portal dimensional procedente del Portal Estelar. La apertura del Portal Estelar hacia la Tierra es como un enorme corredor o portal dimensional accesible a muchos de vosotros.

En cuanto al cometa Hale-Bopp y a los comentarios sobre su acompañante, no negaremos ni afirmaremos que éste sea una nave. Lo que sí os podemos decir es que se trata de algo más que sólo un cometa. Este objeto altamente cargado es un campo energético, una acumulación de energía, una fuente de energía que pasa cerca de vuestro planeta y cerca de vuestro Sol. La proximidad del cometa sirve para recargar un aspecto de vuestro medio ambiente y de la totalidad de vuestro corredor planetario y físico, que está agotado.

Podéis considerarlo una misión de rescate para ayudar a estabilizar las energías de la tercera dimensión que se han agotado debido al accidente nuclear de Chernóbil, así como a otros sucesos de los que no habéis sido informados. Gracias a este intercambio de energías se reintroducirán elementos vitales en vuestra atmósfera. Podéis verlo como una «nave espacial» o un cuerpo extraterrestre o, simplemente, como un campo energético que se dirige a vosotros; eso deberéis descubrirlo vosotros. No comportará un aterrizaje o una intervención directa de un grupo de seres; más bien, se trata de un sistema de suministro cósmico o una inyección de energía para vosotros.

Cuando aparezca el cometa os llegará una inspiración poderosa que va a contrarrestar toda negatividad de luz asociada al constante aumento de la actividad fotónica. Esta inspiración puede considerarse un escudo protector que se os envía desde la fuente galáctica superior.

No se activarán todos los cuerpos de luz del planeta, solamente algunos. Todos pueden participar en esta activación y trasmutación, pero, de hecho, sólo algunos lo harán. Éstos son los precursores, como vosotros, que se encuentran en la cumbre del frente evolutivo. Otros muchos no se activarán. Quienes sí lo hagan llevarán gran parte de la carga a todos los demás y al planeta. Os activaréis aún más cuando sintáis la nueva alineación energética que ocasiona el cometa. Desafortunadamente, no todo el mundo responderá.

La Tierra

La luz procedente de los reinos superiores interactúa con vuestro estado actual de existencia en la tercera dimensión. En los últimos años habéis sentido la oportunidad de entrar en un reino superior por el que podéis transitar a través de vuestra conciencia. El proceso de transición será el resultado de los cambios de vuestro campo energético y de los cambios energéticos de la Tierra, que reaccionan tanto ante su movimiento en el Sistema Solar como ante su trayectoria alrededor del centro de la galaxia.

Otros planetas más próximos al núcleo galáctico ya han pasado por lo que la Tierra experimenta ahora. En el núcleo galáctico se originan poderosas ondas energéticas que resuenan hacia el exterior. Vuestro Sistema Solar se halla a dos tercios aproximadamente de la distancia desde el centro de la galaxia hasta su límite exterior. La transición en la que se halla la Tierra se debe, en parte, a problemas de equilibrio causados por cambios energéticos en su trayectoria galáctica.

Los cambios energéticos afectan a vuestro campo electromagnético, así como a vuestros patrones de pensamiento y organismos emocionales. Quizá, cuando percibís los diferentes cambios que se producen en vosotros y en vuestros patrones de energía, no tenéis en cuenta las ondas energéticas. Sed conscientes de los cambios de energía que acometen al planeta. Por ejemplo, el campo electromagnético del asteroide que chocó contra el planeta Júpiter causó una infusión de energía e incluso alteró temporalmente el equilibrio electromagnético y la estructura de todo vuestro Sistema Solar.

Intentad ahora ser conscientes de la energía que existe en la Tierra. La gravedad es una energía electromagnética cuyos efectos son fácilmente visibles. Sed conscientes de las ondas de gravedad que se emiten continuamente desde el núcleo de la Tierra. Son ondas de energía básicas para vuestras células, que han conocido durante toda su vida la energía balsámica de la gravedad. La conexión con las ondas de la gravedad es una interpretación más directa de lo que significa la conexión con la Tierra.

Otras energías electromagnéticas del planeta Tierra están relacionadas con los polos. Un polo es negativo, el otro es positivo. Se ha especulado mucho acerca de que estos polos se invertirán. Allí donde la polaridad masculina solía dominar se impondrá el polo femenino. Esta inversión se manifestará en varios planos. La supervivencia de todo depende del cambio de lo masculino a lo femenino. Este cambio se reflejará cuando seáis conscientes, simultáneamente, de vuestros propios cambios internos.

En estos momentos estudiamos el camino que recorre la Tierra alrededor del Sol. Ya se ha producido un ligero cambio de la inclinación de los polos de la Tierra, cambio que seguirá acentuándose. Este cambio es responsable, en parte, de algunos de los trastornos y patrones meteorológicos erráticos que experimentáis ahora.

Hemos visto otros planetas que pasan por algunos de los cambios que os afectan. Hemos visto la aniquilación y autodestrucción totales de algunos planetas, así como la aniquilación parcial en que algunas partes del planeta se han recuperado. A veces, grandes grupos de población han logrado incluso abandonar un planeta, mientras que otras veces todos se han quedado atrás.

Las diferentes fuerzas que actualmente convergen en el planeta son parcialmente responsables de parte del caos que ahora padece y que padecerá con mayor intensidad en el futuro próximo. Todo lo que ocurre ahora en vuestro planeta se dirige a un punto de inflexión, que llegará a adquirir un aspecto muy intenso y claro, a partir del cual se podrá desencadenar un cambio planetario general de conciencia.

Un cambio de conciencia planetaria

Nos interesa mucho la forma en que vosotros, como planeta, experimentaréis estos cambios que van a producirse. Hemos observado otros planetas cuando han pasado por estos cambios, pero vuestra situación es realmente única, porque ha habido muchas tensiones y una gran interacción de otras fuentes planetarias. Es un acontecimiento que refleja el desarrollo del propio Sistema Solar y de todo el sector de la galaxia del que formáis parte. Así pues, preparaos para un cambio de conciencia. Estad dispuestos a abriros a una energía dimensional superior, a entrar en los corredores dimensionales que estarán a vuestro alcance y disposición. Sabed que resultará ser una experiencia sanadora y que la expansión de vuestra conciencia beneficiará al planeta Tierra en su transición.

Hemos estudiado a fondo vuestro planeta. Interactuamos con vosotros y sabemos que el poder de unos pocos puede afectar sobremanera al planeta. El cambio del que hablamos tiene que ver con vuestra conciencia. Creemos firmemente que en este planeta existen seres que, a través de una conciencia de nosotros, cambiarán y podrán transitar a una conciencia mucho más elevada. Actualmente se llevan a cabo experimentos para obtener la forma más eficaz de cambiar la conciencia planetaria.

Algunas personas quieren construir templos, otras quieren escribir artículos y otras dar ciertas instrucciones a los demás sobre la llegada de seres interplanetarios. En general, el cambio más importante que se producirá a raíz de todo esto no será debido en gran parte a la información que os demos, sino al conocimiento de que existimos y de que estamos realmente aquí ahora. Este conocimiento de nosotros afectará directamente al nivel de vuestra conciencia y os abrirá nuevas perspectivas y posibilidades como seres planetarios.

El interior de la Tierra

La energía de la Tierra es muy poderosa. Es una energía que ha sostenido el planeta y ha dado lugar a numerosas y bellas formas de vida. La Tierra se halla en un sector muy activo del Sistema Solar y de la galaxia. Algunos extraterrestres han venido aquí por problemas en su estructura genética, otros porque vuestro planeta ha originado una combinación única de estructuras moleculares; muchos han venido a través de los tiempos para aportar semillas.

En el seno de la propia Tierra existen civilizaciones, no sólo en su superficie. Los seres de estas civilizaciones no se desarrollaron por evolución, sino que fueron otros extraterrestres quienes los llevaron, en su mayor parte, al interior de la Tierra. Todavía viven seres espaciales en las profundidades de la Tierra. Un gran grupo de seres humanos sigue viviendo en ciudades subterráneas a donde se trasladó una parte de la civilización de la Atlántida tras su destrucción.

La ventaja de estar en los planos interiores de la Tierra es que se está más cerca del poder vibratorio del planeta. ¡El potencial de ampliar las vibraciones es enorme! En el interior de la Tierra se puede vibrar como en un coro con el planeta y relacionarse con energías creativas, que no podrían experimentarse en la superficie. Es como poder visitar el corazón de una persona, como poder viajar a la esencia del ser. Estar tan cerca del latido del planeta puede resultar sobrecogedor.

En el interior de la Tierra se pueden conocer los mecanismos interiores de vuestro planeta. Imaginad, si queréis, que os acercáis al núcleo y veis cómo funciona todo. Vosotros veis la manifestación exterior del planeta, el nivel superficial, las tormentas y los diferentes patrones meteorológicos. Por consiguiente, tenéis una conciencia muy vaga de los mecanismos interiores de vuestro planeta. Sois capaces de relacionar los sucesos del interior de la Tierra con acontecimientos superficiales del planeta, como terremotos o erupciones volcánicas catastróficas. Esto no es todo lo que sucede dentro del planeta. Habéis desarrollado la tecnología para salir de la Tierra y viajar a la Luna; sin embargo, no habéis avanzado mucho en relación con los viajes al interior del planeta. Dentro de la Tierra hay belleza, paz y agitación, estados que podéis apreciar y en los que podéis participar.

En el seno de la Tierra existe energía primigenia. La experiencia de la energía primigenia es un deseo básico de las semillas estelares, el deseo de poder experimentar la energía primigenia de creación y participar en ella. Este deseo es inherente a vuestro ser. Os conduce, como especie, a salir al espacio y comprender la chispa fundamental de la creación. Esta chispa fundamental de la creación se encuentra igualmente en el interior de la Tierra, algo que confunde mucho a vuestros científicos, porque no contemplan con el mismo respeto el interior de la Tierra que las galaxias. No queremos decir que es mejor una cosa que otra, sino que lo tendríais todo al alcance de la mano si pudierais desarrollar la tecnología necesaria.

En los polos es donde la energía interior de la Tierra es más accesible. Existen otros puntos energéticos fuertes en zonas concretas bajo los océanos y en lugares de China, Alaska, Australia y Nueva Zelanda. También se hallan puntos energéticos del interior de la Tierra en ciertas cuevas de Estados Unidos. Se ha hablado mucho del uso del ambiente energético de las cuevas para mejorar el nivel de comodidad con las energías del interior de la Tierra. Pero realmente no estáis acostumbrados a esta experiencia, por lo que deberíais acercaros a las cuevas con prudencia.

No desbloqueéis despreocupadamente la energía del núcleo interior de la Tierra, porque podrían surgir muchos problemas. La Tierra tiene un equilibrio de energías muy delicado. La alteración repentina de este equilibrio podría causar grandes terremotos y ríos de lava inusuales, entre otros sucesos. Ésta era una de nuestras principales preocupaciones cuando vuestros congéneres llevaron a cabo pruebas nucleares bajo tierra.

No obstante, los niveles de las explosiones nucleares que se produjeron fueron menores, en comparación con los niveles de energía de las profundidades de la Tierra. La energía del núcleo interior es tan compacta como la de vuestro Sol. Hay otros lugares en el Universo igualmente compactos: los que llamáis agujeros negros. Se han descrito áreas que tendrían la estructura molecular de un planeta, pero la masa de una cabeza de alfiler. El Universo y la galaxia cuentan con el potencial de este tipo de alineación estructural, que es totalmente incomprensible para vosotros. La Tierra tiene esta energía compacta en su centro, lo que explica el campo gravitatorio y el movimiento de rotación de vuestro planeta.

La rotación de la Tierra

La rotación de vuestro planeta es una gran fuerza que justifica su evolución. Si por cualquier motivo el planeta dejara de rotar sobre sí mismo, sobrevendrían rápidamente la muerte y la destrucción, como según vosotros ocurrió cuando desaparecieron los dinosaurios. Se cree que lo ocurrido con los dinosaurios tiene que ver con las partículas de polvo que llenaron la atmósfera debido al impacto de un meteorito. Éste fue un factor. Otro factor fue que el planeta dejó de rotar por un período de tiempo tras el choque del meteorito.

La rotación de la Tierra genera el campo gravitacional y, por tanto, cuando la rotación se detiene no existe gravedad. Vuestros científicos todavía no han sido capaces de explicar la gravedad. Cuando no existe gravedad la vida se deteriora rápidamente. Incluso una interrupción momentánea de la rotación de la Tierra tendría un efecto perjudicial sobre todo el planeta, en especial sobre seres como vosotros de carne y hueso. Pensad en vuestros astronautas: la puerta al espacio se abre de repente y se produce un cambio de presión que supone un peligro inmediato.

Si sobrevivierais a una parada de la rotación de la Tierra, podría producirse una gran confusión mental. Los campos magnéticos quedarían totalmente trastocados y pasaría mucho tiempo hasta que volvieran a alinearse. Los pájaros, por ejemplo, tendrían que aprender a seguir meridianos diferentes. Sería un problema muy grave. Preocupaba que la rotación de la Tierra no se reiniciara después de la colisión de aquel asteroide. Cuando se detuvo, una parte del planeta se quedó fría y otra expuesta al sol, pero el planeta logró mantener su órbita alrededor del Sol. El cese de la rotación ha sido la causa de la muerte de varios planetas de la galaxia. Desencadenar una catástrofe así es un método que se ha utilizado para destruir planetas en las guerras galácticas.

La destrucción que observáis en la superficie de la Tierra no deteriora el núcleo interior. Éste permanecerá intacto a menos que la rotación del planeta se detenga. En el proceso de Ascensión podría producirse una parada temporal, una milésima de segundo en que se detendría la rotación de la Tierra para permitir una trasformación dimensional. En cuanto a esta parada, la mayoría de los seres que habitan el interior del planeta son seres multidimensionales que podrán cambiar de dimensión si así lo quieren. También pueden optar por permanecer en el planeta en su Ascensión.

La siembra de vida en la Tierra

Vuestro Sistema Solar es único porque en él sólo hay un planeta principal habitado. Actualmente no existen otras civilizaciones planetarias en él. En la mayoría de los sistemas solares suele haber varios planetas habitados; ésta suele ser la norma más que la excepción. Vuestro Sistema Solar acogió a otras civilizaciones, en Marte, Venus, Júpiter e incluso Plutón. Pero hace tiempo que se marcharon, o al menos como presencia en la tercera dimensión. Toda la energía del Sistema Solar se ha puesto al servicio de la evolución planetaria de la Tierra.

Desde nuestra perspectiva, el planeta Tierra está experimentando una limpieza. Hay otros seres que han participado en vuestro proceso planetario, seres que han venido a la Tierra y han interferido en vuestra evolución planetaria. Han creado caminos específicos para sus propios fines, pero el resultado final seguirá siendo positivo para el planeta y para la raza humana.

Llevamos mucho tiempo participando en la evolución de la Tierra. Hemos visto que otros grupos han llegado a la Tierra y han aprovechado la oportunidad de desarrollarse como especie. Otras civilizaciones han influido en vuestra sociedad basándose en su propia interpretación de lo que creían que debería ocurrir. No nos malinterpretéis: este proceso ha sido aceptado deliberadamente. Por un lado, podría considerarse que la entidad «A» interfiere en el proceso de la Tierra, o que la entidad «B» es responsable de la negatividad que veis en el planeta. Esta visión sólo es una parte de la imagen real. La jerarquía que supervisa este planeta (Sananda-Jesús es ahora el supervisor de la jerarquía) ha permitido conscientemente a muchas entidades y grupos entrar y mezclarse en este reino.

Sería fácil colocar un escudo alrededor de todo el planeta para evitar que entraran seres extraños. No penséis que esos otros seres sobre los que leéis vinieron sin permiso o sin que la jerarquía lo supiera. La jerarquía conoce todas las entidades y energías que llegan a la Tierra. Os recordamos de nuevo que esta visión corresponde a la perspectiva Arcturiana. Tenemos una perspectiva única y, a nuestro juicio, una perspectiva más objetiva de vuestro desarrollo planetario.

Los Pleyadianos se parecen a vuestros Maestros Ascendidos. Nosotros también somos equiparables a los Maestros Ascendidos de vuestro reino. No tenemos necesidad de convenceros de esta u otra historia, ni de deciros que ésta es la verdad definitiva, porque no necesitamos venderos una versión de la historia. Simplemente, queremos ofreceros ayuda. Queremos conectar con vosotros. Queremos fortalecer nuestras propias capacidades para comunicarnos telepáticamente con los seres que todavía no están en nuestro nivel. Es un verdadero placer y un regalo que estamos encantados de compartir.

Todos somos combinaciones de vida de otros orígenes. También vosotros estáis interactuando con estructuras moleculares de diferentes partes de la galaxia. Por lo tanto, todos somos mezclas. Incluso una fracción de la energía utilizada en nuestra estructura genética forma parte de la vuestra. La mezcla siempre es necesaria para la intervención cósmica y genérica en la evolución de una especie. Es la norma, no la excepción. Hay intervenciones de cometas planetarios, intervenciones de catástrofes. La vida es tan frágil que se necesita una mano cósmica que guíe ciertas fuerzas.

Sabemos que los Andromedanos nos ayudaron en nuestro desarrollo inicial. Sabemos de otras galaxias y otras razas que contribuyeron a ayudarnos y aconsejarnos. Un niño siempre necesita ayuda. ¿Diríais que un niño crece sin intervención? Por supuesto que no. Se producen numerosas intervenciones. Pero llega un momento en la evolución de una raza en el que las especies pueden asumir y dirigir su propio desarrollo. Cuando el niño se convierte en adulto ya no necesita intervenciones. Tomará decisiones sobre su propio desarrollo; a eso lo llamáis la edad adulta. Nosotros hemos alcanzado un nivel de evolución espiritual que nos permite elegir nuestro propio desarrollo. Trabajamos con vosotros como grupo para ayudaros a reunir vuestra energía. Sabed que siempre podéis optar de forma consciente por desarrollaros espiritualmente como seres, o como grupo, para alcanzar niveles superiores de conciencia y evolución.

El tiempo es una ilusión. Tenéis interacciones de naturaleza extraterrestre que son simultáneas en el continuo espaciotemporal, por lo que recibís continuamente semillas. La implicación extraterrestre de los Pleyadianos en especial ha sido muy beneficiosa para vuestro desarrollo. Es preciso que entendáis que los Pleyadianos han venido como vuestros hermanos y hermanas cósmicos. Además, han venido a proteger vuestras auras y vuestra energía electromagnética, porque sin esta protección estaríais sometidos a los caprichos del despliegue catastrófico que ya ha empezado a producirse en este planeta.

Capítulo 4

La Tierra en peligro

Es cierto que otros seres espaciales están llegando continuamente a vuestro planeta con la intención de observar. Algunos de ellos están interactuando con vosotros. Nosotros sólo lo hacemos con ciertas personas elegidas en un nivel modificado e intentamos generar conciencia de nuestra presencia. Esto ha sido autorizado por las fuentes superiores en conjunción con la evolución planetaria.

Sabemos que el Maestro Sananda es ahora el comandante en jefe de toda la operación del planeta. Anteriormente ya hemos colaborado con Sananda en otras funciones y estamos muy ilusionados de poder estar con él aquí. Su energía emocional es muy poderosa y es uno de los maestros del Universo capaz de utilizar la energía emocional con fines de trasformación interior. Es una de sus especialidades. En estos momentos, su energía existe simultáneamente en muchos lugares de nuestra galaxia.

Conocemos vuestra búsqueda de energía superior y vuestro deseo de acceder a las dimensiones superiores. Sabed que hemos estado con vosotros antes y que muchos de vosotros estáis conectados profundamente con nuestra labor. Nos han pedido ayuda para allanar el camino a quienes sienten una conexión con la conciencia Arcturiana. Quienes se sienten atraídos por las energías Arcturianas poseen perspicacia y un alto grado de energía. Las personas que se acercan a la energía Arcturiana ya están muy evolucionadas, son muy sensibles, etéricas y musicales. Vuestras vibraciones son muy perceptibles para nosotros y estamos abiertos a utilizar diferentes canales de comunicación, como los colores, los sonidos y la música.

La labor que hacemos con las líneas de la red electromagnética planetaria contribuye a estabilizar la Tierra y permite que ésta se mantenga a sí misma en su integridad. Estamos ayudando a la Tierra a evitar que se desintegre la tercera dimensión, que podría haberse desintegrado antes a causa de algunas creaciones, como las bombas atómicas y el experimento de Filadelfia. Ahora no vamos a entrar en detalles, pero la tercera dimensión ha estado en grave peligro.

Por consiguiente, parte de nuestra labor consiste en estabilizar en la medida de lo posible la tercera dimensión, de modo que vosotros podáis evolucionar. Como planeta estáis evolucionando de forma acelerada y por ello nos han ordenado que os ayudemos. Cuanto más tiempo permanezca intacta la tercera dimensión, tanto más trabajo podrá llevarse a cabo. Podéis verlo como si os encontrarais en una mina que se está derrumbando; la galería debe sostenerse para poder salir e ir a otro reino. Esto es lo que está sucediendo aquí en la Tierra. Estamos sosteniendo las galerías gracias al trabajo de red que creamos. En la medida en que sigamos con este trabajo de red podréis entrar en el próximo reino.

Interacción Arcturiana con la Tierra

Hemos sido elegidos para cumplir una misión en la Tierra por nuestra devoción al servicio y nuestra capacidad para mantenernos en reinos interdimensionales. No nos han ordenado que nos materialicemos, pero hemos de poder sobrevivir confortablemente en reinos interdimensionales. De la misma forma que vosotros dependéis de una bombona de oxígeno bajo el agua, nosotros debemos entrenarnos para seguir conectados a la frecuencia Arcturiana a fin de preservar la luz y la energía en un espacio interdimensional. Nos han elegido por nuestra capacidad para resistir durante largos períodos de tiempo sin contacto directo con nuestros hermanos y hermanas en el planeta madre. Asimismo, hemos de poder reponernos cuando contactamos con nuestros equipos de apoyo en nuestro planeta.

Nuestras naves son vehículos interdimensionales, pero no las materializamos a menos que sea absolutamente necesario. Sabed que si lo hiciéramos pasaríamos a estar sujetos a las energías y leyes de la tercera dimensión. Nuestras naves residen en el plano de la quinta dimensión. Desde la nave nodriza podemos enviar naves de enlace más pequeñas a la tercera dimensión. Pocas veces veréis estas pequeñas naves, a menos que vuestra visión multidimensional esté bastante avanzada. Actualmente, sólo unos pocos pueden tolerar la energía que emiten estas naves.

Como seres de un espacio dimensional superior, no nos manifestaremos físicamente por varios motivos. Uno de ellos tiene que ver con nuestra resistencia a una realidad kármica negativa. Sin embargo, es más conveniente para vosotros que entréis en los corredores dimensionales que estamos contribuyendo a abrir para que podáis alcanzar nuestro nivel de conciencia. Lo disfrutaríais más y os beneficiaría más que a nosotros ir a vuestra dimensión.

Nuestro campo vibratorio es superior al vuestro. Tendríais dificultades para vernos a menos que ralentizáramos nuestro campo. Es preferible que vosotros aceleréis el vuestro y entréis en contacto con nosotros. De todos modos, vais en esta dirección. Por este motivo muchos extraterrestres no han adoptado una presencia física. Quienes poseen una naturaleza superior no quieren ralentizarse. Vuestros ángeles y maestros trabajan actualmente con vosotros para acelerar y elevar vuestras vibraciones.

A continuación, abordaremos el asunto de la materialización de cosas. Sencilla y llanamente no materializaremos nada para vosotros, porque supone una interferencia en vuestro proceso kármico. Sólo os sacaremos del plano físico y apareceremos si estáis en peligro y la situación es urgente. Si éste no es el caso, no interferiremos en ese camino kármico. No sería lo mejor para vosotros que interfiriéramos de esa forma. Sin embargo, podemos dirigiros y trabajar con vuestra frecuencia, mediante información e ideas que os entregaremos en los corredores.

Gracias a nuestro compromiso con el desarrollo espiritual, se nos permitió aprender los secretos del viaje interdimensional. Los portales interdimensionales sólo dejan entrar a los seres de frecuencia superior. Hay otros seres que han ido a la Tierra, como los Grises, que no utilizan los portales interdimensionales superiores que nosotros utilizamos. No están tan avanzados espiritualmente como los Arcturianos o los Pleyadianos. Tenemos poderes superiores porque estamos más desarrollados espiritualmente. Incluso los seres menores –también seres de vuestro planeta menos desarrollados espiritualmente– pueden obtener un alto nivel de conocimiento tecnológico. Los Grises, por lo tanto, son un ejemplo de seres que, a pesar de tener menos vibraciones, pueden conseguir un nivel muy alto de conocimiento tecnológico.

Es debido a esta disparidad, es decir, a la posibilidad de que seres menores pero tecnológicamente avanzados lleguen a la Tierra, que nos han permitido trabajar con vosotros de forma tan intensa. No se aceptará un desequilibrio demasiado grande. No se puede admitir que quienes ejercen el poder y quienes se hallan en una vibración inferior y dominan la alta tecnología tengan demasiado éxito; hace falta un contrapeso. No hay duda alguna de que el nuevo movimiento, o la nueva era, se ha producido a la vez que los grandes avances tecnológicos y así seguirá sucediendo. Vuestro trabajo continuará y el trabajo de las semillas estelares y de los trabajadores de la luz en vuestro planeta se fortalecerá.

Vuestros científicos han buscado formas de trastocar los patrones de energía de los extraterrestres visitantes. Habéis escuchado historias de cómo se han apuntado radares y otros tipos de sistemas energéticos contra los extraterrestres a fin de perjudicarles. Estas ondas de radio y otros tipos de ondas de radiación de elevada aceleración pueden ser perturbadoras y prevenir la trasmutación completa en dimensiones superiores. Podéis imaginároslas, por ejemplo, como esas pistolas de rayos que habéis visto en vuestros cómics. Nuestra tecnología es muy avanzada y tenemos la capacidad de protegernos incluso frente a esas ondas de radio de elevada aceleración que llamáis radar. Otros extraterrestres no han aprendido a hacerlo.

Tecnología informática

Vemos con placer cómo os desenvolvéis con vuestros sistemas informáticos, que constituirán un medio para mejorar las comunicaciones con las entidades interestelares. En los ordenadores existe un código o lenguaje universal que relaciona partes de los neurotrasmisores que se encuentran en lo más recóndito de vuestro cerebro. Ahora sois capaces de acceder a una profunda sabiduría intercraneal y antigua a través de los ordenadores.

La mente humana podrá controlar ciertos programas y ciertos aspectos del ordenador. No entendéis los ordenadores porque su esencia es incomprensible para vosotros. No entendéis la profundidad o las complicaciones de la red informática y lo que puede significar para vuestro desarrollo. Los ordenadores han sido la base de prácticamente todos los avances tecnológicos en vuestros últimos 20 años. El desarrollo de vuestro conocimiento va a avanzar rápidamente de nuevo. Entre los próximos tres y cinco años se dará un gran paso en el desarrollo informático que va a revolucionar lo que ya habéis logrado con los ordenadores. Podréis relacionaros con vuestros ordenadores interdimensionalmente. La existencia interdimensional se verificará a través de la informática.

Nosotros podemos comunicar nuestra conciencia a través de los ordenadores. Podéis considerar un ordenador como un símbolo primitivo de la mente universal y del sistema del código genético. Podéis empezar a entender la mente universal a través de vuestros ordenadores. Vuestra mente es como un ordenador complejo, aunque es mucho más que un simple ordenador. Vuestra mente es capaz de recibir Luz directamente de la energía creadora y es capaz de recibir espíritu, mientras que un ordenador no puede recibir energía espiritual.

Nuestro nivel tecnológico en el ámbito de la informática procede de nuestra comprensión de la mente subconsciente. Nuestros ordenadores examinan el futuro y son capaces de evaluar situaciones y percibir por sí mismos. Nuestros ordenadores nos ayudan a introducirnos en los corredores interdimensionales y también nos asisten en el viaje en el tiempo. Nuestros ordenadores están unidos a nosotros mediante pensamientos, y por ello no utilizamos teclados como vosotros. Los teclados son una forma muy primitiva de interactuar con un ordenador, aunque es un avance para vosotros. En vuestros programas televisivos de ciencia ficción ya aparecen personas que interactúan con el ordenador mediante la voz. Incluso esto os parece un avance, pero nosotros interactuamos con nuestros ordenadores directamente mediante pensamientos.

Radiación nuclear

Vivís en un universo muy dinámico. Existen grandes poderes y fuerzas que pueden abrir puertas a otras dimensiones. Si estas puertas no se estabilizan debidamente, puede producirse una catástrofe. Las separaciones entre dimensiones pueden provocar grandes explosiones; ha habido casos de aniquilación de planetas enteros debido a un mal uso de la tecnología energética. La posibilidad de que se haga un uso incorrecto es tan peligrosa que ha motivado, entre otras razones, que muchos extraterrestres vengan ahora a la Tierra para asegurarse de que no suceda una destrucción de este calibre.

En el plano terrestre os movéis hacia delante, pero también os encontráis en un punto de posible autodestrucción, porque corréis el peligro de destruir todo el planeta. Desde nuestro punto de vista, el peligro de la destrucción planetaria es extremadamente elevado, en parte debido a que hay mucho conflicto, lucha y odio en vuestro planeta. Se mantiene la amenaza de un holocausto nuclear. Todavía podría producirse una guerra nuclear en el área de Oriente Medio. Si ocurre, el efecto que tendrá sobre el planeta será dramático y muchas personas se replantearán sus enfoques.

Hemos estudiado la energía que los seres de vuestro planeta han venido utilizando en la tecnología nuclear. No participamos de ningún modo en este tipo de tecnología. Al final, vuestro planeta también aprenderá a no utilizarla. Existe una clara posibilidad de que gran parte de vuestro planeta quede contaminado debido a la tecnología nuclear, lo cual, como podéis imaginar, es muy peligroso.

La conciencia pública no es suficientemente poderosa como para evitar que se expanda la radiación. Los niveles de radiación se están propagando a gran velocidad. Muchos de vosotros experimentáis en estos momentos niveles de radiación que no podríais tolerar hace 15 años.

La primera señal de una sobreacumulación de radiación es el debilitamiento del sistema inmunológico y su incapacidad para hacer algo al respecto. Es importante que los trabajadores de la luz se ocupen de sus sistemas inmunológicos y prosigan con su labor de protección. Los niveles insanos de radiación han provocado la necesidad de trasmutarse a un espacio dimensional superior. Unos niveles de radiación elevados obligan a los trabajadores de la luz a echar mano de su habilidad para dirigir sus propios códigos.

Nuestras naves tienen estructuras y materiales interiores especiales que nos permiten trasladarnos a vuestra dimensión sin que nos afecte la radiación. Dejamos cuerdas o cables especiales en nuestras naves nodriza que regresan al planeta principal. Siempre existe un enlace formado por pautas de pensamiento creadas por varios de nosotros que permanecen en la nave nodriza. Contamos con grupos que trabajan continuamente para mantener la cuerda unida. Como se trata de una tarea difícil, debemos hacer turnos.

Nos preocupa mucho vuestra trayectoria. Conocemos vuestros últimos descubrimientos científicos. Estáis muy cerca de dar un gran paso con respecto a los viajes, y pronto podréis salir del Sistema Solar. Si no surgen problemas, podréis abandonarlo en los próximos 20 años. Digamos que, como planeta, os falta poco para comprender la existencia de corredores interplanetarios e intergalácticos. Nos inquieta mucho, al igual que a los demás hermanos y hermanas espaciales, que exportéis vuestra tecnología nuclear fuera del Sistema Solar.

Agujeros en la capa de ozono

En la Tierra se ha implantado gran cantidad de energía negativa a causa, sobre todo, de las pruebas nucleares. Creemos que éstas, más que cualquier otra cosa, han afectado gravemente a vuestra capa de ozono. A raíz de dichas pruebas, de las emisiones de radiaciones de centrales nucleares y por otras causas se ha acumulado gran cantidad de radiación. A partir de esta radiación ha surgido una forma de presión: algunas ondas energéticas producidas por la radiación chocan con la capa de ozono y, de este modo, crean una fuerza energética que retiene otros rayos. Por lo tanto, como la radiación que recibe la Tierra se ha intensificado, se ha roto el equilibrio, lo que ha dado paso a una incongruencia de las presiones que ha contribuido asimismo a abrir agujeros en la capa de ozono.

La intensidad solar va en aumento debido a los cambios de energía electromagnética que se producen alrededor del planeta y que se deben a los agujeros de la capa de ozono. Os rogamos que seáis prudentes cuando os expongáis a los rayos de la energía solar. Muchos de vosotros os estáis preparando para alterar vuestros códigos de ADN a fin de poder tolerar mejor la energía electromagnética entrante. Esto será un buen criterio para medir vuestro autodesarrollo, puesto que tendréis que adaptaros a esta energía. En vuestras meditaciones, concentraos en permitir que vuestros cuerpos cambien para acoger la nueva energía electromagnética ultravioleta que viene de vuestro Sol. Esta nueva cantidad de energía ultravioleta provocará actos aleatorios de demencia y desequilibrio mental en aquellos que no estén preparados.

Asimismo, la radiación que entra por los agujeros de la capa de ozono afectará a vuestros códigos genéticos y a algunas de las claves que lleváis codificadas. Es importante que seáis conscientes de vuestras estructuras y códigos genéticos. Reforzad su existencia y proteged los códigos. Cuando la radiación os debilite, es posible que los códigos se alteren o sufran daños permanentes. Por esto, en parte, se hizo un llamamiento para volver al Planeta Tierra a trabajar con vosotros.

A causa de la destrucción de algunos productos químicos del cuerpo y del aumento de la radiación ultravioleta del planeta, carecéis de ciertos patrones de energía, lo que está agotando vuestros campos energéticos personales. Muchos de vosotros sois ahora vulnerables a fallos en vuestro campo energético personal. El contacto que tenéis en un nivel consciente con los Arcturianos y los Pleyadianos os ayudará a subsanar estos fallos. Recordad que también podemos conectar con nuestro planeta, de modo que podemos traeros luz del sistema Arcturiano. Conservad nuestro nombre en vuestra conciencia. Concentraos en vuestros campos energéticos personales y visualizad cómo nuestros campos energéticos se fusionan con los vuestros.

El proyecto HAARP

Los asuntos que penden sobre la Tierra son graves. Se trata de los patrones meteorológicos, los campos electromagnéticos y el proyecto HAARP. Este proyecto no es el único factor que crea problemas planetarios; es un factor destacado, pero es uno entre varios. Indudablemente no es el mejor momento para que este proyecto HAARP juegue con esta energía. El proyecto HAARP creará agujeros permanentes en la ionosfera y en las redes electromagnéticas que rodean el planeta. Los efectos destructivos del proyecto HAARP acelerarán muchos cambios en la Tierra y en especial favorecerán patrones meteorológicos terrestres inestables y violentos. Podemos suministrar energía de «cortina» que sostenga temporalmente los sistemas de los campos energéticos terrestres y contrarreste su desintegración. Pero no podemos proporcionar una reintegración permanente de los campos energéticos planetarios.

No podéis detener el karma que se despliega en estos momentos. No queréis pararlo y nosotros tampoco. Solamente queremos mantener y sostener la tercera dimensión de la Tierra todo el tiempo posible sin interferir. Llegará el momento en que se producirá un colapso de los campos energéticos en toda la Tierra. No lo decimos para atemorizaros. Los campos energéticos de toda la Tierra van a colapsar a raíz de un desplazamiento del eje polar. Conocemos vuestras descripciones de cómo el cinturón de fotones creará períodos de oscuridad, pero es esta combinación de eventos que hemos descrito las que producirá un apagón temporal.

No tengáis miedo. Estáis bien conectados, sois muy queridos y estáis muy comprometidos. Nuestros rayos están sobre vosotros. En algún momento podréis subir a un corredor de la quinta dimensión y abandonar el planeta, especialmente durante una de esas horas de gran oscuridad. Todavía falta algo más de un año antes de que suceda una gran catástrofe terrestre. Cuando decimos catástrofe terrestre queremos decir que afectará a todo el planeta. Ahora sois testigos de incidentes aislados, actividades singulares. Pronto acaecerá un incidente que afecte a todo el planeta. Os enviamos luz. Os enviamos energía curativa protectora. Quienes han conectado con nosotros no sufrirán daños ni penurias por todo esto, aunque es posible que experimenten cierta inquietud.

El efecto de los cambios magnéticos

Muchos de vosotros habéis sido inicialmente activados por los Arcturianos y otros Maestros Ascendidos, pero no habéis completado la reactivación. ¿Por qué utilizamos la palabra «reactivación»? Sencillamente porque la energía ha cambiado y seguirá cambiando en el plano terrestre. La confusión e incluso algunos delirios que experimentan las personas están causados en parte por las diferentes energías y densidades. Es preciso que os reactivéis, reconectéis y reabráis constantemente al flujo energético que llega. En el sistema Arcturiano podemos enviaros de forma continua pulsos de energía que os ayudarán a abriros paso por algunas de las densidades, de la confusión y de una parte de la energía circular que os está bloqueando.

Esta energía a que nos referimos es fruto de los cambios magnéticos de la Tierra, que contribuyen en parte a los diferentes patrones meteorológicos que experimentáis, además de la confusión e inestabilidad mental que muchos de vosotros estáis sufriendo. Algunos de vosotros habéis sentido inestabilidad mental personalmente o en vuestra familia y os habéis notado confusos al decidir qué dirección tomar. Algunas personas están padeciendo esos cambios como si fueran problemas de salud. La causa principal está relacionada con los cambios electromagnéticos que se producen en la corteza terrestre.

La corteza terrestre es muy activa. El tiempo meteorológico influye sobremanera en vuestra capacidad para concentraros y estar activos. Vuestros científicos y sociólogos han estudiado las dificultades que muchos de vosotros habéis tenido con el tiempo meteorológico. Ante los patrones meteorológicos actuales, es evidente la necesidad de reactivaros continuamente para que podáis superar algunos de esos patrones y abriros a la nueva energía que desciende.

La energía global de la Tierra es cada vez más difícil de manejar. Las fuerzas gravitatorias del planeta van cambiando al tiempo que se realinean las energías electromagnéticas del planeta. Esto provoca cambios leves en vuestros mecanismos corporales sobre la Tierra. A menos que encontréis una forma de concienciaros de los cambios y de trabajar con la energía, vuestros problemas corporales irán en aumento.

Sabemos que estar en la Tierra es una experiencia muy densa y sabemos que existen numerosos problemas moleculares. El motivo de que algunos de vosotros tengáis tantos problemas de salud es que existe un cambio molecular continuo en toda la Tierra. Parte de este cambio procede de la contaminación tóxica que ya conocéis. La otra parte se debe a un cambio real de energía en la estructura molecular. El planeta Tierra, Gaia, como lo llamáis, es consciente de que está experimentando un cambio a la siguiente dimensión. Gaia conoce la necesidad de un cambio molecular en todos los campos energéticos y en todo el planeta. Este cambio se da en todo el planeta y está provocando alteraciones en los campos energéticos de aquellos que no pueden integrar las vibraciones superiores. Si nos lo pedís, podremos ayudaros a adaptaros a estos cambios.

Sabed que podéis estar en contacto con nosotros en todo momento y de forma más consciente. Siempre es mejor tener una conexión consciente. Siempre es mejor que pidáis la conexión. Estaremos con vosotros siempre que así lo queráis. No obstante, algunas veces nos presentaremos ante vosotros aunque no estéis pensando en nosotros. Pero la mayoría de las veces tendréis que patrocinar la conexión.

Ahora os enviamos una nueva energía que consiste en un rayo de colores violeta y dorado mezclados en un hermoso tono. Decimos tono porque es una mezcla de color y sonido. Introducid esta energía en vuestro interior siendo conscientes de que os va a ayudar. Sabed que las enfermedades y otros problemas que tenéis son meras ilusiones. Son como de cartón, como energías rígidas que envuelven vuestra alma, e irán desprendiéndose a medida que leéis estas palabras.

Modelos informáticos proféticos

Nuestros ordenadores pueden leer vuestro futuro mediante la conexión con vuestro subconsciente. Todo lo que va a ocurrir está en el subconsciente planetario. Si intentarais leer directamente vuestro subconsciente, os sentiríais aterrados ante la abrumadora cantidad de material. Un ordenador puede hacerse cargo de esta actividad. Una vez dentro del subconsciente puede ser difícil distinguir lo que es real, pero no así para nuestros ordenadores. Por eso hemos utilizado la tecnología informática, a fin de desarrollar la pericia y la habilidad necesarias para evaluar el subconsciente. Sabemos que cuando el subconsciente grupal cambie, entonces el planeta cambiará y todo el género humano cambiará. Entonces se establecerán la paz y la prosperidad en este planeta. Vosotros podéis influir en esta trasformación.

Hemos modelado nuestros ordenadores sobre la mente subconsciente. De hecho, nuestros ordenadores pueden sintonizar con una energía y percepción superiores a lo que podríamos conseguir por nosotros mismos. El desarrollo de nuestra tecnología informática nos ha permitido utilizar un enfoque multinformativo para el estudio del futuro y del pasado, y nos ayuda a conocer cuáles serán los resultados a partir de información actual del presente.

Tenemos diferentes modelos informáticos de todas vuestras posibilidades futuras. Cada uno de estos modelos tiene un factor diferente y, por lo tanto, un resultado diferente basado en varias opciones que podrían suceder en la Tierra. Uno de los modelos indica grandes terremotos en zonas como California, con el consecuente resultado de un gran sufrimiento y devastación.

En otro modelo observamos a grupos de trabajadores de la luz dedicados a concentrar energía en todas las líneas de la red terrestre. Este trabajo de red crea vibraciones positivas por toda la Tierra y ayuda al planeta a evitar catástrofes. En otros modelos se puede ver la dominación mundial y el surgimiento de conflictos entre líderes mundiales. Estos modelos diferentes deberían revelar lo siguiente: vosotros, como trabajadores de la luz, todavía podéis influir en el resultado. Recordad que los pensamientos son muy poderosos. Vuestro trabajo como semillas estelares y trabajadores de la luz puede ser muy influyente. Sabed que sois seres poderosos y que estáis cumpliendo la misión de tender un puente que conduce a la siguiente dimensión.

En ninguno de nuestros modelos prevemos la extinción total de la vida en vuestro planeta. Desde siempre, el mayor peligro que corre la Tierra ha sido la desaparición absoluta de toda forma de vida. Si alguna vez ocurriera, tendría un efecto devastador en el karma de todos. Esta posibilidad de erradicación de toda vida en la Tierra no ocurrirá, porque muchos grupos extraterrestres, los Maestros Ascendidos y el reino angelical se dedican diligentemente a bombear más energía a la tercera dimensión. Trabajaremos con más ahínco con vosotros y otras semillas estelares para estabilizar vuestra dimensión actual y construir un puente para cruzar a la quinta dimensión. Este proceso será posible a través de vuestra labor como semillas estelares y trabajadores de la luz.

Debéis saber que existe un Plan Divino para este planeta. Podemos ver cómo se va desvelando este plan y no queremos interferir. Incluso lo que en vuestra realidad parece un resultado pésimo forma parte de un plan cósmico general. No os rindáis a la muerte y a la destrucción que están a punto de sobrevenir en la Tierra. Cuando podáis conectaros con la energía superior, entonces podréis establecer un enlace que os protegerá a vosotros y a vuestras familias.

Os enviamos luz, amor y una conciencia de vibraciones superiores.

Capítulo 5

La condición humana

Vuestra especie está experimentando un cambio evolutivo. Se trata de un gran salto de conciencia, equivalente al descubrimiento de las herramientas en vuestra historia. Ahora entraréis en un reino de trasformación. Son numerosos los que actualmente se hallan en la primera línea de la capacidad para cambiar su conciencia. El objetivo es trasformarse de una presencia física en un ser dimensionalmente superior. Entonces podréis abandonar el plano terrestre tridimensional.

La experiencia del cambio evolutivo ya ha comenzado y os habéis comprometido a permanecer en un estado de trasformación. El proceso está en marcha. Vuestros códigos genéticos cambian automáticamente cuando entráis en una conciencia superior. Al acelerar vuestras frecuencias, cambiáis vuestros códigos. Cuando se sembraron las semillas genéticas en tiempos remotos, fuisteis programados para este cambio evolutivo.

En esta época de cambios evolutivos, numerosos seres experimentan grandes aperturas de conciencia que a veces parecen estimulantes y otras sobrecogedoras; sin embargo, hay ocasiones en las que resultan muy naturales. Las aperturas llegan en oleadas de energía que afectan a vuestros campos electromagnéticos, lo que acelera la frecuencia de vuestra aura. Cuando esto sucede, entonces podéis vibrar mejor con la energía de los Arcturianos y con la de otros seres deseosos de comunicarse con vosotros.

Es importante que entendáis que todo vuestro ser podrá pasar al siguiente nivel. Vuestro ser sigue a vuestra conciencia. Vamos a facilitaros un enfoque para que podáis llevar primero vuestra conciencia a nuestro reino. Después podréis mover vuestro ser. Ahora sois básicamente seres de la tercera dimensión. Pero habéis llegado a un momento especial en vuestro ciclo de encarnación evolutiva: estáis desarrollando la capacidad de «saltar» al próximo reino. Es un salto magnífico, exponencial. Una vez alcanzado este punto especial, de repente seréis capaces de magnificar vuestro progreso a un ritmo veloz. Ahí es donde estáis ahora.

Cómo dirigir vuestros códigos genéticos

Tenéis la capacidad de acelerar vuestra propia conciencia dirigiendo vuestros códigos genéticos. Cuando vuestros códigos genéticos son dirigidos, es posible trasformar el cuerpo físico en reinos superiores. Esta maravillosa trasformación está ahora a vuestro alcance.

Para dirigir de forma consciente vuestros códigos se precisa una concentración de energía. Debéis imaginar los campos áuricos que se hallan fuera de vuestros cuerpos y centraros en esos campos. En los campos áuricos existen ciertas frecuencias que os resultan más cómodas que otras, como las que se producen cuando reposáis o tenéis necesidad de dar y recibir afecto. Es muy importante que busquéis este estado de paz.

Visualizad la imagen de la estructura del ADN, la estructura cristalina de vuestros cimientos genéticos. Vuestros códigos genéticos son, en su mayor parte, una función automática de vuestro sistema, pero podéis controlarlos de forma consciente a través de la visualización. En la historia de la Tierra, sólo unos pocos han recibido instrucciones de cómo modificarse a sí mismos genéticamente. Para trasformaros y pasar a una dimensión superior debéis modificar vuestros códigos genéticos.

Vuestros códigos genéticos siguen estando programados para lo físico, la gravedad, la encarnación, la muerte y la reencarnación. Si queréis trasformaros y abandonar el plano de la tercera dimensión, entonces es preciso abrir estos códigos y darles nuevas instrucciones. Esto forma parte del proceso interno por el que debéis pasar. Varios de vuestros guías superiores, como Sananda, Quan Yin y otros, han trabajado con vosotros en el nivel emocional. Os están ayudando a superar ciertos apegos a la Tierra y problemas que emergen a causa de los cambios terrestres. Completar este trabajo es esencial cuando os programáis para la trasformación.

Desde nuestro punto de vista, la parte final del trabajo que implica la trasformación recae en vosotros. Debéis estar en el estado mental adecuado para trabajar con vuestros códigos y dejar que se concrete vuestra estructura genética. Miradlo como si fuera una flor. Una flor sigue un camino previamente programado para ella. Se desarrolla mientras recibe agua y luz solar a través de la fotosíntesis. Seguirá su camino y florecerá. Vosotros también podéis seguir vuestro camino y entrar en una realidad superior. Necesitáis unos nutrientes y una luz apropiados. Os enviamos un rayo de luz azul de alta frecuencia que podéis recibir a través de vuestro chacra de la corona. Esta luz es muy intensa. Visualizad ahora cómo vuestras estructuras de ADN, en vuestro Tercer Ojo, reciben la luz. Vuestros códigos se abren. Podéis autorizar la revelación genética mediante el pensamiento y la visualización.

Vuestro pensamiento y vuestras visualizaciones pueden superar cualquier deterioro de los códigos producido por la radiación ultravioleta, los cambios atmosféricos y otros problemas físicos relacionados con la energía nuclear u otros tipos de radiación intensa. Vuestro pensamiento, vuestras visualizaciones, la dedicación y la descarga de energía son poderosos. Sin embargo, es imprescindible que interactuéis conscientemente con vuestros códigos para poder dirigirlos y protegerlos. Quienes no puedan dirigir y descargar de forma consciente la luz comprobarán que son vulnerables al daño genético.

Visualizad las estructuras de hélice que se hallan en el ADN. Aprenderéis a vibrar y a liberar vuestros códigos. Éste es uno de los aspectos hermosos de vuestro progreso. Hemos sido testigos de este paso evolutivo en otros planetas. Estáis cerca de la revelación final. Se está produciendo un cambio en el planeta Tierra. Surgirán dos grupos de personas: las que se dirigirán a la Ascensión y las que acabarán pareciéndose a ovejas descarriadas.

Vuestros grandes líderes, como Moisés, Jesús, Joseph Smith y Buda fueron capaces de liberar su estructura genética inherente y desbloquear sus códigos a través de una consigna vibratoria electromagnética. Aprendieron a utilizar palabras y sonidos especiales que les dieron extraterrestres y arcángeles.

Los sonidos pueden desbloquear vuestra estructura genética. Os pueden colocar en un estado vibratorio adecuado, un estado mental que os facilite la recepción de trasmisiones de pensamientos y energía de frecuencia superior. Sabed que los Arcturianos no sólo os envían mensajes verbales, sino también ondas de energía y sonidos. Trabajamos con vosotros para traducir vuestros sistemas energéticos en vibraciones que os permitirán entrar en las dimensiones superiores.

Cuando queráis ir en pos de una conciencia superior, imaginad que las energías electromagnéticas de vuestra aura empiezan a dar vueltas más rápidamente. Haced girar la energía eléctrica para que mováis todo lo posible vuestros campos electromagnéticos sobre vuestro cuerpo. Haced girar vuestra aura más y más rápido. Empezad a subir. Habéis oído hablar de la escalera de la conciencia. Cuando hayáis llevado vuestra conciencia a un reino superior, entonces volved a mirar hacia abajo a vuestro cuerpo físico y vuestras células. Tendréis una visión única de vosotros mismos. Podréis ver vuestro cuerpo físico desde esta perspectiva más alta, y desde esta posición superior es como debe hacerse.

Sabréis que Sananda y otros con energía superior han podido cambiar las cosas con el sonido. Sabed ahora que vosotros también podéis hacerlo con la visión. Entrad en las estructuras celulares y las células individuales con los ojos de vuestra aura. Dirigid la energía de la Fuente superior. Enviad luz, amor y la palabra «apertura» a vuestros códigos genéticos. Centraros en la estructura helicoidal de vuestro ADN. Ahora haced girar hacia arriba la escalera de la hélice. Os elevaréis y entraréis en una apertura de energía que algunos asemejan al gozo. Es un estado cósmico, natural. Es más un estado natural en la quinta dimensión que en vuestra realidad tridimensional.

Otro factor importante es mantener la consistencia de vuestro flujo de energía. Siguen produciéndose cambios en la energía electromagnética del planeta. Algunos cambios tienen lugar en voltajes superiores e incluso se dan picos de voltaje. Es importante que mantengáis la continuidad del flujo, para que vuestra estructura de ADN no esté sometida a ningún cambio drástico o pico de energía. En vuestras meditaciones, imaginad que vuestros códigos y vuestra estructura energética genética fluyen de forma regular e intensa sin bloqueos.

La influencia de Orión

Hemos sabido que la semilla genética de vuestra especie se mezcló con semillas de sistemas de otros planetas. En vuestra Biblia, por ejemplo, figuran mitos y textos que hacen referencia a esto. Una de las siembras más influyentes procedió del sistema planetario de la costelación de Orión. Esta mezcla creó una experiencia en el planeta que no sea ajustaba del todo a las directivas establecidas con anterioridad. Hay quien dice que la mezcla formaba parte del Plan Divino; otros dicen que fue cuestión de tiempo que los seres de Orión descubrieran la existencia de vida en la Tierra.

Las vibraciones que llegan de vuestro Sistema Solar son intensas. Otros seres reciben esas vibraciones porque tienen grandes poderes telepáticos. Todos los seres superiores de la galaxia hemos aprendido el poder de la telepatía y los viajes telepáticos. La especie de Orión tiene la habilidad de utilizar el poder telepático para buscar nuevas formas de vida; por tanto, tan sólo fue cuestión de tiempo que se mezclaran con los seres terrestres.

Los Oriones trajeron al planeta factores de agresividad, odio y dominación; por el lado positivo trajeron factores de curiosidad y exploración que no existían de antemano en la especie humana. Muchas personas consideran que estos factores constituyen la humanidad de cada uno de vosotros que tanto amáis. Asimismo, son los factores que contribuyen a gran parte de la violencia que actualmente hace peligrar vuestro planeta.

No hubo interferencias en el experimento y la mezcla siguió adelante. No se detuvo porque se consideraba un paso evolutivo. Parte del desarrollo único de vuestra especie consiste en integrar la conciencia de Orión. Nos interesa mucho cómo reguláis la energía del amor con la energía de Orión. ¿Cómo se puede trasmitir y emplear el amor para superar algunas de las graves agresiones que introdujo la influencia genética de Orión? Es un desarrollo importante para el conjunto de la galaxia.

Se sabe que los seres de Orión tienen tal capacidad para dominar que pueden influir de forma irresistible. Incluso podría decirse de esta especie que son capaces de absorber un sistema planetario. Desde nuestro punto de vista, el factor Orión es hoy día responsable del efecto negativo que vosotros habéis llamado vuestro Gobierno Secreto. Estas energías permiten otros contactos con extraterrestres que no están por el bien general de la especie de este planeta.

La solución Arcturiana del problema de la energía de Orión

Los Arcturianos nos hemos ocupado del problema de Orión mediante un proceso de conformidad del grupo que nos llevó a eliminar el odio, la agresión y la guerra. Hemos enfocado el problema desde una perspectiva diferente. Hemos tenido la oportunidad de integrar las enseñanzas de grandes profetas. Hemos tenido la experiencia de estar abiertos directamente a mensajeros de los reinos superiores. Además, nuestros mensajeros de los reinos superiores llegaron en una fase temprana del desarrollo de nuestra especie. A nuestro entender, la llegada de la energía de Sananda-Jesús, la energía salvadora, se produjo mucho después en vuestra historia.

En Arcturus, en las Pléyades y en otros sistemas estelares pueden encontrarse magníficos profetas, incluso del nivel de Sananda. La horma de la esencia de Sananda puede hallarse en otros seres de esta galaxia. Desde nuestra perspectiva, se trata de una energía colectiva especial. De hecho, vuestra experiencia con la energía de Sananda es una manifestación de un alma de grupo mayor que se encuentra en el presente para la sanación galáctica. No podéis recoger la energía de Sananda-Jesús de su única vida. Su encarnación fue una experiencia que se manifestó desde su alma y que se mostró a la humanidad. No obstante, su temprana encarnación no representa su totalidad. Sananda sigue teniendo el poder y la misión más elevados en vuestro planeta. Aceptadle como salvador del planeta y como parte de una energía de alma de grupo que se trajo a este planeta para ayudar a contrarrestar la energía de Orión.

¿Por qué los Arcturianos han sido capaces de eludir algunos de estos problemas? Hemos tenido la fortuna de contar con habilidades telepáticas al inicio de nuestro desarrollo. Hemos utilizado este don. En vuestro planeta, por el contrario, ni siquiera hoy en día se acepta en general la capacidad de ser telepático y de estar en comunión con otros espíritus. Sin embargo, muchos de vuestros profetas y líderes religiosos han participado como canales y telépatas. Vuestra cultura adora y estudia a quienes pueden hacerlo, pero todavía son muchos los que, incluso hoy día, no están abiertos a la canalización y a la telepatía como experiencias legítimas.

Amor: la energía del corazón

La pregunta que surge de la experiencia de la Tierra puede formularse en términos sencillos: ¿cómo una raza que puede alcanzar el máximo nivel de conciencia y la máxima capacidad para cambiar de dimensión va a resolver la agresividad y la dominación de la energía de Orión? ¿Puede el amor mitigar esta energía? ¿No es esto lo más importante para vuestro planeta? ¿Qué fuerza tiene la energía del amor frente a la violencia y la destrucción que siguen existiendo en vuestro planeta?

Todo ello nos trae de nuevo al asunto central de cómo utilizáis vuestras energías y chacras del corazón. Nos interesa mucho saber cómo trabajáis con esta energía. A medida que os abráis más a dimensiones superiores, dejaréis de ver sentido a muchas de las cosas que ocurren en el planeta. Quizás, la única forma de dar un sentido a la negatividad y al caos es darse cuenta de que muchos seres del planeta no vibran con el amor.

Aunque muchos dicen que venimos sólo a observar, también venimos a aprender. Nos interesa saber cómo afecta vuestra energía del corazón a la respuesta que dais a los cambios de conciencia causados por las modificaciones terrestres y los numerosos niveles de contracciones diferentes, como el odio y las guerras. Nos interesan los seres que han superado todo esto y que pueden abrir sus chacras del corazón. Es un auténtico don. Por esto numerosos visitantes vienen a observar a esas personas especiales que son trabajadores de la luz y que se esfuerzan por abrir sus corazones y unificar sus conocimientos intelectuales con sus emociones.

No fue por casualidad que Sananda-Jesús viniera a este planeta. El potencial de trasformación electromagnética y la unificación de la energía del corazón con la energía mental son excepcionales en este planeta. En muchos sentidos estamos más avanzados que vosotros, pero todavía podemos observaros y aprender de unos seres como vosotros, que trasmitís con gran belleza vuestra energía del corazón a la galaxia.

A numerosos grupos extraterrestres les interesa saber cómo desarrolláis e integráis la emoción del amor. Es una experiencia maravillosa ver cuántos de vosotros habéis abierto vuestros corazones de par en par. Abrir el corazón es la clave para desbloquear la conciencia superior. Observamos cómo desarrolláis y utilizáis esta habilidad, porque es la clave de vuestra Ascensión planetaria.

Vuestras capacidades para amar son enormes y han motivado que numerosos visitantes con ganas de experimentar este sentimiento de amor vengan a la Tierra. Es un sentimiento especial que no ha evolucionado en la civilización de Lyra o la de Orión. Incluso los Zeta Reticuli han sentido interés por esta emoción. Creen que pueden aprender a engendrar genéticamente el factor del amor. Desafortunadamente, es demasiado pronto para decir si se pueden utilizar elementos genéticos para programar a una persona a fin de que manifieste energía de amor. Tiene que ver más con el desarrollo del chacra del corazón y la conexión con la familia de almas. Los seres que pueden proporcionar grandes experiencias de amor tienen una conexión profunda con sus familias de almas y grupos de almas.

La pureza de la raza humana

A algunos de vosotros os preocupa la pureza de la raza humana. Os diremos que todos vosotros lleváis en vuestro interior la forma pura de la raza de Adán. Esto es muy importante. Algunos estáis preocupados por las influencias pasadas de los Sirianos y los Oriones. Es cierto que, en diferentes puntos y en diferentes personas, Sirianos y Oriones han introducido diferentes códigos genéticos y han influido en todo el patrón del ADN humano. Sin embargo, todavía conserváis los códigos adánicos, la estructura básica de vuestro ser. Como sabéis, el todo siempre es mayor que las partes. Si tomáis el 20 % de Orión y el 15 % de los Sirianos, y el 20 % de otros, simplemente os convertís en seres trascendentes.

Los terrícolas tienen una frecuencia individual y única, además de los diferentes patrones de ADN que varios grupos extraterrestres han integrado en los seres humanos. Por mucho que los Oriones influyeran en parte de la población terrestre, seguís siendo puros, porque esto es la Tierra y aquí es donde os habéis desarrollado. Queremos pediros que os volváis a conectar con vuestros primigenios códigos de ADN adánicos. Sabed que la frecuencia Arcturiana es tan intensa que os ayudará a entrar en contacto con la pureza que tenéis como personas terrestres. Es muy importante que todos vosotros recordéis este aspecto.

La zona más confortable para muchos de vosotros está con los Pleyadianos, pero existen numerosos seres y civilizaciones superiores además de los Pleyadianos. Vuestra naturaleza comporta una gran intensidad y dinamismo. Gracias a que seguís siendo seres terrestres adánicos, podéis trascender muchos impulsos diferentes de distintas especies si activáis vuestros códigos genéticos adánicos, el famoso trabajo del Arcángel Metatrón. Permaneced en contacto con esa energía de vuestro interior.

Integración mental y emocional

Es preciso que comprendáis que es imposible elevaros en el plano emocional sin ajustar, al mismo tiempo, la elevación de vuestra energía mental. Sería poco habitual llegar a un nivel sin que ello afectara al otro nivel. Cada uno de vosotros tiene un nivel que ha de trabajar. Es importante desarrollar el nivel mental; esto forma parte de nuestro mensaje.

Si queréis viajar entre las estrellas y mejorar vuestra condición de semilla estelar, entonces es necesario que lleguéis a tener un mayor poder mental. Ésta es la base del viaje interplanetario. Asimismo, forma parte de la base de la Ascensión, porque debéis comprender mentalmente el concepto de poder participar en ella. La energía mental es un método para que experimentéis de forma más directa al Creador sin poner en peligro vuestra conciencia del ego o sin perderos a vosotros mismos. Si no domináis la energía mental, entonces el éxtasis que se alcanza a través de las emociones puede provocar daños psicológicos.

La capacidad para utilizar vuestra energía mental a fin de moveros entre dimensiones y salir del Sistema Solar está a vuestro alcance. ¿Cómo podéis salir del Sistema Solar en vuestros cuerpos emocionales? Sería muy difícil. No obstante, vuestro cuerpo mental os puede llevar fuera del Sistema Solar y devolveros sanos y salvos. Tenéis la capacidad para ello. Ahora se trata simplemente de educar. Se trata de conceptos y ajustes mentales adecuados. Para creer se precisa la participación de vuestros cuerpos emocionales y es precisamente ahí donde los cuerpos emocionales desalientan la capacidad del cuerpo mental a través de la duda.

La energía emocional puede ser la más confusa y la más peligrosa. Os puede elevar hasta los niveles más altos, aunque no estéis preparados. Es posible llegar a niveles superiores emocionalmente y no comprender cómo eso os afecta mentalmente. Para nosotros eso sería intolerable.

Muchas personas han tenido experiencias negativas en sus encarnaciones anteriores. En general, es normal tener que desbloquear y liberar patrones o bloques previos de otras vidas. Sin embargo, el proceso de enseñanza es igual de importante. Algunos están tan concentrados en liberarse que no realizan su trabajo de semilla estelar, la labor de sanar a otros y esforzarse para que el planeta sane. Todos los trabajadores de la luz y todas las semillas estelares precisan un equilibrio entre la liberación personal y la educación y sanación de otros.

No es necesario que liberéis todo lo que es negativo antes de empezar vuestra misión. Podéis utilizar la energía mental para encontrar atajos que os permitan deshaceros de antiguos patrones kármicos. Por ejemplo, podéis desbloquear traumas sin tener que revivirlos. También puede utilizarse el trance hipnótico. Se producirá un aumento de la conciencia de cómo utilizar de forma más directa vuestras guías en el hipnotismo y de cómo utilizar el viaje extracorpóreo para aunar y liberar bloqueos emocionales.

Implantes negativos

Los implantes negativos son pautas de pensamiento o creencias que controlan o limitan el flujo natural de la conciencia. Existen como verdaderos patrones de energía. Sabemos que habéis leído acerca del problema de los implantes negativos, la energía de Kryon y otros que intentan utilizar implantes de control de pensamientos. Este problema se ha dado incluso en el ámbito estatal, desde donde intentan implantaros diferentes energías. Es necesario que permanezcáis libres de todo implante negativo a fin de acceder a la elevada conciencia natural que es vuestro derecho inalienable.

Os pedimos que seáis conscientes de todos los implantes que tienen un origen negativo. Os pedimos que os deshagáis de todos los implantes que no os proporcionan salud, felicidad y progreso en vuestra evolución como seres planetarios. Es un ejercicio muy importante si deseáis purificaros, si deseáis centraros. Os bombardean continuamente con implantes desde vuestra televisión, desde el ruedo político y desde otras fuentes, demasiadas como para hacer una lista. Sabed que, en la medida en que escucháis nuestras palabras y en que sois trasportados etéricamente a nuestras naves, todos los implantes negativos que no constituyan el mayor bien para vosotros desaparecerán. Estáis expandiendo vuestra energía mental-cerebral. Libres de los implantes negativos, vuestra inteligencia puede estar en equilibrio de modo que os sintáis frescos, vibrantes, creativos y estables.

Sabemos que algunos de vosotros lucháis contra vuestros cuerpos emocionales, pero cuando os deshagáis de otros implantes de tipo negativo os daréis cuenta de que vuestros cuerpos emocionales también buscan una nueva estabilización, una nueva armonía.

Confiamos en que seguiréis adelante con este proceso de liberación. Necesitáis liberaros y estar libres de implantes negativos. Dentro de vosotros está todo lo necesario para saber cómo actuar y cómo enfocar esta limpieza. No precisáis ninguna dirección de una fuente exterior que os diga qué hacer, porque todos los códigos están en vuestro interior, y podéis acceder fácilmente a ellos si seguís elevando vuestra vibración.

Os enviamos luz a vuestro chacra de la corona. Deseamos activar vuestros chacras de la corona. Se trata de una luz de alta frecuencia que irrumpe en vuestro sistema energético. Sentid cómo esta brillante luz azul entra intensamente en vuestra corona. Esta luz azul viene de una fuente situada en nuestro centro de sanación espiritual, que podemos trasmitiros por telepatía. Es como un alimento para vuestra inteligencia, para vuestro cerebro. Sea cual sea el problema que tengáis, seguiréis siendo capaces de acceder a esta nueva energía y a esta nueva luz.

Algunos seres extraplanetarios también utilizan los implantes negativos. Algunos extraterrestres quieren controlaros. Sin embargo, los Arcturianos quieren que seáis libres. Estamos aquí para ayudaros a liberaros completamente del control externo. Contáis con una energía especial y, a medida que aumentéis vuestra conciencia y vuestra presencia galáctica, podréis alcanzar y explorar diferentes métodos gracias a la perspectiva que estáis desarrollando en la Tierra. Disfrutamos viendo cómo entráis en esta perspectiva planetaria exclusivamente vuestra.

Conectar con los Arcturianos va a ser un modo de estabilizar vuestra lucidez, e incluso de proteger vuestra conciencia, lo que os permitirá acceder a una conciencia superior. Nos interesa el nivel de control mental que en estos momentos aumenta, así como vuestra exposición a los diferentes niveles de control mental. Estad seguros de que estaréis protegidos. También os podéis proteger a vosotros mismos mediante una conciencia superior y con otros métodos que pronto descubriréis.

Sería más apropiado que un sanador especializado llevara a cabo directamente la labor de eliminar los implantes negativos. El sanador debería producir tonos y sonidos y proyectar una luz, amor y energía intensos a la persona afectada. Podéis imaginar el implante como una garrapata pegada a vuestro yo etérico. Con mucha luz y sonido la garrapata, o el implante, debe soltarse.

Lo que no necesitáis es un nuevo implante, sino más luz, amor y una mayor vibración energética para soltaros y liberaros de los antiguos implantes. Esperamos que estas palabras sobre cómo eliminar los implantes negativos lleguen a numerosas personas. Es un aspecto muy importante con respecto a todo el trabajo de sanación que se realiza actualmente en vuestro planeta.

Estamos muy unidos a la música de Mozart. Muchos de vosotros sentiréis nuestra presencia mientras escucháis sus hermosas obras, que trajeron mucha luz al planeta. Si se escucha la música de Mozart durante 48 a 96 horas, las vibraciones contribuirán a disolver los implantes negativos.

Aprovechad esta mayor lucidez que os va a llegar a todos vosotros. Ha llegado el momento de que todos aquellos habitantes del planeta que puedan conectar con nosotros entren en un estado de mayor lucidez con respecto a lo que estáis haciendo aquí y cómo funcionáis. Sed todo lo conscientes que podáis. A todos los que escucháis nuestras palabras desde Arcturus os decimos que esa lucidez es vuestro gran don, y no permitáis que nadie implante negatividad en vuestra conciencia. Sed los directores de vuestra conciencia. Es lo que necesitáis para efectuar la siguiente serie de cambios evolutivos que están a punto de suceder.

Capacidades mentales humanas

Una de vuestras limitaciones actuales es que no tenéis un nivel alto de concentración mental. En estos momentos, la especie humana no está muy capacitada para concentrarse. Sólo algunos de vosotros habéis demostrado estarlo. Sin embargo, para muchos de vosotros es algo que está por llegar. Trabajaremos con vosotros y os enseñaremos a concentraros bien. La Ascensión es un esfuerzo de concentración. Es un esfuerzo de enfoque. Los sonidos sanadores pueden elevar vuestro nivel de concentración, así como vuestro nivel de activación multidimensional.

Vuestras capacidades mentales se intensificarán. Os agradarán vuestras aptitudes para trabajar mentalmente. En torno al cuerpo mental ha habido una gran confusión. Algunos creen que el cuerpo mental debería quedar suspendido durante la Ascensión para dar paso al cuerpo emocional. Os podemos decir que el mecanismo de vuestro cuerpo mental es uno de los mecanismos más bellos de la galaxia.

Las capacidades de vuestro cuerpo mental son enormes. Se está estudiando a fondo la capacidad del cuerpo mental para relacionarse con el cuerpo emocional. Numerosos extraterrestres se muestran muy interesados por el enfoque que dais a esta relación. Desafortunadamente, muchos de vosotros ni siquiera intentáis relacionar estos dos cuerpos, aunque sea un derecho natural inalienable y una capacidad exclusivamente vuestra que esos dos cuerpos colaboren entre sí. Descubriréis que es el cuerpo emocional el que entorpece el desarrollo del cuerpo mental, aunque algunos creen que es al contrario.

Nos interesa en particular trabajar con vosotros en el desarrollo de vuestro cuerpo mental y vuestros patrones y proyecciones de pensamiento. Uno de nuestros especialistas utiliza proyecciones de pensamiento para contribuir a superar barreras en vuestras densidades de la tercera dimensión.

El concepto de libre albedrío

El libre albedrío es un concepto que tenéis en la tercera dimensión. Es parte integrante de la formación que recibís en la tercera dimensión. El libre albedrío implica el desconocimiento de las consecuencias. Hacéis algo y pensáis que el resultado acabará siendo de una forma, pero no lo sabéis con total seguridad.

Si fuéramos a la tercera dimensión con vosotros, no diríamos que nuestros actos son partícipes del libre albedrío, porque podríamos ver inmediatamente todas las consecuencias de nuestros actos. Por lo tanto, desde nuestra perspectiva, todo lo que hemos dicho sobre nuestra estancia en la tercera dimensión no tendría nada que ver con el libre albedrío, porque no elegiríamos nada que resultara perjudicial.

Este concepto del libre albedrío no tiene sentido en la quinta dimensión. No intentéis trasladarlo desde la tercera dimensión porque os llevaría a una confusión total. No es el mismo tipo de vida. En la quinta actuáis con conocimiento claro de las consecuencias. En la tercera vivís en la oscuridad. Ni siquiera quienes eligen vivir lo más espiritualmente posible saben qué pasará.

Capítulo 6

El subconsciente humano

Queremos tratar con vosotros el asunto primordial del subconsciente humano y su relación con el proceso de Ascensión. El subconsciente activa los códigos de Ascensión que residen en vuestro ADN. En este sentido, el subconsciente puede definirse, en vuestra terminología, como un ordenador. Hay ciertas funciones «programadas» y, por lo tanto, es posible predecir el resultado. Es fundamental que comprendáis el control que podéis tener si os adentráis en las leyes del subconsciente.

Todavía no concebís la inmensidad de vuestro subconsciente. Quizá pensáis que lo controláis, pero es un control mínimo. Vuestro subconsciente se extiende a otras dimensiones. Vuestro subconsciente sí está relacionado con vuestras otras vidas coexistentes. Sin embargo, vuestra cultura ha clausurado este aspecto del subconsciente. Por lo tanto, se os ha negado, a través de la formación cultural, la capacidad para entrar en esos reinos. Todo esto, ahora que nosotros asistimos a la trasformación de la Ascensión, va a cambiar.

Estáis despertando a vuestra conexión de semilla estelar. Todo esto os ayuda a abriros a la inmensidad de vuestra existencia. No creáis ni por un momento que es una existencia confinada, como quizá penséis, o que lleváis una vida sencilla y seguís patrones sencillos. Vivís al mismo tiempo en múltiples capas y podéis alcanzar una mayor conciencia trasformadora de vosotros mismos si activáis vuestro subconsciente para abriros a todos los reinos, incluso al de la quinta dimensión.

Así es: en estos momentos os estáis trasformando, lo que viene indicado por vuestras alineaciones de energía y porque tenéis el mando espiritual de vosotros mismos. Os estáis preparando. Durante los últimos tres o cuatro años habéis trabajado en el subconsciente a fin de prepararos para la Ascensión. Muchos de vosotros habéis realizado esta labor a través de lecturas, debates en grupos y conexiones con nosotros y otros Maestros Ascendidos. Todo eso son datos introducidos en vuestro subconsciente.

El subconsciente contribuye a manifestar vuestra Ascensión. Ya vemos cambios en vuestras estructuras. Vemos cómo os abrís y alargáis la mano. Tenéis nuevos enlaces con la quinta dimensión. Habéis estado programando vuestro ordenador del subconsciente y ya es hora de introducir más datos. Cuando trabajemos con el subconsciente utilizaremos términos informáticos. Ya va siendo hora de incrementar vuestra programación personal para que estéis más cerca de la manifestación de este resultado, es decir, la entrada a la quinta dimensión.

Cuando os vemos tan cerca de una trasformación, os preguntamos si sentís esa proximidad con nosotros. Si percibís vuestros cambios y si notáis la reprogramación de estos últimos años, entonces os estáis preparando para la «compensación». Nos parece importante que mejoréis y aumentéis vuestra programación personal, por mucho que hayáis estado haciendo un gran esfuerzo y centrando vuestra energía en la Ascensión. Tendréis que redoblar vuestro esfuerzo, intensificar vuestra actividad mental, emocional y espiritual. En algunos casos habréis de pasar por varias encarnaciones. Por nuestra parte, ampliaremos nuestro trabajo con vosotros.

Nosotros hemos depurado nuestras mentes subconscientes. En una ocasión, un grupo central de nuestra raza se comprometió a la trasformación de Arcturus y de nuestro pueblo, y fue fácil embarcarse en la depuración de los Arcturianos. Hace varios eones que se completó con éxito ese propósito.

Traeremos de nuevo la luz azul de los Arcturianos. Observad esta luz azul de la estrella Arcturus y dejad que entre en vuestro subconsciente. Es una nueva variedad de luz, porque ya hemos trabajado antes con la luz dorada en vuestra mente subconsciente. En esta situación actual sois capaces de inyectar una infusión de luz en el subconsciente de la especie humana. Sois semillas estelares poderosas. Sois poderosos como viajeros dimensionales. Sois poderosos porque os encontráis ahora en condiciones de aplicar un nuevo programa o perspectiva en el subconsciente planetario. Os estamos ayudando a utilizar ese programa mediante la infusión de luz azul, a través de vuestro subconsciente, en todo el subconsciente planetario de la Tierra.

La tecnología informática es obviamente importante para el desarrollo de vuestra especie. Queremos recomendar a las personas que exploren este vínculo entre el ordenador y el subconsciente. Se han hecho películas de televisión y cinematográficas que han examinado la relación con el subconsciente, pero la han interpretado intencionadamente de forma negativa. Sabed que puede ocurrir justo todo lo contrario. Un ordenador puede dar más sentido al subconsciente humano y ayudaros a interactuar con él y a estudiarlo. Cuando queremos interactuar con un ordenador proyectamos nuestro pensamiento al ordenador. De hecho, la telepatía consiste en hablar con otra persona. Es preciso que lo entendáis. No se trata solamente de tener un pensamiento. Debéis dirigir el pensamiento. Si quisierais enviar un mensaje a alguien, tendríais que hablarle en vuestra mente.

Telepatía y subconsciente

El subconsciente proporciona el medio de trasferir pensamientos en la tercera dimensión. El subconsciente humano y el subconsciente universal constituyen un campo energético que existe en toda vuestra dimensión. Los pensamientos pueden enviarse a través de longitudes de onda subconscientes.

Enviar pensamientos es más sencillo que recibirlos. Obviamente, nos interesa más vuestra capacidad para recibir nuestros pensamientos. Nosotros podemos leer los vuestros. Podemos leer lo que nos enviáis. Eso no es un problema. No leemos pensamientos que no queréis que se lean. Muchas personas creen que con la telepatía se puede saber todo lo que piensa otra persona. Es cierto, pero la telepatía comporta una responsabilidad. Los pensamientos pueden etiquetarse.

Etiquetar los pensamientos puede equipararse a crear archivos en el ordenador. Los pensamientos privados pueden etiquetarse como archivos personales en un ordenador. Si queréis ocultar pensamientos, entonces los podéis etiquetar como privados y no interactuaremos con esos pensamientos. Conocemos vuestro desarrollo y no os juzgamos por querer esconder ciertos pensamientos. Sigue siendo vuestro derecho. No nos dedicamos a averiguar cosas sobre vosotros que no queréis que sepamos.

También podéis comunicar la emoción de forma telepática. Por ejemplo, ordenáis amor y, entonces, enviáis amor. También podéis enviar miedo. Algunos extraterrestres, especialmente los Grises, como los llamáis, han enviado pensamientos de miedo a muchas personas terrícolas. Los seres extraterrestres pueden entrar en vuestro subconsciente. Los Grises, por ejemplo, creían poder introducirse en toda la especie porque estaban explotando el subconsciente planetario. Afortunadamente, vosotros estáis contrarrestando esta energía, porque permitís que una frecuencia superior se centre en el subconsciente planetario, es decir, una energía de luz, amor, expansión y luz espiritual.

Desbloqueo de los códigos a través del subconsciente

Queremos volver sobre el concepto de los códigos por un momento. Los códigos están en vuestra mente y os dicen cómo responder. Un ejemplo de un código simple sería detenerse cuando la luz está en rojo. Esto se os inserta en vuestra mente. Existen códigos más profundos que están anclados en vuestro subconsciente y que impiden que conozcáis y experimentéis otras vidas multidimensionales. Estos códigos no os dejan sentir vuestra expansión dimensional. Pero podéis reprogramar el subconsciente para desbloquear esos códigos.

Según nuestro punto de vista, quienes bloquearon los códigos fueron seres que querían controlar la Tierra y fuerzas que querían subvertir a los habitantes de la Tierra. Podríais decir que los códigos están bloqueados, pero también que se os ha programado para ignorarlos. Claro que eso es lo mismo que bloquearlos, ¿no es así? Seguís sin poder acceder a ellos.

Podéis acceder a los reinos de una dimensión superior desbloqueando esos mismos códigos. Podéis oír ciertas palabras que, cuando se dicen con la debida intención, servirán para recordaros que os abráis a esta energía superior. La apertura de los códigos debe hacerse a través del subconsciente y, por eso, en muchas oraciones se utiliza la repetición. La repetición de oraciones o aseveraciones puede desbloquear estos códigos en vuestro subconsciente.

Nos gustan algunas de las palabras que se os han dado para desbloquear los códigos, como Kadosh, Kadosh, Adonai Tzevaoth. Ya habíamos escuchado estas palabras en boca de Metatrón. No es necesario entender el significado de cada una de las palabras. Él dotó a esas palabras del poder de asociarse a la apertura de la luz en vuestro subconsciente. Podéis recibir esta luz a través del subconsciente. Habéis estado recibiendo luz externamente, por decirlo de alguna forma, a través de vuestro chacra corona. Con esta información que os damos, podéis desbloquear los códigos y recibir luz desde el interior. Vuestro subconsciente puede suministraros una luz interior. Sentid ahora cómo surge esa luz interior.

Nuestras cámaras de sanación trabajan para organizar vuestras pautas de pensamiento de forma que sintáis paz y armonía. Para trabajar con vosotros nos ha parecido lo más eficaz hacerlo primero a través de vuestros pensamientos, para después enviaros energía emocional a las cámaras de sanación. Una vez desbloqueados los códigos, contáis con toda la maquinaria para trabajar con todas las frecuencias de la galaxia y del Universo. No se trata de que os lo enseñemos, porque ya tenéis la capacidad para ello. Se trata más de desbloquear los códigos para permitir que se active esta interfaz.

Os enviamos la luz interior y os ayudaremos a activar vuestro subconsciente para que atraigáis la luz desde vuestro interior. Ése es vuestro próximo paso.

Limpieza del subconsciente

En el subconsciente se han insertado numerosos patrones de energía densa. Los alienígenas negativos, el proceso evolutivo por el que habéis pasado bajo la doctrina que defiende la animalidad del Hombre y la propia cultura, todo esto son factores que han contribuido al desarrollo de los aspectos negativos de vuestro subconsciente. Para entrar en el reino siguiente es evidente que debéis purificar vuestro subconsciente. El subconsciente es algo hermoso, pero está contaminado a causa de los factores mencionados. La belleza de vuestro subconsciente reside en su capacidad para purificarse.

Si lo pedís, os enviaremos una luz dorada purificadora que pondrá en marcha una limpieza. Es preciso que utilicéis esta afirmación: «Limpio mi subconsciente». Basta con decir esto cuando se utilizan los rayos dorados de los Arcturianos. Lleváis con vosotros las heridas y cicatrices emocionales de otras encarnaciones, así como las de vuestra vida actual. No os estamos diciendo que quedaréis totalmente libres de estas heridas y cicatrices, sino que podemos ayudaros a limpiar vuestro subconsciente. Así podremos trabajar con vosotros y avanzar aún más rápidamente. Una vez vuestro subconsciente esté debidamente ajustado y depurado de patrones negativos, nada puede impedir que accedáis a una conciencia superior.

Vuestro subconsciente os ayudará a concentraros en todas las actividades y pensamientos que estimulan vuestra trasformación en la quinta dimensión, y a ponerlos en práctica. Tenemos una bella afirmación para vosotros: «Que todo pensamiento y patrón que no sirva a un fin superior quede descartado y eliminado». A continuación, vuestro subconsciente se abrirá a experimentar la energía, las comunicaciones e incluso los viajes interdimensionales. Es una afirmación importante porque esta apertura debe activarse ya en vuestro subconsciente, para después desplazaros a este reino superior.

Esta purificación limpiadora del subconsciente debería practicarse con regularidad durante siete días. Cada día deberíais pasar, como mínimo, entre veinte minutos y media hora limpiando el subconsciente. De la misma forma que hacéis ayunos de zumos para limpiar el sistema digestivo, ahora deberíais hacer una limpieza del subconsciente. Cuando limpiáis el cuerpo no lo abandonáis. Limpiar significa eliminar la «suciedad». No consiste en quitar lo bueno.

Pedid la luz dorada de los Arcturianos y utilizad las afirmaciones que os hemos indicado. Hacedlo durante siete días. Deberíais llegar a ser conscientes de la luz que os envuelve y de un brillo o halo azul a vuestro alrededor. Se trata simplemente de una señal de un subconsciente purificado.

Hemos observado que sois muy sensibles a los daños que sufre vuestro subconsciente. No se trata de un juicio de valor. Estáis viviendo épocas difíciles, os encontráis en un momento evolutivo que sigue estando conectado con una gran cantidad de energía subconsciente de naturaleza animal. Aquí en la Tierra tendréis que trabajar continuamente en la limpieza del subconsciente. Pero tras el séptimo día de limpieza ya no será necesario que trabajéis con tanto ahínco, quizá baste con dos o tres minutos al día. Además, deberíais seguir reforzando el pensamiento de que ahora estaréis abiertos a la energía, a la comunicación y a los viajes interdimensionales.

Es cierto que numerosos trabajadores de la luz están perdidos y no son conscientes porque no han limpiado su subconsciente. Estos trabajadores de la luz no han trabajado activamente en la liberación de sus pautas mentales y formas de pensar negativas que se les han ido acumulando. Sin embargo, hay muchas personas jóvenes que ahora acceden a esta energía, aunque también es verdad que existen más personas que necesitan activarse porque siguen estando dormidas.

Es preciso que multipliquéis los mensajes que enviáis a vuestro subconsciente, además de reforzar la luz, el desbloqueo de los códigos y las conexiones con nosotros. Realmente es un momento de gran aceleración. Os habéis estado entrenando para aumentar vuestra energía. Os habéis estado preparando para ello. No debéis dejar pasar esta oportunidad. Estáis cerca de dar un gran salto, un gran paso. Ya habéis conseguido con éxito entrar parcialmente en la quinta dimensión. Podéis visualizarlo como si se tratara de un lago y vosotros estáis emergiendo de su superficie.

Cuando al fin programéis vuestro subconsciente para permitir que entre una luz espiritual superior y para enviar amor, luz y expansión al mundo, estaréis logrando algo sumamente importante. Nuestra misión es asistir en la trasformación espiritual y dimensional del planeta y de toda la raza humana. Os pedimos que intensifiquéis vuestro trabajo y las directrices que dais a vuestro subconsciente. Debéis trabajar para desbloquearos aún más. Puede parecer que os pedimos mucho, pero tenéis las bases para hacerlo. No es una tarea difícil para vosotros.

Os enviamos amor. Sabed que este amor que os enviamos ahora va directo a vuestro subconsciente.

Capítulo 7

Conectando con los Arcturianos

Queremos hablaros de cómo conectar con nosotros, porque trabajar con nosotros puede seros muy útil. En primer lugar, debéis entender que, a fin de interactuar con nosotros y otros seres de otras dimensiones, es necesario que creéis un espacio para nosotros en vuestra mente, en vuestro corazón y en vuestro espíritu. Tiene que haber una entrada para que podamos ocupar ese espacio. Esto incluye un espacio en vuestros sistemas de creencias.

A continuación tendréis que liberaros de los asuntos terrenales. Muchos preguntan cómo pasar a una dimensión superior como ser terrestre. La respuesta es sencilla: debéis deshaceros de vuestras formas de pensar terrestres, de vuestras uniones y lazos. Estas uniones son tan fuertes que muchos de vosotros os resistís a la muerte física hasta el dolor; son tan fuertes que algunos de vosotros no podéis recordar que habéis existido en diferentes dimensiones en otras vidas.

Podéis ir a otras dimensiones durante el sueño, así como a través de la meditación en trance. Para pasar a otro estado dimensional de forma consciente es preciso que hagáis limpieza. Hacednos un espacio para prepararos. Asimismo, debéis eliminar toda posibilidad de que intervengan aspectos de vuestros yo afectivos. No criticamos vuestra unión afectiva con el plano terrestre, puesto que es normal. Es vuestra realidad como habitantes del planeta Tierra. En esa unión está enraizado vuestro cordón etérico.

Si pudierais ver las auras, veríais numerosas raíces etéricas proyectadas desde vuestro campo áurico al interior de la Tierra. Con la meditación podéis quitar esas raíces y proyectarlas más arriba en la galaxia. Intentad hacer este ejercicio ahora. Retirad varias de las raíces proyectadas que os unen a la Tierra. Dejad que se proyecten hacia arriba y entonces podréis abriros más a las energías que hacemos descender para vosotros. Queremos que os concentréis en permitir a vuestras auras espirituales abandonar vuestros cuerpos físicos y que giren en espiral hacia arriba. Vuestros cuerpos físicos se quedarán en las sillas. Podéis ascender en espiral mediante la proyección de pensamientos.

Trabajaremos con vosotros en un plano interdimensional. ¿Qué significa eso? Interdimensional significa, de hecho, entre dimensiones. Es una estación, porque todavía no os encontráis en la próxima dimensión. Para llegar a la quinta dimensión, tenéis que cortar los cordones etéricos que os atan a la tercera dimensión.

Las conexiones son muy importantes en todas las conciencias galácticas. Ya estáis conectados telepáticamente con numerosos seres. Cuando seáis capaces de conectaros con una fuente, en seguida lograréis conectaros fácilmente con otras fuentes. La conexión inicial con una nueva fuente es la más importante. Una vez lo hayáis logrado, vuestro campo electromagnético se configurará de forma permanente para recibir comunicaciones de esa fuente.

Sabréis que habéis llegado al espacio interdimensional cuando podáis poneros en contacto con nosotros directamente, y no a través de un canal. Estamos tratando de encontrarnos con vosotros en el reino interdimensional. Muchas de las cosas que os enseñamos no pueden ponerse en práctica en el reino terrestre. Mientras estáis en el espacio de la tercera dimensión no podéis perfeccionar la proyección de pensamientos. Para proyectar pensamientos con más eficacia, debéis entrar en un reino superior.

Ahora os pedimos que os proyectéis a la quinta dimensión y al plano interdimensional, y así vuestro encuentro con nosotros y vuestros guías será más fácil. No os limitéis a esperar a que ocurra la Ascensión, ni a «teletrasportaros», nombre con el que muchos de vosotros habéis bautizado este proceso. El viaje dimensional es un proceso que empieza antes de que ocurra. Es un proceso continuo. Empezad ahora a trabajar en él.

En determinadas circunstancias podemos manifestarnos en vuestra dimensión, pero es un proceso complejo que requiere precisión científica. Si nos equivocáramos de cálculo podríamos quedar atrapados en el ser que se envió a vuestra dimensión. Debido al riesgo, no siempre es seguro para nosotros mostrarnos. Además, encontrarnos interdimensionalmente os beneficia. Una de nuestras misiones es animaros a entrar en el espacio interdimensional. A través de la proyección de pensamientos podemos hacer descender una presencia áurica de nosotros mismos en lugar de enviar nuestra presencia física real.

Fijación de la energía Arcturiana

En el sistema Arcturiano conectamos muy bien con vuestras misiones del alma. Venimos aquí por indicación de muchos de la Hermandad Blanca, para ayudaros y recordaros que vuestra misión del alma es importante. Es preciso que os recordéis a vosotros mismos vuestra misión, parte de la cual consiste en vuestra capacidad para fijar la energía que ahora os enviamos y para conectar con ella. Ayudaréis a vuestro planeta a conectar con la energía Arcturiana.

La energía Arcturiana es una luminosa energía solar que está llegando al planeta y que está vinculada a la energía del Salvador. Trae consigo una fuerza, una energía naciente, y los que ahora estáis colaborando con nosotros sois los precursores de esta energía. Vosotros sembraréis esta energía. Sabéis lo importante que es hacer descender esta nueva fuerza. Abrid ahora vuestros corazones, porque ahí es donde la nueva energía quedará fijada. Recibid la llamarada violeta dorada que se os irradia desde nuestra nave.

Nuestra nave se encuentra sobre la Tierra y en estos momentos tenemos también otras naves por todo el planeta. Ellas coordinan la emisión de este rayo violeta dorado a todos los Grupos de Cuarenta y todos los demás que piden recibirlo. Esta energía se os está irradiando ahora y entra en vuestro chacra del corazón. Desde el corazón, la energía violeta dorada subirá y bajará por vuestra columna vertebral. Según os hablamos percibiréis una apertura, una activación, en un nivel que nunca antes habíais experimentado.

Verdad espiritual

Habla Sananda. Estimados míos, sois todos muy hermosos en vuestro espíritu. Sé que estáis deseando entrar en el próximo reino. Estoy supervisando los diferentes caminos que hay a vuestro alcance. El camino Arcturiano, por ejemplo, es un método superior de conciencia pura. Quiero que sepáis que vuestra esencia, vuestro espíritu, se define en realidad como conciencia pura, no como vuestro cuerpo físico. La expansión de vuestra conciencia os ayudará a entrar en la quinta dimensión.

Los Arcturianos no sólo son guardianes del espíritu puro, sino también verdaderos maestros del alma que guían a las almas a los reinos superiores. A muchos de vosotros os gustaría saber cuándo podréis entrar plenamente en la quinta dimensión. Muchos de vosotros estáis preparados para abandonar la vida del plano físico y entrar en los jardines, ir a los planetas de dimensiones superiores, vivir en Arcturus o viajar a las Pléyades. Sólo os puedo decir que el momento de venir aquí está muy próximo. Si bien no os daré una fecha, puedo aseguraros que estáis a un paso de este gran proceso evolutivo en la Tierra.

La conciencia de las masas ha cambiado drásticamente en el planeta. Vuestros corazones están más abiertos y vuestra capacidad para amar es mucho mayor. Sois capaces de sentir el amor que os profesamos. Vuestra participación en un formato de grupo contribuirá a modificar la conciencia de toda la raza adánica. Por lo tanto, es muy importante que conservéis esta conciencia evolutiva y que implantéis y fijéis esta conciencia superior en la Tierra. Es una tarea sagrada y una misión sagrada. Nuestros amigos Arcturianos están ayudando a esta-

bilizar el planeta y guiando a muchos por el camino de la Ascensión.
Habló Sananda.

Ahora queremos hablaros de la trasmisión de la verdad espiritual.
Queremos compartir con vosotros nuestro conocimiento sobre el desarrollo espiritual. Una vez os lo hayamos trasmitido, podréis utilizar
este conocimiento para ampliar vuestro progreso, asimilar vuestras lecciones y avanzar muy rápidamente hacia los corredores. Así es cómo
funciona el Universo. Ésta es la forma de crecer y expandirse. La verdad espiritual siempre se ha trasmitido desde reinos superiores.

Son numerosos los líderes religiosos que se han adentrado en la
naturaleza salvaje para recibir estas trasmisiones. Actualmente y con
vuestro desarrollo, no hay motivo alguno para que no estéis en la misma intensidad. Activad vuestra luz interior a través de sonidos sanadores y de una identificación con seres superiores, como vosotros mismos, como los Pleyadianos, como Sananda-Jesús. Sananda-Jesús vino
del Sol Central Galáctico. Nació a través de un haz de luz que procedía
directamente del núcleo galáctico que traía su espíritu a la Tierra. Fue
un momento colosal.

Con el acto de identificaros con los Maestros y los seres superiores,
pasáis a formar parte de ellos. Ponéis vuestra presencia en un estado de
fusión con ellos, lo que os lleva a su nivel espiritual. Podéis, y deberíais,
identificaros con más de un maestro e instructor. Cada uno de ellos
lleva consigo una vibración o perspectiva única, que os puede servir de
ayuda para comprender la verdad espiritual.

Además de Sananda-Jesús y otros, os pedimos que también os fusionéis o identifiquéis con los Arcturianos. Haced que vosotros, vuestra conciencia, ascienda a vuestro chacra de la corona, a una nave que
se encuentra sobre el planeta. Hay un Arcturiano por cada uno de
vosotros que os está esperando. Podéis subir para estar con ellos, y se
fusionarán con vosotros. Habéis oído hablar de la trasmigración, y
siempre habéis pensado que ellos descenderían a vuestra conciencia.
Pero también podéis teletrasportar vuestra conciencia. Os podemos
dejar que forméis parte de nosotros temporalmente. Podéis traer vuestra conciencia a uno de nosotros y experimentar la perspectiva Arctu-

riana. Todo es energía. Todo es vibración electromagnética. Os estáis moviendo, trasformando. Estáis preparando vuestro campo energético para recibir una infusión de energía que os permitirá proyectaros al reino de la quinta dimensión.

Energía espiritual

Siempre nos causa placer saber que hay otros grandes instructores y guías que acuden a interactuar con vosotros. La Hermandad Blanca y las presencias angélicas os han apoyado activamente en vuestro trabajo con nosotros y nos han permitido trabajar con vosotros. Hay otros seres de la galaxia, seres que vienen de Antares, de la energía superior Siriana y de las Pléyades, que colaboran con nosotros. Algunos son seres de estrellas cuyos nombres no conocéis, como Low-koos. El sistema estelar Low-koos se halla a unos 1.580 años luz de la Tierra. Otros seres que también están entrando en los corredores interdimensionales que algunos de vosotros habéis creado proceden de la sexta dimensión.

Gracias a la ley universal de la energía, la energía espiritual tiene un gran poder de atracción. La energía espiritual y la energía del amor son las fuerzas de atracción más poderosas del Universo. Disfrutad de los numerosos seres que están trabajando con vosotros. Estos seres pueden atravesar las densidades de vuestra tercera dimensión. Pero la cuestión es si vosotros, que vivís realmente en el entorno denso, podéis recibir, procesar e interpretar estas frecuencias de energía superior.

Os enviaremos varios tonos y sonidos que os sintonizarán con algunas de esas energías que ahora os están llegando (el canal modula varios sonidos únicos). Esta energía es una frecuencia refinada que tiene que ver con la ligereza y la luminosidad. Esta energía especial que ahora os está llegando es muy delicada e intrincada.

Dejad que la energía entre en vuestro chacra de la corona como luz azul. Es una frecuencia especial y dimensionalmente sintetizada de energía que está entrando en vosotros y que va a ayudaros a recibir y procesar frecuencias de otros seres dimensionales superiores. Debéis sintonizar con estas frecuencias. Es muy importante que os esforcéis por sintonizar a fin de poder recibir y trasmitir debidamente esta luz a otros.

Una nueva conciencia

Estáis atravesando un período de equilibrio de energía nueva. Esta energía nueva es poderosa y a muchas personas les está costando ajustarse al nuevo equilibrio. Sabed que gracias a este equilibrio podréis acceder a más energía electromagnética. Es importante que todos vosotros comprendáis que sois seres electromagnéticos. Es importante que mantengáis un equilibrio entre lo positivo y lo negativo y que en todo momento busquéis una armonía entre las dos fuerzas de vuestros campos energéticos.

Toda vuestra tecnología y todos los nuevos adelantos que habéis desarrollado en los últimos 30 a 40 años están basados en vibraciones de campos electromagnéticos. No es por casualidad, es porque sois seres electromagnéticos. Intentáis imitar vuestros propios sistemas cerebrales. Pero también descubriréis que podéis crecer personalmente mucho más si aceleráis internamente vuestros campos electromagnéticos. Podréis acceder a toda vuestra inteligencia y utilizarla plenamente.

Con la energía sanadora Arcturiana podemos permanecer en un estado de resonancia con la fuente galáctica. Podemos conectar con una fuente de energía galáctica superior que, cuando lleguéis a ser receptores, os ayudará mucho a lograr un mayor equilibrio energético y a mejorar vuestra inteligencia. Esto no sólo os dará claridad en todo lo que hacéis en vuestro trabajo cotidiano y vuestros procesos mentales, sino que también contribuirá a que resonéis y vibréis con la energía superior, ahora accesible en vuestro planeta.

De hecho, vuestra alma evoluciona. Os han hecho saber que vuestra alma es eterna, pero deberíais saber que todo lo que es eterno también evoluciona. Se produce una expansión masiva en el curso natural de la progresión universal. Nosotros los Arcturianos también nos expandimos, al igual que vosotros expandís vuestra conciencia.

Sabemos que sois de origen galáctico. Las energías que os trajeron a este planeta proceden de fuera de vuestro Sistema Solar. Por eso, a medida que aceleráis en este estado evolutivo, ahora podréis acceder cómodamente a vuestros orígenes extrasolares y extraplanetarios.

Vuestros yos multidimensionales

Queremos que seáis conscientes de vuestros yos multidimensionales. Comprended que este yo que ahora experimentáis en esta encarnación terrestre no es más que un aspecto de vuestro yo multidimensional. Actualmente sólo alcanzáis a vislumbrar quiénes sois. Sois mucho más de lo que percibís en esta manifestación, que, a su vez, es un reflejo real de vuestro yo superior. Tenéis la posibilidad de acceder a numerosos dones de vuestro yo multidimensional.

Vuestro yo multidimensional ya está conectado con nosotros. Este yo multidimensional ha contactado con nosotros antes y se siente muy cómodo con nosotros. La cuestión es que los diferentes aspectos de vuestro yo superior desciendan a una conciencia con la que podáis trabajar en el plano terrestre. Queremos que bajéis esta energía a vuestra conciencia. Os ponemos un ejemplo: como tenéis un yo multidimensional, una parte de cada uno de vosotros ya puede trabajar en una de nuestras naves, es decir, una parte de cada uno de vosotros ya puede visitar Arcturus, mientras que otra parte de cada uno de vosotros acude a nuestras cámaras de sanación. Trabajamos con muchos de vosotros cuando dormís. Vuestro yo superior nos ha dado permiso para ello.

Queremos ayudaros a poner en marcha esta transición que consiste en presentar el yo multidimensional y hacerlo descender a vuestra conciencia para que podáis acceder a él. Sabemos que deseáis convertiros en seres poderosos sobre la Tierra, y para ello es preciso que hagáis descender los aspectos del yo que son más etéricos y multidimensionales. Podéis hacerlo. Cuando meditáis, queremos que abráis la puerta de vuestra conciencia a vuestro yo multidimensional, porque es esta conexión multidimensional la que os permite conectar con nosotros.

Como podéis ver, somos una transición, somos un conducto para vosotros.

Podéis conectar con nosotros a través de vuestros sentidos multidimensionales. Abrid la puerta multidimensional a vuestro yo superior. Los aspectos multidimensionales os llevan a nuestro corredor, un corredor Arcturiano de luz. Podéis acceder a vuestras capacidades psíquicas de biubicación, clarividencia, telepatía, canalización y visión. Estos rasgos psíquicos suelen identificarse con asuntos terrestres, pero hoy queremos que utilicéis vuestras capacidades psíquicas para entrar en vuestro yo multidimensional. Podéis solicitar la colaboración de guías Arcturianos.

Ahora queremos invitaros a que participéis con nosotros en un ejercicio. Elevaos a un lugar por encima de la Tierra, donde todos nos conectaremos. En este estado superior, visualizad una pirámide. Centrad vuestra atención en la pirámide. Ahora llevad vuestra conciencia a un punto en la parte superior de la pirámide. Desde ese punto, sentid que vuestra conciencia se separa del cuerpo físico e incluso del cuerpo etérico. Ahora nos estamos moviendo como conciencia colectiva. Desde este punto de la parte superior de la pirámide, en conciencia colectiva con nosotros, viajad hacia abajo por un largo y hermoso túnel lleno de luz. Es un corredor a la quinta dimensión.

Seguidamente, centrad vuestra conciencia en el guía Arcturiano que se os ha asignado. Si sois conscientes del guía que se os ha adjudicado, podréis asomaros a un aspecto de la quinta dimensión. ¡Salid un momento! Mirad a través de los ojos de vuestro guía. Os encontráis dentro de un ser altamente entrenado. Estáis dentro de un Arcturiano. Sentid, ved, degustad, experimentad esta dimensión. Vuestro guía Arcturiano también puede conectar con vuestro yo multidimensional. Si levantáis la energía del chacra de la corona del guía Arcturiano (es como una antena), podréis recibir rápidamente numerosas instrucciones distintas, datos sobre vosotros. Esta información puede entrar en vuestra conciencia desde la «antena» del guía Arcturiano. Si habéis participado en esta meditación, ahora se os está trasfiriendo la información.

Queremos que sigáis experimentando esta luz de la quinta dimensión. Sin embargo, no podréis permanecer mucho tiempo allí, porque existen limitaciones relativas al anfitrión Arcturiano que os ha acogido. Os pedimos que retrocedáis con el guía Arcturiano, que en estos momentos vuelve sobre sus pasos de retorno al túnel. Desde el túnel empezaremos a salir y viajaremos de regreso por él hasta el punto inicial de la pirámide, de donde partió vuestra conciencia. Ahora devolved vuestra conciencia a la pirámide. Desde ese punto de la parte superior de la pirámide dejad que vuestra conciencia descienda a vuestro cuerpo etérico. Es muy importante que regreséis de la misma forma en que os marchasteis. Es muy importante para el proceso de reintegración. Seguidamente regresad a vuestro cuerpo físico en la Tierra. Hacedlo tranquila y suavemente, y disfrutadlo, porque ahora ya estáis conectados con vuestros yos multidimensionales.

La trasferencia de vuestra conciencia es la clave para llegar a la siguiente dimensión. A medida que vayáis sintiéndoos más cómodos con ese hecho, podréis viajar con más facilidad. Desarrollad vuestra habilidad para desmaterializaros. Sabemos que eso os parece imposible. Pero, ¿podéis comprender que la Ascensión es una forma de desmaterialización? El cuerpo sigue a la mente. La mente sigue a la conciencia.

Hoy habéis aprendido una lección valiosa de cómo funciona la Ascensión: por desmaterialización. Os recomendamos que practiquéis este tipo de ejercicio. Cuando se produzca la Ascensión, no tendréis tiempo de ir paso a paso, como en la meditación que acabáis de experimentar. Sabed que la Ascensión será instantánea.

Alineaciones energéticas

Es importante entender la relevancia de las alineaciones energéticas. Se producen alineaciones en todos los niveles multidimensionales. En vosotros hay varios niveles de alineaciones físicas. Tenéis alineaciones espirituales con vuestros distintos cuerpos, incluyendo el emocional, mental y físico. Además, los seres humanos disponen de alineaciones con las energías de la Tierra. No obstante, debido a los cambios energéticos que actualmente se producen y el abuso abrumador de los sistemas planetarios, es fácil estar desalineado con las energías de la Tierra.

Las alineaciones del Sistema Solar también os afectan cuando algunos planetas se alinean entre sí. Además están los otros sistemas solares de la galaxia que no conocéis. Asimismo, podéis sintonizar con las alineaciones en diferentes sectores de la galaxia. En la galaxia existen sectores interiores, intermedios y exteriores, de la misma forma que existen planetas interiores, intermedios y exteriores en vuestro Sistema Solar. Éste representa un modelo en miniatura de la galaxia. Por lo tanto, de nuestra presentación podéis deducir que existen alineaciones dentro de alineaciones, etcétera.

Los seres humanos experimentan la alineación con las estrellas hermanas y también con las estrellas binarias. Estas alineaciones se producen a largo plazo y son difíciles de medir desde el punto de vista terrestre, debido a la brevedad de vuestra vida física.

Cada una de estas alineaciones es poderosa. Podéis utilizar las alineaciones energéticas o podéis ignorarlas. Vosotros elegís. Una alineación es una oportunidad para crecer, expandirse y experimentar la unidad en un nivel nuevo. Cuando sois capaces de alinearos física, emocional y mentalmente tenéis la ocasión de conocer una nueva unidad. Os encontráis constantemente en una espiral que ofrece oportunidades de nuevas alineaciones energéticas con información y conciencias nuevas. Como no siempre sois conscientes de los planos multidimensionales, estas alineaciones son importantes porque pueden ayudaros a integrar y adquirir conciencia de las diferentes dimensiones.

Quizá os sintáis atascados e inhibidos a causa de la naturaleza lineal de vuestra densidad. Sin embargo, en cada nueva alineación podéis trascender la densidad aprovechando la oportunidad de experimentar parte de vuestra existencia multidimensional.

El primer paso para utilizar las alineaciones es ser consciente de ellas. Podéis inducir los efectos de las alineaciones si comprendéis que son puntos de aceleración. Centrad vuestra conciencia en la Tierra, en el Sistema Solar, en la galaxia y, después, más allá del ámbito de las galaxias. Las mismas galaxias se alinean con los diferentes universos. La idea de que los universos pueden alinearse con otro campo energético es difícil de entender. Nosotros todavía buscamos formas de comprenderla y explicarla.

Si seguís en esta línea de conciencia, volvéis a vosotros mismos. En vosotros mismos es donde podéis alinear esta energía. Podéis elegir entre una alineación interna en vuestros corazones, sistemas sanguíneos, estructuras celulares o códigos genéticos. Podéis regresar a quienes insertaron los códigos en la confección genética humana y aprender de su energía y conciencia. La información de las galaxias y de los universos ya se halla en vuestra codificación genética. Por este motivo muchos de vosotros buscáis con entusiasmo la gran imagen cósmica.

Rebote

Pongamos más «los pies en tierra». Tenéis energías concretas que necesitáis comprender. Las alineaciones os servirán de ayuda. Desde nuestro punto de vista, os encontráis en un período de «rebote». Es una época de drásticos cambios hacia atrás y hacia adelante. Algunos los comparan a ir en barco en medio de una tempestad. Hay quien se mareará si no puede retomar la posición equilibrada. Quienes estén alineados podrán situarse por encima de este fenómeno y observar.

El planeta busca una nueva alineación. Creemos que en eso consiste la Ascensión. Cuando un planeta busca un nuevo equilibrio, se experimenta una fase delicada. El sistema antiguo se vuelve muy pesado, pero sigue siendo muy poderoso. Las viejas pautas de pensamiento se vuelven tenaces. Esto significa que, a medida que sigue habiendo cambios, quienes controlan vuestro planeta intentan presionar y aferrarse a esos antiguos patrones y estructuras. ¿No os indica esto cómo deberíais actuar? Cuanto más os aferréis, tanto más seréis objeto del zarandeo. Si os soltáis podréis superar la situación y observar.

Cuando os soltéis, entonces os convertiréis en un verdadero maestro como Sananda-Jesús. A nuestro entender, una de sus enseñanzas fue la de soltarse, incluso en el momento de morir. No sugerimos que tengáis que pasar por un suceso tan dramático, pero cuando comencéis a partir de lo que sería el peor resultado posible, quizá el resto sea más fácil. Cuando aprendáis a poneros por encima de una situación, se creará una nueva estabilidad en vuestro planeta. Cuantos más de vosotros podáis alejaros y elevaros según una perspectiva dimensional, tanto más fácil será crear un nuevo equilibrio sobre la Tierra.

Muchos han preguntado qué hacer para prevenir desequilibrios. Cuando os elevéis, tal y como hemos explicado, y concentréis vuestros pensamientos y vuestro amor en una perspectiva superior, entonces seréis capaces de inducir un cambio. Con esta perspectiva, podréis enviar amor a las raíces de la Tierra.

Apertura del chacra de la corona

Habla Juliano. Somos los Arcturianos. Cuando os observamos, vemos que cada uno de vosotros tiene cierta vibración o nivel de energía en torno al chacra de la corona. Este chacra de la corona es el receptor central de la energía universal. Además, es interesante comprobar que esta área está bloqueada en su mayor parte, porque no habéis sido entrenados desde pequeños a utilizar este centro energético. No os han educado con este centro abierto.

En Arcturus nos complace gratamente que se preste atención al desarrollo del chacra de la corona en nuestro planeta, así como la habilidad para conectar con la energía universal. No obstante, conectar con la energía universal a través de vuestro chacra de la corona sigue siendo una nueva experiencia para vosotros. Si se eliminaran todos los bloqueos en torno a este centro energético, os acordaríais de este chacra de la corona y de su conexión. Podemos utilizar el sonido para ayudaros a alinear vuestro chacra de la corona.

Tener el chacra de la corona totalmente abierto será una experiencia diferente para vosotros. Muchos de vosotros os habéis centrado en vuestro chacra del corazón y vuestro Tercer Ojo. Ya es hora de que dirijáis vuestra energía al chacra de la corona. Lleváis tantos años realizando este trabajo de luz que os resultará fácil alinear vuestro chacra de la corona.

Dedicad un momento a concentraros conscientemente en vuestro chacra de la corona, que en estos momentos debería estar completamente abierto. Os pedimos que, a continuación, abandonéis vuestro cuerpo y proyectéis vuestra conciencia a una nave Arcturiana interdimensional en el Corredor de Júpiter. Ahora estáis sentados en una habitación parecida a nuestra biblioteca; os habéis conectado con este lugar a través de vuestro chacra de la corona. Podéis mirar hacia abajo a lo lejos y empezaréis a ver vuestro chacra de la corona abajo en la Tierra. ¡Está totalmente abierto!

Os daremos información a través de vuestro chacra de la corona acerca de la energía y conocimientos que precisáis asimilar para vuestra misión. Cada uno de vosotros tiene un aspecto concreto de este trabajo de la tercera dimensión que hay que llevar a término. Es posible que debáis trabajar con algunas personas o presentar a otros ideas o conocimientos. Trabajaremos con vosotros para llevar este conocimiento a vuestro chacra de la corona. Hemos dado permiso para que haya una conexión permanente desde vuestro chacra de la corona con esta biblioteca de nuestra nave interdimensional, porque necesitáis respuestas y soluciones a numerosas preguntas.

A continuación iremos más allá del Corredor de Júpiter. Os encontráis sentados en la nave como yo etérico. Os pedimos una vez más que conectéis vuestro chacra de la corona para salir del Sistema Solar y viajar al Templo de Tomar Arcturiano a fin de experimentar la luz de cristal. Sabed que la luz de este cristal es una luz perfecta que ha sido especialmente diseñada para ayudaros a incorporar la frecuencia Arcturiana en vuestra realidad de la tercera dimensión.

Os enviamos un rayo de luz especial del Templo que emitirá una frecuencia particular que podéis utilizar en la vida de la tercera dimensión. No sólo necesitáis este haz de luz entrante, sino también confiar en esta conexión. Que entre en vuestro chacra de la corona y después en el chacra de la corona de la Tierra. Observad que ahora nos encontramos en tres partes. La capa inferior reside en la Tierra; la segunda en vuestro cuerpo dentro de la nave interdimensional cerca de Júpiter; la tercera es vuestro otro cuerpo en el Templo de Tomar Arcturiano. Hagamos que se conecten los tres chacras de la corona.

Estamos alineando nuestro generador de frecuencias –nuestra luz de cristal– concretamente con vuestras aptitudes para recibirlas. Estamos enviando una luz dorada a través de los tres cuerpos. El cuerpo de la tercera dimensión sobre la Tierra experimentará calor, un arrebato de amor, una oleada angelical de amor que pasa por los tres cuerpos para entrar en vuestro cuerpo de la Tierra. El Arcángel Miguel desea hablaros.

Habla el Arcángel Miguel. Me complace que comprendáis que la frecuencia Arcturiana es una frecuencia de vibración y amor superiores. Sé que me habéis oído hablar mucho sobre cortar los lazos de unión. Además, es importante que seáis un conducto para esta conexión, porque tenemos que solidificar y mantener junta la dimensión de la Tierra. Ha sido una misión de gran presencia angelical. Hemos estado trabajando para ayudaros a vosotros y a vuestro planeta de muchas maneras.

Os traigo un mensaje sobre la realización de vuestro trabajo. Mediante la gracia y el poder de Sananda, podemos ofreceros un impulso especial en vuestro proceso evolutivo. Os pido a cada uno de vosotros que llevéis de vuelta con vosotros aquello que debe ocurrir para que vuestra vida sea más fácil. Quiero que lo pidáis y cuando regreséis a vuestro cuerpo os ayudaré energéticamente. Sea lo que sea que deba suceder para que vuestra vida sea más fácil, pedid que suceda ahora en este nivel con los Arcturianos. Cuando volvamos al cuerpo de la tercera dimensión seguiremos con este proceso.

Tened claro que lo que pedís es lo que realmente necesitáis. Os hacemos esta oferta porque comprendemos la importancia de este trabajo que hacéis. Los dilemas y bloqueos que se os presenten pueden resolverse fácilmente de manera que podáis dedicar más de vuestra energía a la misión de conectar con la quinta dimensión. Ha hablado el Arcángel Miguel.

Habla Juliano. Nos preocupan vuestros problemas personales y queremos ayudaros. Asimismo, trabajamos con las fuerzas angelicales próximas a vosotros. Ahora que tenéis esta conexión, esta luz, os pedimos que volváis al segundo nivel, y de éste os rogamos que regreséis lentamente al primero. Abandonad la biblioteca interdimensional de la nave y volved ya a vuestro cuerpo. Aunque estéis de vuelta, queremos que mantengáis esta conexión con el tercer nivel, con la luz de cristal del Templo de Tomar Arcturiano. Esta conexión permanecerá abierta esta noche mientras dormís.

Capítulo 8

La necesidad de la sanación

A medida que vais soltando vuestros lazos, la sanación va cobrando importancia para vosotros. Os vais liberando de parte de la historia de vuestros primeros años en el planeta, a pesar de que seguís interactuando con esas energías del pasado. La clave de la sanación reside en la interacción con esas energías, que incluyen la energía del pasado y la energía de las heridas de la infancia. Las energías deberían fluidificarse. Forman parte de vuestra historia y de vuestro ser. Todas las experiencias que habéis tenido en el planeta son importantes. Buscáis una unidad, una integración de todas esas energías, que formarán parte de vuestra nueva unificación. Cuando hayáis comprendido estas energías, podréis interactuar con ellas y no os dominarán. Entonces dejaréis de estar bloqueados.

A muchos de vosotros os seguimos la pista todo el tiempo. Cuando nos llamáis, nos conectamos con vosotros directamente. Cuando no acudís a nosotros, no intervenimos ni interferimos en modo alguno en vuestros patrones de vida actuales. Solamente trabajaremos con vosotros si nos lo pedís, y nuestra interacción no interfiere en vuestro karma. Cuando nos llaméis, os daremos información y seremos receptivos a lo que queráis pedirnos. Podemos ver todos vuestros patrones vitales. Podemos ver hacia dónde vais, qué va a suceder y cómo cambiarán vuestros cuerpos físicos. Nos interesa mucho vuestra salud. Podéis llamarnos expresamente para ayudaros con vuestra salud.

Estudiamos cómo respondéis a las enfermedades físicas y a otros problemas de vuestro cuerpo. Somos conscientes de vuestras limitaciones físicas y, también, de que podréis trascenderlas cuando entréis en los reinos superiores. Es importante que, por vuestro propio desarrollo, aprendáis a trabajar entre las limitaciones del plano físico. Sin embargo, todos sois capaces de superar muchos de los problemas físicos que experimentáis en estos momentos.

Un aspecto de nuestra misión consiste en ayudaros a todos en la sanación, y para ello seguimos un método en el que os pedimos que os proyectéis etéricamente a través de un corredor hasta nuestras naves, con objeto de trabajar allí con vosotros. Como ya sabéis, vuestros problemas de salud pueden ser a veces molestos. Algunos de vosotros padecéis problemas de salud especialmente complejos, pero no tienen por qué impedir que evolucionéis hacia el objetivo de una conciencia superior y de un trabajo interdimensional. Es muy importante que entendáis esto.

Sabemos que muchos de vosotros tenéis problemas con el sistema inmunológico, incluso algunos ya tenéis la sensación de que está en peligro. Es un reto para vosotros manteneros en un buen estado de salud en este planeta. Por este motivo, de nuevo, os pedimos que os unáis a nosotros en los corredores, donde podremos ayudaros a diluir muchas de las densidades y gran parte de la energía negativa que lleváis adherida.

De la región Arcturiana han llegado a vuestro sector del Sistema Solar nuevas naves Arcturianas. Hemos traído con nosotros naves de luz especial, energía de sanación y sanadores especiales para ayudaros, si nos lo pedís. Nos tomamos muy en serio lo de querer ayudaros y sabemos que el método más directo pasa por la sanación. Tenemos la tecnología y la capacidad mental y espiritual para trabajar directamente con vosotros.

También estamos especializados en la regeneración del alma. Hay almas que, a causa de su oscuridad, maldad y densidad, parecen encontrarse en un estado de aniquilación total. Se ha especulado con que estas almas han sido exterminadas. No obstante, hemos trabajado en la regeneración de almas, incluso de almas de líderes malignos. Es posible regenerar almas con una ayuda y trabajo especiales. Es importante que quienes se comprometen a regenerar su alma estén muy concentrados y que mantengan un contacto estrecho con la energía de su alma de grupo. Hemos trabajado con grupos enteros e incluso con planetas completos que habían sido aniquilados con armas atómicas o en catástrofes nucleares. Necesitaban imperiosamente una regeneración de almas.

Sanación en las naves Arcturianas

Nuestros métodos de sanación están relacionados con la alineación de vuestras frecuencias y la purificación de todos vuestros cuerpos. Al facilitaros un corredor interdimensional y al colocar nuestras naves en un espacio sobre vuestra presencia física, establecemos una conexión directa con vosotros. Hacemos descender un rayo de luz para ayudaros a purificaros, a sentiros más ligeros y a entrar en contacto con vosotros mismos. Podemos elevar vuestro yo etérico y llevarlo a nuestra nave. Una vez a bordo, utilizamos una biblioteca y cámaras de sanación para activar y recargar vuestra energía. Asimismo, mientras estáis con nosotros, podéis volver a conectar con tiempos pasados y con otras vidas.

Si deseáis sanar en nuestras naves, debéis practicar la proyección de pensamiento. Es preciso que os proyectéis a las naves con el pensamiento. Éste es un aspecto importante. En las naves utilizamos una técnica muy avanzada de terapia meridiana. En lugar de utilizar alfileres y agujas, empleamos nuestros pensamientos para centrar ciertas ondas de energía.

Mientras leéis estas palabras os estáis conectando con nosotros. También os podemos ofrecer sonidos con los que trabajar en vuestras meditaciones. Pero preferimos trabajar con vosotros en una cámara. Os pedimos que os proyectéis mediante el pensamiento al interior de la cámara, para que podamos subiros a vosotros y la cámara con mucho cuidado. Podéis imaginar la cámara como una especie de cabina telefónica exótica con techo circular y en la que podéis poner una silla o lo que queráis. Quizá la imaginéis con ventanas de vidriera policromada. Nos gustaría que utilizarais el sonido de nuestro nombre, los Arcturianos, para alinearos con nosotros.

Algunos de vosotros habéis tenido experiencias en nuestras naves, pero no han sido todo lo intensas que os habría gustado. Para poder trabajar con vosotros se requiere un compromiso consciente por vuestra parte. Preferimos trabajar con vosotros en un estado consciente. En lugar de que os lleven a una cámara de sanación durante un sueño profundo, podéis empezar con una petición consciente de sanación y después iros a dormir. Nos vemos muy capaces de trabajar con vosotros de forma más eficaz cuando os comprometéis conscientemente con vuestra propia voluntad. Así podremos ser más efectivos. Contamos con centros especiales de sanación que emplean ondas de sonido para trabajar con la energía de vuestros órganos. Gran parte de vuestra sanación está relacionada con la energía y problemas de los órganos. Es nuestra especialidad en materia de sanación.

Ahora os pedimos que elevéis vuestra energía espiritual, que entréis en un corredor interdimensional que se halla directamente sobre vuestra cabeza y que lleguéis al área de nuestra nave que llamamos sala azul. La sala azul está reservada a la sanación y al rejuvenecimiento. En la cámara hemos dispuesto sillas para vosotros. A continuación vais a recibir una intensa carga de luz azul, una tierna energía espiritual que fluye en vosotros. Es magníficamente cálida y suave. Activa energía para vosotros. Los Andromedanos nos han enseñado a activar la luz azul. Ponemos cada vez más luz azul en vuestro campo áurico. Es muy poderosa esta energía azul de sanación, es una forma telepática de energía.

Seguid sentados en la sala azul y mirad al exterior de la pared que tenéis en frente. Os hemos preparado una vista de la galaxia. También podéis ver los diferentes colores de la estrella Arcturus, que ahora está muy cerca. Estáis mirando por una ventana especial para que no sufráis ningún efecto perjudicial de los rayos procedentes de Arcturus. La identificación de la estrella con la que deseáis conectar es un método muy poderoso de activación y, así, la energía que precisáis acudirá a vosotros.

Sabed que vuestro propio chacra de la corona está inundándose ahora de luz azul, la luz de la percepción espiritual. Está anclada en vuestro interior. Esta luz azul abarca del azul claro al azul intenso, contiene los dos. El azul profundo no absorbe al azul claro. Nunca borréis una octava, simplemente añadidla.

La vibración terrestre en la tercera dimensión es una vibración más lenta. El proceso de la tercera dimensión va agotando constantemente vuestras energías superiores. Sabemos que la Tierra vibra de forma más lenta y que os quita vuestra energía. Por lo tanto, necesitáis recargaros tanto como podáis. Precisaréis muchas más dosis de esta luz azul de la cámara azul. Desearéis seguir volviendo a esta cámara de sanación. Si regresáis a las cámaras azules de sanación, al final podréis sostener una octava superior de luz azul. Esto forma parte de lo que debéis hacer para la Ascensión: alcanzar una octava superior que podáis estabilizar, lo cual es necesario incluso para que podamos volver a las cámaras azules de sanación a fin de mantener nuestra frecuencia.

Purificación personal

Muchos de vosotros todavía no recordáis vuestro compromiso ni las instrucciones que recibisteis antes de llegar a la tercera dimensión en la Tierra. Sin embargo es cierto que os ofrecisteis voluntariamente para esta misión y que, en lo más profundo de vuestro corazón, queréis ser útiles y ayudar lo mejor posible. Muchos de vosotros os esforzáis mucho por vuestra purificación personal. Esta purificación tiene que ver con la resolución de vuestro karma y de vuestros problemas personales, así como con la apertura de vuestros chacras y campos de energía para recibir la energía de la quinta dimensión e interactuar con ella. Para muchos de vosotros supone un gran reto buscar un equilibrio entre vuestros problemas personales y la resolución de los mismos ayudando a otros y sirviendo a la Tierra.

Queremos dirigirnos a todos los que están pasando por dificultades personales. Nos preocupan vuestros problemas personales. Nos solidarizamos con vuestra situación y nos compadecemos de vosotros. Sabemos que el porcentaje de trabajadores de la luz no es muy elevado en este planeta. Cada uno de vosotros tiene un valor incalculable. Cuando seáis más lúcidos y resueltos ante vuestros problemas personales, entonces trasmitiréis mejor esta energía de la quinta dimensión.

Vamos a daros unas directrices para ayudaros a purificar toda energía que pueda ser un obstáculo. En primer lugar, abrid bien vuestro chacra del corazón. En segundo lugar, estableced un enlace energético entre vuestro Tercer Ojo y vuestro corazón. En tercer lugar, proyectad mentalmente una fecha futura en la que deseáis que la dificultad esté completamente resuelta. Pueden ser treinta, cincuenta días, etc. En cuarto lugar, cread un camino de luz desde el momento actual hasta la fecha elegida. En quinto lugar, cuando lleguéis a esa fecha con el camino de luz, cread en vuestra mente una solución a vuestro problema y proyectadla en ese punto. En sexto lugar, enviad desde esa fecha en vuestra proyección un rayo de energía a una nave Arcturiana que se encuentra en el Corredor de Júpiter en vuestro Sistema Solar. Con ese rayo nos dais permiso para enviar energía a vuestro camino a fin de ayudaros. En séptimo lugar, recibid la conexión que os enviamos desde nuestra nave y así se completa la vía energética. En octavo lugar, ¡haced que esta energía siga fluyendo!

En muchos casos vuestro problema podrá resolverse con esta mayor energía y esta perspectiva más amplia. Cuando conectéis vuestro corazón con vuestro Tercer Ojo, también podréis poner fin al karma asociado al problema que tengáis, lo que os llevará más rápidamente a la solución. Ya no tendréis que cargar con nada. La mayoría de vuestros problemas pueden resolverse en un período de seis semanas. Sabemos que esto puede parecer extraordinario, pero hemos comprobado que son muy pocos los problemas de los trabajadores de la luz que no puedan solucionarse en seis semanas.

Evidentemente, no podemos interferir en vuestro karma. No obstante, con el método que os acabamos de describir os encargáis vosotros mismos. Nos pedís que os entreguemos una energía que os ayude. Eso no es interferir. Simplemente colaboramos con vosotros a petición vuestra.

La energía taquiónica

La energía taquiónica es una energía pulsátil muy similar a la fuerza de la energía básica del Universo. Encontraréis el mismo movimiento pulsátil en el corazón humano y en el campo áurico. La energía taquiónica utilizada en nuestra galaxia es una fuerza que algunos han comparado con la energía universal Chi. La sanación taquiónica utiliza el Chi, la fuerza de la vida. La energía Chi puede emplazarse en piedras y otros objetos para después trasmitirla a estructuras celulares como el cuerpo humano.

Retener la energía taquiónica en las piedras es similar a contener la energía que se halla en los cristales. Como propietarios de un cristal, podéis trasmitir vuestras pautas de pensamiento al cristal, que retiene los pensamientos como trasmisiones de energía mental. Es preciso purificar los cristales para eliminar las pautas de pensamiento negativas. Sin embargo, cuando se trabaja con la energía taquiónica, no es necesario purificar la piedra, porque los objetos taquiónicos mantienen y generan energía Chi. Y a diferencia de los cristales, las piedras taquiónicas no requieren programación.

La energía taquiónica satisface la necesidad de trasmutar la energía sanadora de la fuerza vital, cosa que no hacen los cristales. Esta energía de fuerza vital puede ayudar a las semillas estelares y a los sanadores porque facilita una unidad y un equilibrio mayores a quienes están abiertos al proceso de Ascensión. Las piedras taquiónicas pueden acelerar vuestra labor espiritual mediante el aumento del ritmo de las vibraciones de vuestros campos mental y áurico. A medida que resonáis con el pulso taquiónico, vuestro ritmo vibratorio aumenta. De esta forma, cuando meditéis podréis duplicar la vibración superior por vosotros mismos. El objetivo es utilizar la energía taquiónica para ayudaros a acceder a estados más profundos de la conciencia. Al final, podréis alcanzar esos estados sin piedras taquiónicas.

Las fuentes de la energía taquiónica están, en realidad, fuera de vuestro Sistema Solar. La energía llega a través de fuerzas cósmicas, cometas, etcétera. «Taquión» se refiere a la estrella que lleva el mismo nombre y que muchos viajeros galácticos conocen. Se cree que la fuente de esta energía surge del sistema de esa estrella. La información sobre la energía taquiónica y la tecnología destinada al uso de esa energía son ahora muy importantes y útiles para vosotros. Tendréis que aprender varios métodos, incluyendo el método taquiónico, para acelerar vuestros procesos.

Lo que os estamos diciendo es muy importante: todos vosotros os veréis en la necesidad de acelerar vuestros campos energéticos. Cuando no se esté produciendo una aceleración, cuando os encontréis física o mentalmente atascados de alguna forma, eso será una señal de que precisáis una aceleración. No tengáis miedo a la aceleración. Posiblemente, lo más útil sea acelerar también vuestras conexiones, es decir, acelerar vuestros contactos con vuestros guías y seres extraterrestres. En términos sencillos, muchos de vosotros os atascaréis en patrones de baja energía y os será muy difícil salir sin ayuda, por lo tanto, no dudéis en utilizar los contactos que tenéis con nosotros.

Sonido y color

El sonido del nombre, «taquión», es muy poderoso. Podéis aumentar el poder de la energía taquiónica pronunciando la propia palabra, lo que contribuirá a liberar el poder de las piedras. «Taquión» es una palabra galáctica, parecida a la palabra hebrea «Zohar», «el esplendor».

El sonido mejora la sanación taquiónica. Es útil reproducir cierta música durante las sanaciones, incluso sonidos generados por ordenador. La música ayuda tanto al sanador como al receptor a resonar con la pulsación. Una vez que ambos estáis en resonancia con la pulsación taquiónica, entonces puede producirse una potente sanación. Sería algo así como asentarse. A fin de obtener el máximo beneficio del tratamiento taquiónico, es preciso abrirse a él y resonar con la pulsación.

Existen varios niveles de vibraciones sonoras que pueden utilizarse para acelerar la sanación. Por ejemplo, un sonido de ritmo lento os ayudará a entrar en un estado de trance. A medida que os sintáis más cómodos, se puede aumentar la velocidad de los ritmos. La vibración del receptor aumentará con el incremento de la velocidad del ritmo de los sonidos. Para que os hagáis una idea de los efectos del sonido, ayudaremos al canal a que reproduzca sonidos útiles cuando estéis aplicando un tratamiento taquiónico (la salmodia tac…, tac…, tac…). Pueden utilizarse varios niveles y velocidades de vibraciones sonoras. Por ejemplo, el empleo de ese sonido a un ritmo lento ayudará a la persona que estáis tratando a rebajar su pulso. En primer lugar, es preciso que la persona en cuestión adapte su campo energético mediante la audición de un sonido de ritmo lento. A continuación, podéis elevar el ritmo del sonido para que la persona receptora aumente su vibración. Las energías taquiónicas empleadas de esta forma incrementarán la vibración general de la persona tratada, y eso tiene un gran efecto sanador.

Queremos hablaros brevemente sobre el uso del color con la energía taquiónica. Los colores concretos que pueden ser útiles son de la gama de los magentas, rojos, azules y morados. Los efectos de la energía taquiónica pueden acelerarse mediante el uso apropiado de colores. Os recomendamos que, cuando trabajéis con personas que buscan un tratamiento taquiónico, preparéis una habitación con luces especiales. Asimismo, tened en cuenta los colores de la decoración. Por ejemplo, una sábana o manta especiales con los colores antes mencionados podría servir de ayuda. Además, los colores de las prendas que viste el sanador pueden ser importantes, formando parte del enfoque integrador de un tratamiento con energía taquiónica. Cuanto más conscientes seáis de armonizar todos los aspectos ambientales, tanto más potente será el tratamiento taquiónico.

La energía taquiónica puede utilizarse para mejorar la meditación. Las piedras pueden acelerar las pautas de pensamiento de la sanación universal a través de la energía de la fuerza vital. Tras un tratamiento taquiónico puede producirse un nuevo y verdadero despertar celular. La energía taquiónica también puede afectar positivamente a la vista. Es posible realizar un trabajo corrector con piedras taquiónicas, sobre todo cuando se combina con la cromoterapia.

Sesiones de sanación taquiónica

Los objetos taquiónicos, colocados alrededor de vuestro cuerpo, os ayudan a resonar con la pulsación y el flujo armonioso de las piedras. La sanación taquiónica opera ayudándoos a resonar con la pulsación de la piedra. De este modo aumentarán vuestros campos vibratorios y áuricos. Sin embargo, la aceleración de la energía taquiónica puede ser apabullante. Por eso queremos que procuréis controlarla.

Al principio recomendamos períodos breves de tratamiento para que el receptor pueda acumular energía taquiónica. Un tratamiento inicial puede durar entre 12 y 14 minutos, combinado con un equilibrio de polaridades, una alineación o un masaje suave al final. Una persona con la que hayáis trabajado durante un período de tiempo puede llegar a tolerar 28 minutos. El tiempo del tratamiento aumenta de siete en siete. Así, se puede pasar de 14 a 21, y de 21 a 28. Es importante respetar el factor del siete a la hora de determinar la duración del tratamiento. No os recomendamos que superéis el límite de los 28 minutos, a menos que haya un motivo específico para alargar el tratamiento. Para la mayoría, 28 minutos serán más que suficientes.

Además, os recomendamos un equilibrio posterior de 28 minutos. Si aplicáis a alguien un tratamiento taquiónico de 14 minutos, entonces os recomendamos un período posterior de 14 minutos para equilibrar las energías mediante técnicas sin contacto. No toquéis físicamente a la persona hasta haber concluido el período de equilibrio de 14 minutos, porque el campo energético del receptor sigue en un estado fluctuante. La energía todavía es sensible y es preciso respetar esta sensibilidad. Recomendamos que la persona que recibe el tratamiento mantenga su propio pulso de meditación después de haber retirado las piedras taquiónicas. De esta forma continuarán los efectos sanadores y aumentará el equilibrio.

Estimular solamente un área sin equilibrar el conjunto puede resultar productivo, pero no tendrá un efecto tan duradero como un enfoque integral. Es mejor recibir un tratamiento con las piedras que incluya un equilibrio y una integración de la energía. Esto garantiza un equilibrio de todo el sistema. Si tenéis un problema y tratáis una única área, el desequilibrio original que se manifestó podría trasladarse más tarde a otra área. Preferimos que el trabajo taquiónico lo lleve a cabo un sanador que adopte un enfoque más integrador. De esta forma, el tratamiento puede ser efectivo, al dejar la energía taquiónica cerca del cuerpo durante períodos más largos. Si el sanador utiliza solamente la energía taquiónica, sin un equilibrio correspondiente, la sanación taquiónica alargada no será tan beneficiosa.

El cuerpo no debería acostumbrarse demasiado a la energía taquiónica. Como es una energía muy potente, es importante mantener la sensibilidad del cuerpo hacia ella. Comparad el tratamiento taquiónico con un fármaco utilizado a diario. Se crea con facilidad una tolerancia al fármaco y con el tiempo deja de ser tan eficaz. Entonces hay que aumentar la dosis para obtener el mismo efecto. De forma similar, con los tratamientos taquiónicos también se puede desarrollar una tolerancia. Lo mejor es acompasar su empleo, haciéndolo en períodos espaciados e intercalando esfuerzos de equilibrio mental, centrando la conciencia en las pulsaciones y tratando de integrar la energía y armonizar con ella.

Construcción de un armazón de energía

Los seres humanos, como seres galácticos, son muy inteligentes. Sabemos que, debido a los numerosos problemas emocionales existentes en el planeta y que todos vosotros habéis experimentado en persona, no creéis ser tan inteligentes. Esto no es una crítica, sino una simple observación. Vuestros cuerpos emocionales en la Tierra están muy subdesarrollados. A veces nos preguntamos cómo podéis manteneros en equilibrio, porque vuestros cuerpos emocionales se ven constantemente sometidos a la corrompida energía electromagnética que bombardea el planeta desde fuentes creadas por el hombre.

Se trata de la corrompida radiación electromagnética procedente de los ensayos de vuestras bombas nucleares, la corrompida energía electromagnética que viene de fuentes de radio de alta y baja frecuencia con las que experimenta vuestro gobierno, las corrompidas ondas electromagnéticas creadas por el gran número de aviones que sobrevuelan vuestras cabezas. La lista sería muy larga. Afortunadamente sois seres muy resistentes. La mayor parte de vosotros sois capaces de adaptaros. Pero sería muy beneficioso construir alrededor vuestro un armazón de energía para vuestra protección personal.

El armazón de energía proporcionará estabilidad alrededor de vuestros campos electromagnéticos. Es preciso fortalecer la energía de vuestro armazón para que no experimentéis fracturas áuricas, que es precisamente lo que está ocurriendo. Cuando se producen estas fracturas áuricas, es posible experimentar energías electromagnéticas corrompidas que pueden ser motivo de molestias.

Ya habréis oído que al armazón de energía también se le llama burbuja protectora de luz blanca. Lo importante es que esta luz blanca o armazón sea suficientemente sensible para bloquear la radiación electromagnética y algunas de las otras fuentes energéticas que no queréis recibir. Las fracturas áuricas pueden producirse a partir de una energía electromagnética distorsionada. Estas fracturas, a su vez, pueden desencadenar lo que habéis llamado la sensación de *déjà vu*.

Os daremos instrucciones sobre cómo crear este armazón alrededor de vosotros, porque va a ser vital para todos que aprendáis a protegeros. Ello por varios motivos, sobre todo porque debéis mantener un equilibrio mental. No podríamos viajar por las diferentes zonas por las que pasamos, o no podríamos viajar en la esfera galáctica, a menos que pudiéramos controlarnos a nosotros mismos mentalmente, además de controlar nuestros campos energéticos.

Muchos seres extraterrestres no se manifestarán físicamente porque no quieren exponerse a las vibraciones electromagnéticas inferiores. Esto se convertirá en uno de los principales problemas de vuestra cultura cuando, al final, seáis conscientes de los peligros a los que os exponéis vosotros mismos y a vuestros hijos a causa de las vibraciones electromagnéticas distorsionadas. Ahora están por todo el planeta y, para llegar a la Tierra y adoptar apariencia física se requieren los elevados niveles de protección del armazón.

Recuerdo de imágenes galácticas

Quienes hayáis construido un armazón, podéis ser teletrasportados a una parte de nuestras naves con un patrón de contención dimensional.

Podéis entrar en nuestras naves y descansaréis pacíficamente. También podéis acudir a una sala especial que tenemos para vosotros, una sala iluminada por una luz azul plateada sanadora. Vuestras capacidades intelectuales se manifiestan a través del cerebro. La fuerza espiritual que guía vuestro cerebro es una energía vibratoria electromagnética: os limpiará y espabilará cuando esa luz de color azul plateado alcance la parte de vuestra alma que manifiesta vuestra inteligencia mental.

Todavía dentro de nuestra nave, haremos girar rápidamente toda la sala en que os halléis sobre un pequeño círculo, reforzando la fuerza centrífuga. Notad cómo la sala sigue dando vueltas, sigue aumentando la vibración, sigue girando cada vez más rápido, rápido, rápido. Mirad afuera de la sala en que nos hallamos en la nave y ved las estrellas que tenéis delante, las estrellas del sistema Arcturiano. Percibid la luz de las estrellas azules que podéis ver. Sabed que para algunos, éste es vuestro sistema de origen y que hemos estado esperando pacientemente a que volváis. No os preocupéis por el tiempo que trascurre, pues no nos hallamos en el tiempo terrestre. No es un problema de paciencia en el que tal vez penséis desde vuestra perspectiva lineal.

Ved las estrellas y el Portal Estelar Arcturiano y contemplad la imagen de quienes vienen al portal estelar protegido por los Arcturianos. A medida que estos seres de conciencia superior penetran en el portal por un lado, se van cruzando el portal en estado de espíritu puro, en forma galáctica pura. Se trata de una graduación espiritual. Cuando comenzáis a acceder a nuestra energía, os pedimos que devolváis a la realidad algunas de esas imágenes galácticas para que otros puedan verlas. El hecho de compartirlas hará que otros recuerden su origen.

Este es un ejercicio tan importante porque muchos de vosotros estáis luchando con vuestra imagen de vosotros mismos. Ésta ha sido sacudida por tantas fuerzas que han impactado en vuestro cuerpo emocional y gravemente distorsionada por los implantes negativos que os llegan continuamente. El objetivo, sin embargo, no consiste en que recordéis completamente quiénes sois, pues esto os desequilibraría si todavía no habéis completado el proceso de limpieza. Centraos en la claridad, en la estabilidad del proceso mental y se producirá el recuerdo. Unos recordarán de otra manera que otros. Esto se debe a que tienen perspectivas diferentes. No os dejéis confundir por quienes tienen recuerdos distintos, id con vuestra propia memoria anímica.

Meceos suavemente y dejaos caer de nuestra nave a un lugar en que podáis volver a entrar en vuestra conciencia en el cuerpo físico. Dejaos caer, vuestros cuerpos están contentos de recibir vuestros espíritus. Vuestra mente está cargada, limpia, clara y activada.

Capítulo 9

Abriendo vuestras conciencias

Vivís en una cultura y en una dimensión que limitan bastante vuestra conciencia, que queréis expandir tanto como sea posible. La expansión de vuestra conciencia es el único requisito que os permitirá entrar en la próxima dimensión. No es preciso tener una condición física determinada, pero vuestra conciencia ha de expandirse. Si buscáis la ayuda de los Arcturianos, podréis lograr la expansión de vuestra conciencia, así como la de amplificaros y trasformaros.

Os hemos hablado de expandir vuestra conciencia mediante el desbloqueo de los códigos. Las palabras «Santo, santo, santo es el señor todopoderoso» han constituido tradicionalmente un código que puede emplearse para expandir vuestra conciencia. Sin embargo, algunos de vosotros no tenéis referencias bíblicas. De la misma forma que Jesús utiliza el nombre de Sananda, así también existen nuevos códigos, nuevas palabras y nuevos conceptos que pueden utilizarse de forma más apropiada para abrir vuestra conciencia. Trabajaremos con vosotros para ayudaros a dirigir vuestras energías, pero sois vosotros quienes debéis generar las aperturas.

Podréis entender mejor la densidad cuando alcancéis una perspectiva superior. Esto parece sencillo. Ya habéis experimentado la energía densa que rodea al planeta. Alrededor de numerosas actividades de la tercera dimensión existe una lentitud y una calidad similar a la niebla. Si abrís vuestra conciencia, podéis elevaros por encima de esta dimensión y comprender con claridad el espesor de este espacio.

También reconocemos que es importante proteger vuestros campos energéticos personales. Cuando ampliáis vuestra conciencia pueden entrar energías descarriadas. Muchos de vosotros, en vidas anteriores, habéis padecido adversidades en relación con personas que no estaban abiertas o que no se tomaban la ampliación de la conciencia como algo sagrado. Es una tarea sagrada, una tarea divina. A medida que participáis en el proceso de ampliar vuestra conciencia, os proporcionamos energía protectora a todos vosotros. Con la práctica, será muy sencillo abandonar vuestro cuerpo y elevar vuestra conciencia.

Canalización

La canalización es una de las muchas vías que ahora empleamos para llegar a las semillas estelares deseosas de conectar con nosotros. Comprended que respondéis a una respuesta primordial de vuestros hermanos y hermanas de la galaxia. Todo lo que existe sobre vuestro planeta tiene la capacidad inherente de comunicarse con seres de otras partes de la galaxia. Esta capacidad forma parte de la estructura genética de vuestra especie.

Venimos por el canal como una entidad colectiva. Es lo que llamaríais un canal de proceso de grupo, y varias naves Arcturianas asignadas a este sector del Sistema Solar trabajan con el canal en este proyecto. Es muy importante que todos vosotros aprendáis a interactuar con los Arcturianos y otros extraterrestres de naturaleza espiritual. Es hora de que abráis vuestra conciencia a las influencias cósmicas. Necesitaréis esta perspectiva diferente que podemos ofreceros.

En el proceso de canalización participan numerosos factores distintos. El término «canalización» es un poco confuso, porque lo que realmente hace el canal es comunicar telepáticamente con nosotros. A través de esta comunicación telepática, el canal notifica los mensajes que recibe de nosotros. La personalidad del canal varía la información que se da. La personalidad receptora influirá inevitablemente y modificará parte de la información que llega.

Cada uno de los canales hará descender lo que pueda según sus posibilidades. En estos momentos no existe un canal que trasfiera pautas de pensamiento con una precisión del 100 %. La única entidad que pudo hacerlo fue Sananda-Jesús, que fue capaz de hacer descender una luz absolutamente pura. Otros, como vuestros líderes religiosos, han traído una luz intensa, pero siempre con una especie de disminución en la vibración, lo que da pie a distorsiones de la información. Esto es natural. Por lo tanto, cuando escuchéis a los canales, os pedimos por favor que utilicéis el discernimiento y que seáis conscientes de que la información que os traiga cualquier canal puede estar distorsionada sin intención.

Algunos de vosotros habéis señalado que, mientras meditáis, soñáis o incluso cuando cerráis los ojos por un momento, os han venido a la cabeza símbolos matemáticos y ecuaciones. Esto es señal de que estáis abiertos a un poder telepático. Deseamos comunicarnos matemáticamente con muchos seres. Las matemáticas son un lenguaje universal con símbolos universales de toda la galaxia. Por mucho que ahora no entendáis las ecuaciones, estad seguros de que son una forma de simbolismo que ayudará a las personas a comprender la naturaleza de la realidad cósmica.

También pueden canalizarse energías y entidades negativas. En la canalización se ha utilizado el engaño como forma de controlar o manipular. En la conciencia humana de muchas personas está profundamente arraigada una desconfianza hacia esta energía que llamáis canalización. Esta desconfianza viene de épocas anteriores, cuando en la Tierra falsos profetas y falsos líderes religiosos manipulaban a las personas. Ello no significa que la canalización sea algo malo o que no constituya una forma práctica de comunicarse. Queremos dejar bien claro que es muy necesario comunicarnos con vosotros ahora.

Numerosas restricciones nos impiden aparecer directamente en vuestra dimensión. La forma telepática de comunicación es en este momento la más deseable. La canalización puede ser muy útil, pero también puede ser objeto de abuso o estar mal orientada. No confiéis únicamente en la información procedente de los canales. Tened también en cuenta las experiencias directas y las comunicaciones directas.

Pasad más tiempo con vuestros Maestros Ascendidos y guías, en lugar de dedicar demasiado tiempo a otros canales humanos.

Deseamos que recibáis luz, conocimiento e información, porque estáis abriendo vuestros chacras. Trabajamos con vosotros para mejorar vuestras capacidades telepáticas. Conviene que consideréis a los grupos espirituales un poderoso campo de entrenamiento para el trabajo telepático. Las personas que piensan de forma similar necesitan unirse en grupos. Esto es importante en las comunicaciones telepáticas; es decir, vibráis con la similitud de pensamientos de otros. También pensáis de forma parecida a nosotros. Esta forma de pensar parecida guarda relación con una energía espiritual y un compromiso con el desarrollo espiritual. Éste es nuestro compromiso más elevado.

La trasferencia de almas

En estos tiempos, en los que muchas personas ponen en duda su misión en el planeta, la cuestión de la trasferencia de almas tiene una gran relevancia. El tema de la trasferencia de almas está lleno de confusión, mitos y tergiversación, y el mismo término «trasferencia de almas» resulta poco claro. Preferimos utilizar el término «visita espiritual». Suena como si un espíritu se marchara repentinamente y otra entidad llegara al instante. Aunque ha habido casos así, la mayoría de las llegadas ocurren gradualmente. En este proceso existe una comunicación continua entre el yo superior de la persona terrestre y el alma de la entidad que desea entrar en una existencia de la tercera dimensión. No siempre es cierto que el alma anfitriona abandona el cuerpo para que entre el visitante; también pueden residir simultáneamente. De la misma forma que dos personas pueden vivir en la misma casa, también pueden habitar varios espíritus en un cuerpo.

La cooperación de un espíritu superior de otra dimensión puede mejorar notablemente la vida en el plano terrestre. En la mayoría de los casos, quienes han recibido a visitantes espirituales de otra dimensión se hallaban en una situación de bloqueo. Iban hacia el fracaso y eran incapaces de avanzar en su estilo de vida. Cuando parece que uno no puede conseguir nada si se permanece en la encarnación, entonces es totalmente lícito, incluso ventajoso, que se le una un espíritu y le ayude a activar a la persona anfitriona. Para el espíritu anfitrión es una experiencia de crecimiento, y para el espíritu de una dimensión superior es una oportunidad de encaminar al anfitrión hacia su misión u objetivo. La misión más elevada que puede llevar a cabo el visitante es garantizar que un ser humano siga su senda.

Examinemos por un momento la siembra de vuestro planeta. Es bien sabido que fueron entidades del exterior de vuestro Sistema Solar quienes sembraron vuestro planeta. Muchas de ellas siguen todavía luchando contra las ideas de la evolución y otros conceptos primitivos que se han explicado en vuestra mitología, pero el hecho es que se produjo una siembra. El fenómeno de la trasferencia de almas empezó con la siembra de vuestro planeta. Es imposible que se diera un salto tan grande de conciencia y evolución en la vida humana sin la ayuda procedente de lugares superiores. El paso evolutivo final se dio cuando un espíritu se manifestó físicamente. La atracción de otras entidades empezó con el primer prototipo de vuestra forma humana, cuando se desarrolló la primera serie de humanos. La cadena evolutiva estaba manipulada. Si creéis que la trasferencia de almas es un fenómeno insólito, volved a pensar en ello.

Estos conceptos son difíciles de entender. A menudo es necesario hacer un esfuerzo de fe para comprender que la existencia interdimensional es verdaderamente una realidad y que los extraterrestres han venido a vuestro planeta a comunicarse con vosotros.

La misión de los visitantes

¿Por qué –preguntáis– querría una entidad venir a este planeta ahora que muchos de vosotros esperáis ansiosos el momento de marcharos? En vuestro planeta, la densidad, la destrucción y la violencia son enormes. A menudo os sentís entre la niebla. ¿Por qué alguien elegiría venir aquí? En general, a menos que os encontréis en el ciclo de encarnación de la Tierra, no hay necesidad de regresar a la manifestación física. Solamente quienes tienen en mente una misión u objetivo particulares querrían de veras venir aquí. La misión de quienes hacen visitas espirituales está principalmente relacionada con fijar energía y recibir y activar vibraciones superiores, aunque la situación en la que se produce cada visita espiritual es ligeramente diferente.

Los visitantes espirituales trabajan para recibir conscientemente la luz y las pautas de pensamiento de quienes están más allá de vuestro espacio dimensional. Cuantas más personas puedan recibir información y ondas de pensamiento de seres que se hallan más allá del planeta, tanto más se activará este planeta. Y entonces un mayor número de vosotros estaréis preparados para que vuestra conciencia se eleve a una dimensión superior. Con objeto de empezar la cadena, es necesario que haya más personas sensibles a las energías superiores. Es como el efecto del centésimo mono; es una reacción en cadena.

Las trasferencias de almas pueden ayudar a establecer un nuevo despertar, una fijación, una activación y una conciencia de las fuerzas galácticas. Entonces es posible activar la conciencia de grupo en el planeta. Ésta podría ser una descripción aceptable para quienes pretenden conocer su función. Algunos visitantes buscan una tarea específica, pero no deberían concebir que sus misiones comporten trabajos específicos, es decir, un proceso lineal de la tercera dimensión. Quienes tienen problemas con el fenómeno de la trasferencia de almas pueden bloquearse porque no encuentran un trabajo concreto, como el de vuestro famoso Noé cuando construyó un arca de supervivencia. Las tareas concretas aparecerán por sí mismas.

Mientras tanto, las trasformaciones que serán realmente significativas se centrarán en la conciencia, la comunicación y el conocimiento. Éstas son las tres fuerzas principales que dan forma a quienes se dirigen a una trasformación expandida. De estas tres, la más importante, esta vez, es la comunicación. Es preciso que habléis con otros sobre lo que estáis recibiendo. Así activaréis sus capacidades de trasmutación a una dimensión superior.

Cohabitación espiritual

La cohabitación con un ser superior es una forma de permitiros acceder a otros planos de conciencia y un ejemplo de cómo los visitantes espirituales ayudan a los seres con quienes cohabitan. La cohabitación activa al anfitrión y produce una mejora. Debería haber una calidad más ligera y un nivel de energía superior, que redunden en una sensación de bienestar de la persona. Si no sentís eso como anfitriones, entonces algo marcha mal. La cohabitación con un visitante espiritual es sin duda un fenómeno elevado que se produce con la aceptación consciente del yo superior del anfitrión. No se lleva a cabo en contra de su voluntad. Una energía espiritual superior solamente trabajará con una persona cuando el yo superior de esa persona le haya invitado a hacerlo.

Si, en algún momento, la persona en cuestión no quiere que esa entidad esté presente, entonces el espíritu se marchará. Así de simple. El hecho es que cuando se conecta con una energía así, se quiere más. Imaginad, por favor, que vais en busca de vuestro doble etérico o vuestra alma gemela. De repente, establecéis contacto con esa alma gemela. Es posible que muchos de vosotros hayáis experimentado un fenómeno así en vuestros sueños, y que, al despertar, os hayáis sentido decepcionados por haber perdido la conexión. A diferencia de lo que ocurre en los sueños, en el fenómeno de la trasferencia de almas se mantiene el contacto. Éste es el tipo de gran conexión que se tiene durante este fenómeno. Tener una conexión así os hace sentir emocionados.

La finalidad de la cohabitación es proporcionar al anfitrión terrestre una expansión de la conciencia individual. La cohabitación termina cuando el anfitrión así lo quiere, pero no es necesario que termine. Una vez cumplida la misión puede darse por finalizada la cohabitación (recordad que hablamos de vuestra perspectiva lineal). Por ejemplo, pongamos por caso que asistís a un curso elemental de matemáticas. El profesor permanecerá con vosotros durante todo el semestre, pero cuando aprobéis y paséis de curso, no le necesitaréis. Lo mismo ocurre con la cohabitación. Los visitantes espirituales sirven de guías o instructores. La experiencia de la trasferencia de almas puede concluir una vez satisfecha la necesidad. Para ello se puede liberar a la entidad o se puede optar por permanecer en contacto.

En términos de cohabitación, pensad en la vida de Sananda-Jesús. Jesús, en su encarnación física, pudo conectar con la energía superior de Cristo. Existe una energía espiritual elevada que llamáis energía Hijo del Hombre. Esta energía pudo cohabitar en el cuerpo del hombre que llamáis Jesús, que dio lugar a una experiencia poderosa y beneficiosa para la humanidad.

El proceso de fusión

Al principio de una experiencia de trasferencia de almas, el cuerpo físico puede oponer resistencia. A veces no hay fusión, no hay armonía de verdad. Esto sucede porque el visitante espiritual procede de un plano superior al del anfitrión, lo que puede ser causa de ciertos trastornos en su conciencia global. El cuerpo físico del anfitrión puede llegar a percibir esos trastornos, ya que el cuerpo refleja los bloqueos espirituales y la falta de armonía motivados por pensamientos negativos. Podéis encontraros con que vuestros cuerpos quieren hacer cosas insólitas, como moverse de forma particular o emitir sonidos extraños. Esto ocurre con la finalidad de dar salida a la energía bloqueada. Cuando no se consigue liberar la energía acumulada, los bloqueos permanecen y entonces el cuerpo se colapsa.

A muchos de vosotros esta experiencia de la trasferencia de almas os puede parecer un disparate. Quizá penséis que hay algo de esquizofrénico en todo ello. Pero recordad que estamos hablando de una energía intensificada, no una energía de distorsión. El anfitrión de una trasferencia de almas acentúa su yo y no al contrario. Se vuelve más seguro porque se fomenta lo que ya es. Si os sentís confundidos con respecto a la trasferencia de almas, probablemente sea porque pensáis que es preciso abandonar el yo original para alojar al visitante. De ahí viene la confusión. No se abandona el yo, sino que se acentúa. Por lo tanto, si veis a alguien que afirma tener un visitante pero está más denso que antes, ya sabéis que piensa erróneamente.

Hay personas que pueden experimentar el fenómeno de la trasferencia de almas y no ser conscientes de ello. En un plano consciente, es posible que no lo sepan, pero en un nivel superior, se trata de un acuerdo mutuo. En el nivel inferior se puede experimentar como un despertar gradual. Cuando llega a la conciencia del anfitrión, es necesario que se acepte el estado de trasferencia de almas o, de lo contrario, la experiencia terminará. Una vez se tiene conciencia puede producirse una comunicación continua entre la entidad visitante y el anfitrión.

La comunicación que se da en la trasferencia de almas se parece mucho más a una forma superior de canalización. Un visitante puede vivir con una persona todo el día y ayudar a esa persona en su actividad cotidiana. Ésta es una forma que tiene una entidad extraterrestre de manifestarse y hacerlo gradualmente es preferible a aparecer de repente. El espíritu del visitante no tiene por qué estar presente las 24 horas del día. Casi siempre se trata más de una coexistencia que de una posesión total. En la mayoría de los casos de posesión absoluta, ésta ha sido bien planificada de antemano. En realidad, una posesión total es algo muy peligroso, a menos que se sigan ciertas directrices y limitaciones.

Miles de Arcturianos sirven en estos momentos de visitantes espirituales en el plano terrestre. Cohabitan con anfitriones terrestres y permanecen en comunicación directa con nosotros. También existen visitantes de otras fuentes planetarias. Algunos de ellos han causado problemas porque han violado las reglas básicas de este fenómeno. Desafortunadamente, las entidades negativas pueden confundir a las personas con menos sentido del yo y con menos personalidad. Recordad que la entidad siempre debe marcharse cuando el alma humana la rechaza en firme.

Cohabitación negativa

Sin embargo, sed precavidos: debéis utilizar la discriminación, porque existen ejemplos en vuestra cultura de cohabitación negativa. Hay personas que suelen actuar de forma violenta y disparatada creyendo estar poseídos. Se convencen a sí mismos de que otros les obligan a realizar actos negativos. Es un delirio. Es su propio yo inferior, energías muy primitivas que se han activado dentro de esa persona. Cuando se activan los mecanismos más primitivos, lo que veréis es un debilitamiento de la energía.

Ha habido casos de personas que han creído, por error, estar habitadas por un espíritu. Al principio sí estaban parcialmente habitadas, pero después permitieron a su ego entrar en juego. Si una persona quiere utilizar la experiencia de la trasferencia para la autogratificación en el plano físico, esa energía puede llegar a distorsionarse mucho. Podrían tener experiencias muy negativas. En el Universo existen fuerzas oscuras. Existen extraterrestres negativos que están interesados en dominar al hombre.

Habéis tenido a hombres como Hitler que han atraído la energía negativa colectiva. No actuaba solo. Era capaz de activar otras fuerzas negativas que querían hacerse con el control. Fue capaz de atraer esas energías y trasformarse negativamente.

Sabed que podéis utilizar el rechazo de pensamientos, que implica renunciar a los lazos negativos con algo que llamáis el mal. Os podéis proteger para que la negatividad no se adhiera a vuestros campos áuricos. Seréis impermeables a las energías negativas, por lo que vuestro espíritu podrá atravesar el espacio anubarrado de energía etérica de la Tierra sin sufrir daños. Veréis que existen numerosos espacios densos y oscuros donde os podéis quedar atascados, muchas energías que podrían adherirse a vosotros. Y eso no es lo que queréis. Podéis evitar quedaros atascados mediante el rechazo de pensamientos.

Debido a que en las energías del planeta existe una gran confusión y atascamiento, en general necesitáis toda la ayuda espiritual que podáis encontrar. Cuando ascendáis sobre estas densidades bajas, es posible que acojáis con satisfacción la ayuda que puede ofrecer una transferencia de almas. Centrémonos en el uso intensificado de la energía de la trasferencia. Sananda y los trabajadores centrales de su Hermandad establecen contacto continuamente para animar a las personas a abrirse en un plano espiritual. El fenómeno de la trasferencia seguirá aumentando, porque se necesita una infusión de energía para que la humanidad y la Tierra den el siguiente paso evolutivo. En estos momentos, el planeta está cubierto de negatividad y en grave peligro. Se prestará ayuda de la manera que sea posible.

Capítulo 10

Dimensiones y corredores

Nos interesa la forma en que vosotros, como especie, aceptaréis el conocimiento de otras dimensiones superiores. Este conocimiento representa un gran paso evolutivo en vuestro desarrollo. En los primeros tiempos de la historia del planeta, la conciencia de la existencia de las dimensiones era muy limitada. La conciencia dimensional ha surgido en los últimos quinientos años. El desarrollo de la religión suele indicar que una especie está adquiriendo conciencia de otras dimensiones. El primer paso en la conciencia dimensional se centra en el desarrollo de una religión y en la comprensión de que existe un ser superior. El concepto de cielo es un buen ejemplo de la conciencia dimensional elemental.

Estudiamos las dimensiones desde varias partes de la galaxia. Diferentes lugares de la galaxia ofrecen distintos puntos de entrada a otras dimensiones. De hecho, si pudierais ver cómo una dimensión se superpone a otra, veríais que existe una protuberancia cuando en un Sistema Solar o planeta particulares hay vida. Esta protuberancia es muy gruesa. Se convierte en la textura para los campos kármicos que se están desarrollando en el planeta.

Los planetas pueden coexistir en distintas dimensiones. Los desarrollos kármicos también dejan rastros en otras dimensiones. El karma es la energía densa que puede verse cuando entramos en el área dimensional de la Tierra. Aunque es una energía densa, es una energía enormemente interesante en la que podemos leer con facilidad. La información reside en la protuberancia: las áreas kármicas que existen capa sobre capa en torno a vuestro planeta. Para los Arcturianos, los Pleyadianos y otras civilizaciones avanzadas es fácil leer esta energía y examinar vuestro pasado.

Algunos extraterrestres han visitado vuestro planeta y se han manifestado, causando algunas alteraciones. No han entendido las trasformaciones que pueden acarrear sus manifestaciones, ni los efectos que sobre sí mismos puede comportar el hecho de estar en esta plaza dimensional única que se ha desarrollado en el plano terrestre. Imaginad lo que sería estar bajo el agua. Por mucho que hayáis estudiado la geografía subacuática, todavía no conocéis del todo sus efectos.

Algunas de las entidades de una dimensión superior que han venido a este planeta no han tenido la necesidad de manifestarse. Son suficientemente sofisticadas como para poder reunir toda la información necesaria sin manifestarse. En este planeta hay información clave que sería útil a otros, información que podría estar relacionada con el desarrollo de toda la galaxia, con la energía del Creador y con el particular ángulo dimensional exclusivamente accesible desde la Tierra. Muchos quieren estudiar cómo llega este planeta a ser consciente de la trasformación en una existencia multidimensional.

Nos alegra que muchos de vosotros estéis captando el significado de la existencia multidimensional, porque es la clave para la Ascensión y para una fase evolutiva superior. Cuando reconozcáis la existencia de otras dimensiones, entonces podréis acceder a ellas. Reconoced que nosotros, los Arcturianos, y otros existimos en otras dimensiones. Reconoced nuestra existencia y que interactuamos con vosotros para ayudaros en vuestra iluminación. Un mensaje primordial de la Ascensión es que existen otras dimensiones y que disponéis de un acceso a ellas.

La cuarta dimensión

Somos conscientes de que puede haber cierta confusión en torno a la cuarta dimensión. La cuarta dimensión concuerda con el ciclo de encarnación de la Tierra. Es el sentido terrestre del cuerpo físico o el sentido del tiempo y el espacio, tal y como los conocéis. Sin embargo, estos lugares están expandidos. No encajan en la estructura de la tercera dimensión, sino que están unidos a su existencia. La quinta dimensión es ajena a la Tierra como punto de referencia. En la quinta dimensión tenéis un cuerpo espíritu que puede asumir formas que os son desconocidas.

En la cuarta dimensión adoptaréis una forma similar a vuestro cuerpo físico actual. En la quinta, podéis adoptar formas que nunca antes habéis visto o siquiera imaginado desde vuestra perspectiva tridimensional. Por ejemplo, muchos de los conceptos que tenéis del cielo y de a dónde os dirigís en vuestra evolución se enmarcan más en la cuarta dimensión, que, asimismo, está más ligada al plano astral.

Es maravilloso estar en la cuarta dimensión. Es un paso natural. ¿Por qué, entonces, ibais a desear ir a la quinta dimensión sin pasar por la cuarta? Ya habéis estado en la cuarta dimensión antes. No es un lugar nuevo para vosotros. Algunas personas quizá os digan que si pasáis por alto la cuarta dimensión os vais a perder algo muy grande que no podéis crear de la nada. Os estamos diciendo que ya habéis estado antes en la cuarta dimensión en partes de vuestras encarnaciones terrestres y entre encarnación y encarnación.

Las personas hablan todo el tiempo de la cuarta dimensión cuando te cuentan sus experiencias cercanas a la muerte. Es posible que mencionen el paso por un largo túnel blanco, al final del cual se encuentran con amigos y familiares. Muchas personas que han fallecido siguen residiendo en la cuarta dimensión.

En la cuarta dimensión hay numerosas personas que podrán ascender a la quinta dimensión cuando suceda la Ascensión. ¿Qué pasará con quienes mueran antes de la Ascensión? ¿Podrán ascender también? La respuesta es sí; habrá una Ascensión desde la cuarta dimensión. Si fallecéis por algún motivo antes de la Ascensión, entonces pasaréis a la cuarta dimensión y esperaréis. En la cuarta dimensión existen grupos de Ascensión. Además, trabajamos con grupos de cuarenta en esa dimensión. Si vais a la cuarta dimensión os sentiréis muy cómodos. Todos vosotros entráis a menudo durante el sueño en la cuarta dimensión. Los espíritus animales también residen en la cuarta dimensión.

La quinta dimensión

La quinta dimensión es una dimensión de luz, tranquilidad y apertura mental absoluta a los pensamientos de los demás. No hay necesidad de ocultar ningún pensamiento. Los pensamientos se trasmiten de forma inmediata cuando se dirigen a otra persona. Si no queréis que nadie conozca vuestros pensamientos, basta con pensarlos sin dirigirlos a nadie. Queremos recalcar este aspecto de la telepatía. Si queréis trasmitir un mensaje, contactad con la otra persona mentalmente. Es un malentendido creer que con la comunicación telepática todos los pensamientos quedan al descubierto para los demás. Existe un código inherente de respeto. Sólo recibimos los mensajes que se nos han trasmitido intencionadamente. No invadiremos vuestra privacidad. Al mismo tiempo, recogeremos lo que queráis trasmitirnos.

Entrar en la quinta dimensión os brindará la oportunidad de estar con vuestros amigos galácticos. Sin embargo, para llegar a la quinta dimensión se precisa una frecuencia más elevada, una mayor nitidez y más intensidad. Por eso tenemos un portal estelar, para garantizar que refináis vuestra energía y para facilitaros la frecuencia que os permitirá existir en la quinta dimensión. Quienes están en la quinta dimensión pueden moverse con facilidad por la cuarta dimensión. No es como pasar de la quinta a la tercera dimensión, que requiere cierta habilidad. De la quinta a la cuarta es tan sencillo como quedarse dormido y entrar en un estado de sueño.

Para pasar de la quinta a la tercera dimensión es preciso haber adquirido dominio y maestría. No se requiere una guía o supervisión especiales. No somos guardianes de ese proceso. Los guardianes del paso de la quinta a la tercera dimensión se hallan en los reinos de Sananda y Kuthumi.

Sabemos que queréis entrar en el reino de nuestras naves nodrizas y viajar interdimensionalmente. ¿Cómo podéis hacerlo? Cuando elevéis vuestras conciencias, podréis crear proyecciones de hermosos pensamientos y llevar vuestro espíritu a los reinos superiores. Os podéis proyectar a través de un túnel de luz, a través de un agujero en el espacio que llamáis la tercera dimensión. No es exactamente lo que llamáis un túnel, sino una abertura o corredor al que podéis entrar con vuestra conciencia. Imaginad que esa abertura existe en vuestra mente. Llevad vuestra conciencia a la abertura y entrad ahora en ese corredor de luz con nosotros. Atravesad el túnel de luz, podéis escuchar una especie de silbido… entrad en nuestra quinta dimensión.

Las dimensiones se superponen una a otra. Cuando estáis en la quinta dimensión de nuestro planeta, aunque no sea visible desde la Tierra, nuestro planeta sigue estando en el reino de la quinta dimensión de la galaxia y ocupa un espacio de la quinta dimensión en el sistema de Arcturus. La Tierra aún no ha expresado su vibración de la quinta dimensión. Mientras trabajamos para ayudaros a elevar vuestra propia vibración hacia la quinta dimensión, ayudamos a llevar la Tierra también al reino de la quinta dimensión. Es importante entender esto. Tras la Ascensión planetaria, el reino de la tercera dimensión seguirá existiendo en cierto modo.

Estamos ayudando a desarrollar portales de la quinta dimensión y líneas de red de la quinta dimensión para la Tierra. Estamos, junto con los Pleyadianos, muy implicados en este proyecto. Este proyecto cósmico marcha muy bien y casi se ha completado la mitad. No queremos que suponga una sacudida para la Tierra, pero en muchos sentidos se experimentará como un choque. En la tercera dimensión son muchos los que intentan conectar con una energía superior y seres superiores. Con ello nos estáis ayudando efectivamente a superponer e interconectar las dos dimensiones. Esto supondrá para vosotros una enorme trasformación y será un placer para nosotros. Una de las principales funciones de las semillas estelares es contribuir al proceso de interconexión entre la tercera y la quinta dimensión.

La luz de la quinta dimensión

Es importante que comprendáis la forma de interactuar con la luz de la quinta dimensión. Una vez más, nuestra gran misión se centra únicamente en tender un puente entre la tercera y la quinta dimensión. Los Arcturianos son capaces de enviaros una luz especial que puede penetrar en la tercera dimensión y llegar así a vosotros más fácilmente. La trasformación de la energía en el Universo se establece sobre un patrón básico de emisario y receptor. Si la energía se envía sin que haya receptor, entonces no se completa el circuito. Es así de simple. Trabajamos con vosotros para depurar vuestra capacidad receptora. Cuando os permitáis una mayor sensibilidad, entonces podréis recoger esta energía de la quinta dimensión.

Actualmente, en todo momento se os está enviando energía de la quinta dimensión de distintas formas. Parte de esta energía se envía en forma de ondas de pensamiento. Algunos, como los canales, son capaces de recibir nuestros pensamientos. Otras semillas estelares reciben la energía de la quinta dimensión en forma de música. Algunos incluso pueden traducir la energía Arcturiana en bellas piezas de música. Unos cuantos de entre vosotros podéis recibir la energía Arcturiana para crear pinturas e imágenes cósmicas. Algunos pueden recibir la energía específicamente a través de sonidos y tonos. Unos pocos trabajadores de la luz con un don especial pueden trasmitir esta energía de la quinta dimensión a través de sus manos como energía sanadora. Cualquiera de vosotros tiene la capacidad de trasmitir energía sanadora de la quinta dimensión a través de las manos.

Esta conexión con la quinta dimensión se da en varias formas. La conexión con la quinta dimensión puede producirse con intensidad durante el sueño. También puede suceder a través de la proyección de pensamientos. Con la proyección de pensamientos buscáis situaros o proyectaros en nuestro ámbito, lo que incluye nuestras naves, nuestros templos y nuestro planeta. De hecho, podéis ir por vosotros mismos hacia este terreno. Ahora es importante que ampliéis cualquier medio que esté a vuestro alcance para acceder a esta luz de la quinta dimensión.

Corredores

Los corredores son conexiones entre la tercera y la quinta dimensión, donde una persona que se halla en la tercera dimensión puede experimentar aspectos, poderes e información de la quinta dimensión. Los corredores son vuestras conexiones con la quinta dimensión. Se trata de una verificación, una prueba viviente y una experiencia dimensional que ahora está a vuestro alcance.

Según vuestra terminología científica, un corredor se asemeja a un agujero de gusano. Es un lugar en el que entráis para poder acceder directamente a otra parte del Universo, en lugar de tener que viajar, pongamos por caso, mil años luz. De hecho, podéis entrar en un agujero de gusano y salir en otra área sin tener que dedicar todo ese tiempo lineal o gastar energía. El concepto es el mismo para un corredor. Podéis entrar en un corredor e ir a los sitios a los que normalmente no podríais acceder. Esto significa que, por ejemplo, un corredor os puede conducir a un lugar en la quinta dimensión.

Los llamamos corredores porque son como vestíbulos que no están en el reino, pero en ellos estáis suficientemente cerca para experimentar y sentir la energía del reino. Desde vuestra perspectiva, os conducen a un punto de energía superior. Asimismo, allí podemos acceder a vosotros. Descender e interactuar con vosotros nos supone reducir nuestro campo vibracional. Con ello no queremos decir que nuestro campo espiritual se vea reducido, pero sí que se reduce el campo vibracional físico. Cuando nos reunimos con vosotros en los corredores, apenas tenemos que reducir nuestra vibración, tan sólo un poco. En el trabajo que realizamos con vosotros hemos descubierto que queréis elevaros a una vibración superior, o de lo contrario no estaríais escuchándonos o trabajando con nosotros. Es preferible que acudáis a un lugar donde elevéis vuestra vibración, para después interactuar con nosotros mientras permanecéis en un estado vibracional elevado.

La existencia de los corredores también está relacionada con el cinturón de fotones. Habéis leído que el cinturón de fotones aparecerá en algún momento en el futuro, pero de hecho ya han llegado a la Tierra rastros de energía de fotones. Pensáis en el tiempo de forma lineal, y por ello esperáis que la Tierra y el Sol entren en el cinturón de fotones en un año determinado, como el año 2000 o 2012. Sin embargo, ya han llegado al sistema terrestre rastros de la primera energía fotónica.

Estos rastros permiten crear y utilizar los corredores. La entrada y salida de los corredores están a vuestro servicio.

Nosotros y otros seres de energía superior proyectamos hacia la Tierra los corredores. Es posible crear corredores para establecer relaciones con frecuencias o grupos de personas concretos. Los corredores Arcturianos se establecen especialmente para que nosotros interactuemos con vosotros, las semillas estelares. Los corredores donde trabajamos con vosotros son muy energéticos. A través de ellos podemos conectaros con nuestras naves y con lugares concretos de Arcturus. Además, podemos dirigir corredores específicos a sitios destinados personalmente a vosotros.

Corredores naturales

Los corredores también pueden darse de forma natural en la tercera dimensión. Las pirámides egipcias, por ejemplo, se construyeron sobre un corredor natural. Las alinearon perfectamente con los sistemas estelares de la constelación de Orión. Los lugares de la Tierra que acogen corredores naturales son muy útiles e importantes. Es muy aconsejable que experimentéis la energía de esos corredores concretos. La energía de esos corredores es muy general; por eso, desde esos lugares os podéis dirigir a numerosos sitios distintos. Los corredores específicos que hemos empleado para trabajar con vosotros están en su mayor parte conectados con nuestros puertos y con la energía Arcturiana de la quinta dimensión.

Existen corredores naturales en puntos energéticos, que vosotros también llamáis vórtices. Cerca de Sedona, Arizona, en el Pozo de Montezuma, se halla un gran corredor multifacético. Es como un centro comercial con numerosas tiendas todas juntas en un mismo emplazamiento. Desde ese punto es posible acceder a numerosos corredores. Otro poderoso complejo de corredores se encuentra en la zona de Crestone, Colorado. Para nosotros es un punto de energía central. Hemos establecido profundos contactos en las montañas de esa área y podemos utilizar este punto para trasmitir y procesar energía. Para vosotros sería como una estación de paso. En las profundidades de la Tierra en ese lugar existen cristales con un gran poder que nos ayudan a trasmitiros energía. Podemos irradiaros energía, y podemos hacerlo a través de los sistemas que interactúan con los corredores de ese lugar llamado Crestone.

También existen corredores a lo largo de las líneas de red electromagnética de la Tierra. Estos corredores de línea de red van adquiriendo importancia a medida que la Tierra intenta pasar a la quinta dimensión. Resulta práctico trabajar en estos corredores. Los indios de Norteamérica han sido especialmente capaces de hacer ese trabajo. En estos momentos hay numerosos trabajadores de la luz que viajan por todo el mundo abriendo corredores, lo cual es muy útil. Advertid, por favor, que a estos corredores a veces se les ha llamado portales estelares, pero en realidad son corredores. La importancia de estos corredores se reconoce cada vez más y activarlos es fundamental. Muchos de estos corredores han estado cerrados durante largos períodos de tiempo debido a las densidades que rodean al planeta.

Además, los corredores conectan la tercera dimensión con la cuarta. Durante el sueño o cuando soñáis despiertos entráis en un corredor entre la tercera y la cuarta dimensión. Sin embargo, nosotros trabajamos para llevaros a los reinos superiores de la quinta dimensión.

Corredores en el espacio

También se han creado corredores interdimensionales en el espacio exterior. Si deseáis viajar a otro Sistema Solar a varios años luz de distancia, podéis llevar vuestra nave espacial al Corredor de Júpiter. Éste es un corredor real que se encuentra en vuestro Sistema Solar y que ha sido creado por los Arcturianos, los Pleyadianos y otros seres superiores. Podéis viajar a ese punto llamado Corredor de Júpiter e ir a través de él a lugares que están a varios años luz. Arthur C. Clarke, vuestro famoso escritor, que fue una semilla estelar Arcturiana, detectó el Corredor de Júpiter y lo describió en varios de sus libros.

El Corredor de Júpiter no es el único corredor que está cerca de vuestro Sistema Solar o en él. Existe un corredor principal fuera de vuestro Sistema Solar. Corredores como éste existen entre sistemas estelares y, también, entre diferentes sectores de la galaxia. Asimismo, hay corredores entre galaxias. Desafortunadamente, la ciencia de la tercera dimensión no puede validar la existencia de corredores. No podéis ver los corredores con vuestros telescopios, ni detectarlos con vuestros instrumentos actuales.

La entrada en un corredor

Un corredor interdimensional es un campo energético; por ello, únicamente los seres sensibles pueden verlo o sentirlo. Efectivamente, existe una manifestación física que puede verse, pero para ello se precisa una conciencia y una sensibilidad elevadas. Os estamos ayudando a desarrollar esta sensibilidad. Es posible que sin una buena preparación no podáis experimentar el aspecto físico de los corredores. No obstante, cuanto más sintáis la energía en un corredor, tanto más mejorará vuestra sensibilidad. Al activar y acelerar vuestras energías en el corredor, aumentaréis vuestra vibración. El corredor es una verdadera conexión física, pero una conexión en una frecuencia más alta. Por lo tanto, la mayoría de las personas no podrán verlo.

Todas las personas tienen acceso a los corredores. Sin embargo, para entrar en un corredor es necesario haber logrado cierta frecuencia o una vibración más alta en vuestro campo energético. Los seres superiores saben que estos corredores pueden brindar una clara oportunidad de comunicarse con vosotros. Es mucho más sencillo acceder a nosotros en el corredor. Por este motivo siempre hemos afirmado que es preferible que vosotros ascendáis a un nivel dimensional superior para vernos y experimentar nuestra energía, en lugar de descender nosotros a vuestra energía más densa de la tercera dimensión.

Para entrar en un corredor deberíais estar físicamente cerca del área en cuestión. Una vez allí, podéis iniciar una experiencia extracorpórea en la que vuestro espíritu y vuestro yo etérico abandonan el cuerpo físico y entran en el corredor. Muchos de vosotros viajáis fuera del cuerpo mientras dormís y los que tenéis una gran habilidad podéis viajar extracorpóreamente cuando meditáis con regularidad. En un estado extracorpóreo podéis entrar en un corredor y viajar a numerosos lugares distintos.

Por lo tanto, para acceder a los corredores debéis encontraros en una frecuencia superior y habéis de poder abandonar vuestro cuerpo. Al principio, os recomendamos que estéis lo más cerca físicamente que podáis del corredor. Más adelante podréis acceder al corredor a distancia. Queremos que sepáis que en el corredor existen válvulas de seguridad, de forma que no podéis quedaros atrapados dentro. Actualmente, hay guardias que impedirán que vayáis a la quinta dimensión. No obstante, en el momento de la Ascensión podréis utilizar los corredores y llevaros allí sin problemas vuestros cuerpos. Para ese momento todas las entradas y pasillos estarán abiertos de par en par. Por todo ello, podéis ver que los corredores desempeñan una función muy importante en el proceso de Ascensión.

Cuando os enfrentéis a densidades muy pesadas, queremos que utilicéis los corredores y os elevéis fuera de vuestro cuerpo. No es una huida. Es simplemente una forma de elevaros por encima de la densidad. Sabed que en estos momentos existen enlaces directos del sistema Arcturiano con el planeta Tierra, y que podéis formar parte de ese sistema que establece esos enlaces. Con práctica vais a poder activar efectivamente los corredores a voluntad.

Dentro de un corredor

Los corredores tienen cierta cualidad protectora. Por ejemplo, en caso de catástrofe debida a algún cambio en la Tierra, en un corredor interdimensional estaríais a salvo. Allí podríais volveros temporalmente invisibles. Vuestra frecuencia puede fluctuar. Con esto queremos decir que si alguien os viera en el corredor sin estar allí, os vería como una luz trémula o titilante.

El tiempo cambia dentro de los corredores. Desde la perspectiva terrestre podéis percibir cómo pasan las horas, pero en el corredor ese tiempo se hace más corto. También puede ocurrir lo contrario, pero en gran parte esto depende de vuestra necesidad. Es importante que vuestro cuerpo físico se halle en un lugar muy seguro cuando entráis en un corredor. No debéis entrar con hambre, pero tampoco totalmente llenos. El cuerpo ha de hallarse en un estado apropiado para relajarse.

Dentro de un corredor podréis aumentar vuestra conciencia a medida que mejoráis vuestras vibraciones electromagnéticas y aceleráis vuestros niveles energéticos y procesos de pensamiento. Lo importante es ampliar vuestros campos de energía electromagnética. Tenéis permiso para trabajar en los corredores. Podéis solicitar nuestra guía y allí estaremos, o podéis atravesarlos por vosotros mismos. Asimismo, podéis llegar a las naves Arcturianas a través de los corredores.

Algunos extraterrestres superiores vibran en una frecuencia tan alta que para vuestra forma física es difícil de tolerar, puesto que el contacto con ella distorsionaría vuestros campos energéticos. Algunos de vosotros falleceríais al exponeros a este tipo de frecuencia. Así de alta es la frecuencia de algunos de esos seres. Pero si podéis elevar vuestra vibración, entrad en un corredor y reuníos con uno de esos seres, el corredor os servirá de protección.

Ahora vamos a enviaros una forma de luz gris y gris plateada. Se trata de un brillante rayo plateado y una deslumbrante luz de color plata. No se parece a ninguna forma de luz que hayáis visto antes. Esta luz gris plateada es un haz nuevo que os ofrecemos. Utilizadlo para purificaros y despertar el conocimiento celular, porque la luz plateada es una luz protectora en los corredores. Podéis imaginar el paso por un agujero negro como una desintegración del yo e incluso como una pérdida de conciencia. La luz plateada que os ofrecemos protege la conciencia y el conocimiento. Mientras estéis trabajando con esta luz plateada en un corredor, no perderéis la conciencia.

Sabed que vuestro campo energético evoluciona de la misma forma que vuestros procesos de pensamiento. Ahora es el momento de empezar a trabajar con la energía electromagnética. La luz gris plateada es necesaria para acelerar vuestras vibraciones. Ahora bajamos la luz porque sabemos que estáis preparados. Estáis vibrando a una buena frecuencia, pero podéis aumentarla mucho más. En estos momentos vuestro cuerpo o sistema no tendrá ningún problema para moverse a una frecuencia superior. Podéis tolerarla porque vuestro cuerpo está en equilibrio para ello.

Mantener los corredores abiertos

Utilizamos los corredores para conectar en vuestro nivel de conciencia. Pero la rotación del planeta y los diferentes niveles de densidad siguen aumentando. La propia densidad está creando dificultades. Cada vez es más difícil ver el trasfondo de la energía de la tercera dimensión. Por ello es importante mantener estos corredores abiertos. Esta densidad está envolviendo el planeta en muchos niveles. Para muchas personas será más difícil comprender la realidad de su existencia. La densidad será tal que engendrará más odio y oscuridad.

La cuestión no es cómo cerrar un corredor; se cerrará por sí mismo. Lo importante es cómo mantenerlo abierto. Si no queréis que alguien utilice un corredor concreto, os aconsejamos que no os preocupéis. Esto podría compararse con una persona que no siente nada ante los vórtices de Sedona, que son enormes corredores naturales. Algunas personas no están preparadas para vibrar a una frecuencia más alta, pero si están cerca durante un tiempo suficiente pueden hacer mella en ellos. Un corredor abierto no puede perjudicar a nadie. El tipo de energía necesario para cerrar un corredor puede venir generado por varios comportamientos negativos, como el consumo de alcohol o drogas, ver violencia en la televisión, pelear, gritar, maldecir o tocar música negativa de baja vibración.

Lo que queremos decir es que tenemos que mantener abiertos tantos corredores como sea posible. Hay varios tipos de corredores. Los grandes son como los vórtices de Sedona o del Pozo de Montezuma, en Arizona. En diferentes zonas del país existen grandes corredores naturales y es preciso mantenerlos abiertos. Por ese motivo, en ciertos lugares de todo el país van a reunirse grupos para activar esos corredores. Se trata de un gran servicio espiritual.

Tal como vemos nosotros el proceso por el que está pasando la Tierra, creemos que es necesario que todas las semillas estelares tengan cierto desapego con respecto a lo que está sucediendo en la Tierra. A la inversa, debéis sentiros fuertemente comprometidos con el trabajo en los corredores y con la integración de las vibraciones energéticas que os llegan de los reinos superiores. A medida que crece la inestabilidad del planeta, los corredores van ganando importancia. Cuanta más presión hay en los corredores, tanto más necesario es que los trabajadores de la luz los utilicen.

Los corredores se convertirán en un salvavidas para vosotros. Hemos establecido corredores en numerosas regiones. Aquí en Arizona existen zonas energéticas con el canal y se están desarrollando otras en relación con los grupos que se forman. Nuestro objetivo con todos los miembros del Grupo de Cuarenta consiste en establecer al menos mil seiscientos corredores individuales en todo el mundo.

Quizá cada uno de vosotros desee desarrollar otros corredores en torno al área donde vivís. Al establecer nuevos corredores, estáis ayudando a solidificar la interfaz dimensional y a conectar la tercera dimensión con la quinta dimensión. No hay nada más poderoso que podáis hacer. Podríamos hablar de limpiar los océanos y el aire, y de conservar los bosques. Si bien todo esto es muy importante, son pequeñas partes del plan general. Si observamos la imagen global, vemos que la Tierra necesita más energía de la quinta dimensión y mayores vibraciones, además de liberar su densa energía negativa.

Un encuentro en el corredor

Somos los Arcturianos y yo soy Juliano. Solicitad ahora la activación de un corredor personal sobre vuestra cabeza. Observad cómo se abre sobre vosotros un arremolinado corredor de energía. De una de nuestras naves salen dorados haces de luz que llenan vuestro corredor con luz brillante, y el corredor se expande abarcando toda el área en que vivís. Ayudaré a ensanchar este corredor y a que recibáis más energía del mismo. Os pido que examinéis el corredor con vuestro Tercer Ojo y veréis de pie mi imagen.

Veréis que me rodea un halo dorado, que es una protección para mí y un signo de energía superior a vuestros ojos. Este maravilloso halo protector me guía mientras emerjo de la quinta dimensión en este corredor. El corredor también nos sirve a nosotros cuando os estamos ayudando, porque nos proporciona un lugar para conectar con vosotros, ya que todavía no queremos aparecer en vuestro reino de la tercera dimensión.

Mientras miráis el corredor, irradiad energía desde vuestro Tercer Ojo hacia fuera. Ahora estoy enviando una enorme bola e energía, que consta de quince esferas combinadas en forma de Árbol de la Vida. Este árbol, en realidad, tiene quince esferas en lugar de las diez esferas que veis en vuestro Árbol de la Vida de la Cábala Judía. En nuestro trabajo existen quince esferas. Recibid la ráfaga de energía de estas quince esferas. La bola de luz, el símbolo de las quince esferas, está descendiendo y colocando su energía en vuestro Tercer Ojo. Vuestro Tercer Ojo está activando los corredores. Sentid cómo los haces de luz entran en vuestro Tercer Ojo mientras recibís esta energía. Ha hablado Juliano.

Capítulo 11

El Portal Estelar Arcturiano

Nos aproximamos al Portal Estelar Arcturiano con profunda veneración. Es una experiencia atemporal.

El Portal Estelar Arcturiano es una pasarela multidimensional de acceso a la galaxia y más allá. El Portal Estelar es una cámara de compensación central para las misiones de las almas galácticas. Imaginad que llegáis a un sitio al que se entra por un lado y en el otro lado existen cientos de miles de portales diferentes que dan a distintas áreas de la galaxia. Necesitaréis ayuda para alinearos con el portal correcto. Una vez traspaséis un portal al otro lado del Portal Estelar, estaréis comprometidos con el proceso elegido. Por ejemplo, si elegís el portal de vuelta a la Tierra, entonces pasaréis otra vez por una encarnación terrestre. Sin embargo, quizá no queráis eso. Es posible que queráis abandonar la Tierra para siempre.

Podéis considerar el Portal Estelar una experiencia orientativa e instructiva. Cuando os encontréis en el Portal Estelar podemos ayudaros a examinar cada uno de los portales. Podéis ver otras existencias en las que es posible entrar. En ese momento tendréis la capacidad de proyectar vuestro futuro sobre esa posible existencia. A la luz de esa proyección, podréis decidir si optáis o no por esa vida. Algunos queréis regresar a vuestros planetas de origen. Os beneficiaría más pasar un tiempo en Arcturus antes de volver a vuestro planeta. ¿Sabíais que algunos de vosotros ya habéis atravesado el Portal Estelar y habéis elegido el portal terrestre? Habéis adoptado vuestra encarnación actual como semillas estelares. Tal vez alguno de vosotros decida quedarse en el sistema del Portal Estelar un tiempo. Allí hay amigos, compañeros del alma si preferís, que ahora os están esperando.

El Portal Estelar puede describirse como un aparato holográfico multidimensional. No es unidimensional porque mira a muchos lados distintos que conducen a diferentes dimensiones. Es como un edificio infinitamente grande con muchos portales y muchos centros de sanación. Es posible que hayáis entrado en el portal de la tercera dimensión, pero también existe un portal de la quinta y uno de la sexta dimensión, así como numerosos portales que dan a distintas regiones de la galaxia.

Se trata sin duda de un palacio interdimensional. En este maravilloso palacio hay amplios jardines y cámaras de sanación, algunas de ellas multidimensionales. El Portal Estelar aloja a numerosos maestros que están allí para trabajar con vosotros, para guiaros y ayudaros. Trabajaremos con vosotros para llevaros de la Ascensión a nuestras naves y de allí a Arcturus y al Portal Estelar. Es emocionante imaginar que varios miles de cuerpos de luz de la Tierra se dirigirán al Portal Estelar durante la Ascensión.

Al Portal Estelar Arcturiano se le ha llamado la «joya de la galaxia». Quienes se asoman directamente al Portal Estelar se trasforman inmediatamente. Es una experiencia que queda grabada en el recuerdo de vuestra alma. Algunos de vosotros ya habéis experimentado el Portal Estelar como semillas estelares y habéis llegado a la Tierra a través del Portal Estelar. En vuestras meditaciones podéis ir ahora a la zona donde se encuentra el Portal Estelar. Os podemos llevar a las cámaras y a los vestíbulos que rodean al Portal Estelar, pero en este momento no podéis acceder al Portal para trasformaros, es decir, para abandonar la Tierra y vuestro cuerpo.

No todos los seres de la Tierra pasarán por la experiencia del Portal Estelar. Algunos de vosotros permaneceréis en encarnaciones grupales como los Mormones o el grupo de almas del Reverendo Moon. El Portal Estelar es exclusivo para semillas estelares y para quienes han adquirido conciencia de seres dimensionales galácticos. A este punto de la evolución no habéis llegado todos vosotros y, con franqueza, algunos no quieren. Descubriréis que en el Universo existen otros métodos de evolución, pero ninguno es tan eficaz como el Portal Estelar. El Portal Estelar Arcturiano sirve para ciudadanos galácticos en evolución. El Portal Estelar activa las existencias dimensionales superiores. Conecta con la sexta y la séptima dimensión, así como con la quinta. Sin embargo, no se os pueden mostrar estas dimensiones hasta que no hayáis sido purificados.

Además del Portal Estelar Arcturiano existen otros dos portales estelares galácticos, aunque no están tan desarrollados como el nuestro. Nuestra galaxia está dividida en tres grandes regiones. Los tres grandes portales estelares abarcan los tres sectores de la Vía Láctea. El Portal Estelar Arcturiano está unido a los otros dos portales. Desde este portal también podemos enviaros a los otros portales.

Guardianes del Portal Estelar

El control y el mantenimiento del Portal Estelar constituyen funciones muy importantes en esta galaxia. Alguien que haya alcanzado un nivel que le permita abandonar el ciclo de encarnación de la Tierra y, además, desee llegar a planos o planetas superiores en otras dimensiones de nuestro sistema local, deberá pasar por el Portal Estelar.

Los Arcturianos son los guardianes y los administradores del Portal Estelar. Actualmente somos responsables del Portal Estelar y por eso se le llama Portal Estelar Arcturiano. Hay otros seres preparándose para ayudarnos. Los Pleyadianos nos están prestando una gran ayuda en esta tarea. También colaboran con nosotros otras especies muy evolucionadas con las que no estáis familiarizados.

Como sabéis, estamos cerca de la Tierra. Gracias a nuestra proximidad a este sector de la galaxia, mantenemos una relación especial con vosotros. Sin embargo, lo que nos ha llevado en realidad hasta vosotros no es tanto la cercanía física como nuestros logros espirituales y nuestra presencia en la quinta dimensión. Y por estos motivos el Portal Estelar está en nuestra zona. El propio Portal Estelar y su administración se trasfieren cada 52.000 años a otro titular. Si no hubiera otro titular dispuesto, entonces se quedaría con los Arcturianos durante otro período de tiempo equivalente. Es un honor ser los titulares del Portal Estelar en este maravilloso proceso de Ascensión planetaria que os espera.

Funcionalidad del Portal Estelar

El Portal Estelar Arcturiano es una manifestación espiritual individual, al igual que un planeta, una estrella o un agujero negro. El Portal Estelar es una creación y una fuerza energética única y tiene un desarrollo y una evolución propios. Cada una de las personas que pasa por el Portal Estelar entra a formar parte de él temporalmente, y vosotros, en cierto sentido, participáis de la energía y la conciencia del Portal Estelar.

El Portal Estelar evoluciona hacia una puerta dimensional. Evoluciona a una trasformación total en la siguiente dimensión, para convertirse en una puerta que va de la quinta a la sexta dimensión. El Portal Estelar puede acoger a millones de almas. Si lo describierais como un espacio, sería difícil adjudicarle una coordenada de espacio-tiempo, porque al ser una entrada que conduce a la quinta dimensión, se considera parte de esta última. En la quinta dimensión, el espacio y el tiempo tienen un significado diferente. No podemos trasmitiros un sentido físico del Portal Estelar, sólo podemos decir que el Portal Estelar es tan grande como hace falta.

El Portal Estelar está abierto solamente durante un tiempo limitado. Algunos de vosotros ya habéis estado en un planeta, incluida la Tierra, y no habéis podido reencarnaros en otro sistema planetario galáctico porque el Portal Estelar estaba cerrado. Algunas almas se vieron obligadas por necesidad a permanecer en la Tierra hasta que el Portal Estelar se reabriera. Muchos de los que sois semillas estelares conoceréis el camino al Portal Estelar y lo utilizaréis. Será como un nuevo despertar de los recuerdos. Os resultará muy agradable.

Al final, una vez cumplidas las tareas actuales, este Portal Estelar se cerrará. Cuando las almas cualificadas completen su transición, el Portal Estelar se cerrará. Los portales estelares se abren y cierran en distintos momentos. Ahora nos encontramos en un período del proceso evolutivo de esta sección galáctica en la que el Portal Estelar está abierto a la Tierra. Tiene un ciclo de apertura y cierre. En este período actual podéis participar en su apertura. Por esto, en parte, muchos de vosotros habéis venido a la Tierra como semillas estelares, como personas de otros planetas, porque sabíais que podríais volver y regresar al Portal Estelar de nuevo.

El Portal Estelar se abre y se cierra a distintas secciones de la galaxia. Vuestra sección ahora está abierta. Es complicado de explicar, pues se trata de un concepto multidimensional. Por ejemplo, podemos decir que el Portal Estelar está cerrado, pero eso significaría que el Portal Estelar está cerrado únicamente a la Tierra. En 1987 se abrió a la Tierra y posiblemente permanecerá abierto hasta 2017. Posteriormente habría períodos en que se reabrirá, pero éste es el período central u óptimo. Comprended que debéis aprovechar esta situación. Si os acercáis al Portal Estelar, evitaréis el ciclo de reencarnación de la cuarta dimensión.

El proceso de sanación y purificación

El Portal Estelar Artcuriano puede verse como una cámara de sanación, un portal de sanación donde os ayudaremos en vuestra purificación final previa a la Ascensión. Concretamente, las cámaras de sanación del Portal Estelar proporcionan una frecuencia de luz que contribuye a acelerar vuestra frecuencia y a purificaros. Asimismo, las cámaras de sanación podrán elevar vuestra energía. La entrada en el Portal Estelar implica pasar por una serie de cámaras de luz que os ayudarán a eliminar las densidades y las formas estructurales que se consideren una carga.

En vuestras auras todavía hay ideas y densidades de encarnaciones anteriores, y es preciso eliminarlas. Necesitaréis una limpieza de patrones de energía negativa. Esta limpieza no es tan sencilla como arrancar algo. Es cierto que podéis cortar los lazos de afecto con el plano terrestre. Sin embargo, en vuestros campos energéticos todavía hay cicatrices permanentes que deben purificarse. Una cosa es cortar los lazos de afecto y otra hallarse en una vibración totalmente sanadora que os permitirá entrar en el reino de la quinta dimensión, el reino del Portal Estelar Arcturiano.

Además, os ayudaremos a atravesar el Portal Estelar de otro modo. En el sistema Arcturiano se educa y forma a nuestros hijos de una forma que coincide con lo que es mejor para cada uno de ellos y con su misión individual. En el Portal Estelar también podemos aplicaros este proceso. Podemos aprender mucho sobre vosotros y ayudaros en vuestra purificación, de modo que podéis dirigiros a la región apropiada de la galaxia que esté alineada con vuestro bien espiritual superior.

La entrada en el Portal Estelar

En estos momentos podéis acceder al Portal Estelar Arcturiano mediante la proyección del pensamiento. No podéis pasar por el Portal Estelar hasta completar esta encarnación, pero tenéis la posibilidad de ir al Portal Estelar por medio de la proyección del pensamiento y ver la multitud de opciones. Si habéis alcanzado la frecuencia vibracional que se adquiere en las lecciones aprendidas, en vuestra madurez y en vuestra integración de la energía en la tercera dimensión, podréis acceder solamente a ciertas entradas. Vuestra frecuencia determina automáticamente por qué entrada podéis pasar.

En la galaxia se sabe que no es posible acercarse al Portal Estelar sin una frecuencia apropiada. Para aproximarse al Portal Estelar se precisa cierta aceleración de la energía. Se necesita un nivel alto de energía espiritual. La energía espiritual, todavía una desconocida para la mayoría de los seres humanos, es una de las fuerzas más poderosas y creativas del Universo.

Cuando entréis en el Portal Estelar culminaréis vuestra labor de Ascensión. La Ascensión puede considerarse una aceleración, y también una forma de ahorrarse varios procesos, un salto hacia delante. Esto es como saltar por encima de un curso en la escuela; por ejemplo, si estuvierais en segundo de enseñanza secundaria y pasarais directamente a cuarto. Es posible que pasar por el tercer curso de secundaria aportara experiencias ventajosas, pero el objetivo general de graduarse lo antes posible es preferible a estar un año más en la escuela. Cuando lleguéis al Portal Estelar, estaréis en un proceso de aceleración. Quizá saltéis por encima de una o dos vidas. En vuestra situación necesitaréis avanzar muy rápidamente.

Lleváis esperando varias vidas para alcanzar un lugar como éste desde donde poder ir a un Portal Estelar y dirigir conscientemente vuestro avance. Como hemos mencionado antes, el acceso al Portal Estelar está limitado a quienes hayan adquirido un nivel concreto de preparación. No obstante, debido a la aceleración y al acceso a las energías de Ascensión, vuestra oportunidad de entrar en el Portal Estelar llegará mucho antes. Quizá pensáis que tenéis numerosas vidas más por vivir, o más lecciones que aprender. Pero, afortunadamente, estáis a punto de dar un salto cuántico.

Todo lo que ocurre, todo lo que se mueve hacia esta sorprendente fase de vuestro planeta puede tomarse como un salto evolutivo. El salto evolutivo de la conciencia os acercará al punto desde el cual podéis saltar literalmente al Portal Estelar. La Ascensión puede verse como la posibilidad de avanzar entre diez o quince vidas de trabajo en un breve período de tiempo a través de esa intensidad de trabajo. Mediante un trabajo intenso lograréis acceder al Portal Estelar.

Numerosos canales de todo el país y de todo el mundo hablan de «portales estelares». Nos hallamos en el proceso de conectar numerosos puntos de red en el planeta, especialmente en México y Sudamérica, con el Portal Estelar Arcturiano. Nuestro vocabulario es un poco distinto, porque no llamamos portal estelar a una abertura o a un vórtice, sino corredor. Podéis conectar un corredor con un portal de la quinta dimensión que os proporcione energía constante del Portal Estelar. El Portal Estelar Arcturiano es un portal estelar solamente de esta sección de la galaxia hacia el que todos evolucionamos.

Algunas personas han preguntado si existe un único lugar en el planeta que disponga de un acceso mucho mejor al Portal Estelar. Crestone,

Colorado, es una de las áreas más abiertas del mundo que conecta con el Portal Estelar Arcturiano. Un corredor muy poderoso del área de Crestone permitirá que numerosas personas accedan al Portal Estelar. Trabajaremos con vosotros para mejorar y amplificar vuestro acceso al Portal Estelar.

La elección de vuestra próxima existencia

El Portal Estelar es una entrada en el sentido estricto de la palabra: una entrada que conduce a las estrellas. Pero esta definición es bastante simplista. Es una entrada a varias dimensiones distintas de los sistemas estelares. Podéis pasar por el Portal Estelar y emplear su energía para impulsaros al próximo reino dimensional, al próximo planeta, a la siguiente región de la galaxia a la que queráis ir.

Este punto de proceso del Portal Estelar os puede ayudar a enviaros a distintos planetas, como los del sistema Antares o de las Pléyades o incluso a planetas de otra galaxia. No podéis pasar directamente de un planeta a otro a menos que paséis por este Portal Estelar. Ahora empezáis a ver la importancia de este Portal Estelar. Si deseáis regresar a vuestro planeta de origen en las Pléyades, por ejemplo, y estáis a punto de experimentar vuestra Ascensión o incluso vuestra muerte física, entonces os podéis proyectar directamente a través del Portal Estelar a las Pléyades.

Existen entradas que conducen a otras entradas. Por ejemplo, una entrada del mundo de la quinta dimensión puede llevaros a otras entradas de los reinos de la quinta dimensión. Otras entradas podrían devolveros a algunos reinos de la tercera dimensión, como la Tierra u otros planetas, pero en un nivel de vibración mucho más elevado. Es posible que incluso veáis otra entrada que os ofrezca una gama de distintas galaxias, de la quinta o la tercera dimensión. Las posibilidades aumentan en progresión aritmética.

En el Portal Estelar tenemos muchas capacidades. Con el permiso que nos han concedido Sananda y el Consejo Superior, podemos incluso explorar una encarnación terrestre para vosotros. Si tenéis alguna tarea pendiente en la Tierra, podemos dirigiros al portal que os permita observar realmente qué vida tendríais si regresarais. Al examinar esa posible vida y sus experiencias desde la entrada del Portal Estelar, podríais aprender de ellas sin tener que encarnaros. Es decir, amigos de la Tierra, ¡alta tecnología en la galaxia! Tenemos esta capacidad porque deseáis sinceramente ir a Arcturus y al Portal Estelar. A la Tierra le esperan tiempos limitados y difíciles y regresar a otra vida en la tercera dimensión no sería una encarnación muy agradable.

Una de vuestras opciones es volver a la Tierra a través del Portal Estelar. Uno de los portales regresa a la Tierra. No obstante, si esta vez elegís volver a la Tierra, lo haréis como seres de la quinta dimensión. Actualmente hay en curso una construcción creativa de la quinta dimensión de la Tierra. Estad seguros de que van a desarrollarse lugares especiales para vosotros.

Si alguien se ha graduado en la quinta dimensión y decide volver a la tercera, entonces ha de hacerlo en calidad de Maestro Ascendido. Nadie de entre las semillas estelares ha residido totalmente con anterioridad en la quinta dimensión. Con ello queremos decir que ninguna semilla estelar que ahora resida en la Tierra ha concluido sus ciclos de encarnación, lo que les permitiría quedarse por completo en el reino de la quinta dimensión. Como semilla estelar, solamente habéis estado expuestos a la energía de la quinta dimensión en encarnaciones anteriores no terrestres.

El Portal Estelar es una herramienta importante para hacer de la quinta dimensión de la Tierra una realidad, porque requiere una infusión de seres de la quinta dimensión de vuelta a la Tierra. Quienes os hayáis estado preguntando si podríais o no volver a la Tierra, primero podéis ir al nuevo nivel de la quinta dimensión del plano terrestre y después podréis aparecer en la tercera dimensión. De esta forma, la elección de regresar os resultará más deseable.

La trasformación de las almas

Imaginad que existe un lugar de trasformación para vuestra alma que os devuelve al curso de la encarnación en la Tierra. Sabéis que en el sistema terrestre tenéis varias vidas distintas. Al finalizar cada una de ellas, debéis reuniros con vuestros maestros y asimilar diferentes aspectos de la encarnación antes de entrar en una nueva. El Portal Estelar Arcturiano cumple una función similar a la trasmutación hacia diferentes sistemas planetarios galácticos.

El Portal Estelar Arcturiano es una responsabilidad sagrada. Todo trabajo relacionado con el alma, como los viajes o la trasformación del alma, está reconocido como trabajo sagrado. Podéis considerar el Portal Estelar un centro de trasformación de almas. Cuando trabajáis en este nivel, os dais cuenta del carácter sagrado de este trabajo. Queremos que veáis la santidad del Portal Estelar. Allí hay numerosos seres de la clasificación «Elohim», entre ellos el arcángel Metatrón. Debido a que adoptamos decisiones sobre viajes y trasformaciones de almas, siempre están presentes muchos seres superiores.

El Portal Estelar Arcturiano tiene la función de poder manifestar situaciones celestiales, como un encuentro con Metatrón u otras presencias angélicas elevadas. El Portal Estelar proporcionará educación, trasformación y desarrollo dirigidos a un cambio personal, así como la capacidad para proseguir al nivel y la frecuencia apropiados para vuestra próxima encarnación.

Para trasformar las almas se necesita la tremenda cantidad de energía generada desde el Portal Estelar. Siempre hay miles, incluso millones, de almas en proceso de trasformación. Para nosotros ésta es una de las funciones más importantes de nuestra labor. El Portal Estelar también tiene la función de introducir almas recién creadas en sus primeros sistemas planetarios. Podéis comprender lo maravilloso que es este lugar, el centro de la trasformación de almas que llegan y parten en este sector de la galaxia.

Sananda controla o supervisa el grupo de seres humanos que vendrán de la Tierra a través del Portal Estelar, o, digamos, que se acercarán al Portal Estelar desde la Tierra. Además, hay otros seres, otros Arcturianos, otros Pleyadianos, otros seres de diferentes sistemas estelares cuyos nombres no conocéis, que también ayudan a dirigir a esos seres humanos para que entren en los corredores pertinentes que conducen a los reinos superiores. Es muy importante conocer la multitud de opciones que tenéis antes de que lleguéis al Portal Estelar. Existe una gran rampa de regreso a la Tierra, que también está bajo la supervisión de Sananda. Los seres humanos subirán desde la Tierra y volverán por esa rampa a la Tierra como maestros de la quinta dimensión. Aparte de Sananda, hay otros Maestros Ascendidos que colaboran con nosotros y nos ayudan.

Este magnífico Portal Estelar es una operación ingente, muy capaz de trasformar a la vez millones de almas. Hemos estado trabajando estrechamente con Sananda en los preparativos para la masiva llegada de seres que entrarán en el Portal Estelar Arcturiano durante la Ascensión. Solicitad que la energía de todos vuestros maestros y guías esté con vosotros y os ayude a alinearos con vuestro objetivo superior, concentrándola en vuestra misión espiritual y vuestra evolución al siguiente nivel.

El Templo Arcturiano

El Templo Arcturiano es un espacio de preparación y purificación anexo al Portal Estelar. Debemos hacer hincapié en que en estos momentos estáis a punto de trasformaros. Para ello, es esencial que perdáis vuestro ego. Vuestra identidad como ser terrestre ha de unificarse para que vuestro yo superior tenga preferencia. En el área del templo podéis integrar vuestro ego, vuestro yo inferior y vuestro yo intermedio con vuestro yo superior, a través de un proceso de fusión. Así no os sentiréis como si estuvierais conmocionados ni inconscientes. Si pasáis por el Portal Estelar sin haberos trasformado, entonces podéis perder la conciencia. Es necesario que os preparéis para este cambio superior. Es especialmente beneficioso para vosotros pasar por el área del Templo y trabajar en ella.

Entrad en el corredor con nosotros. Sentid la energía pulsátil a medida que subís por el corredor a nuestra nave, y entrad en una de nuestras cámaras de sanación. Ahora os enviamos una luz azul blanca para infundiros energía elevada. Esta luz os aportará una nueva lucidez mental, que dotará a vuestra aura de un azul brillante que os ayudará a ver con claridad lo que ocurre en vuestras vidas. Queremos purificar y limpiar vuestro subconsciente y promover vuestra lucidez mental consciente.

Ahora llevamos al centro de la cámara un enorme y hermoso cristal azul y blanco que nunca se ha visto físicamente en vuestro planeta. Dejamos que este cristal descienda al centro de la cámara. Podéis participar si centráis vuestro Tercer Ojo como un haz de luz en el interior del cristal. Ahora podéis interactuar con el cristal, que os podrá infundir una sensación especial de paz y lucidez.

La misión Arcturiana consiste en ayudaros en los aspectos importantes de vuestra unión espiritual con el Portal Estelar y con el Templo Arcturiano. Todos podéis hacerlo. Sea cual sea la densidad de los problemas que tenéis, todavía podéis acudir a nosotros. Ahora os vamos a pedir que fusionéis vuestra conciencia con este cristal.

A continuación, observad un magnífico templo de Arcturus ante vosotros, y después entrad en el hermoso Templo Arcturiano. Es un templo gigantesco de luz azul. Estáis aquí a fin de poder aprender a trasformaros para la Ascensión y para trasformar los campos energéticos de la Tierra. Ahora estáis recibiendo poderosas vibraciones de luz. Estamos trabajando con vuestra energía del ADN y con toda vuestra estructura biológica. Tenéis un cuerpo interior y un cuerpo exterior. Vuestro cuerpo exterior es lo que veis físicamente en la Tierra. Nosotros trabajamos con vuestro cuerpo interior. Seguidamente se manifestará en la luz.

El Templo Arcturiano es una estructura multidimensional. Allí hay, literalmente, un sinfín de seres. Si miráis, observaréis que hay otros interactuando, pero no exactamente en el mismo espacio. Otras personas están subiendo aquí, otros seres reciben esta energía. Mirad hacia arriba y veréis a otros seres que pasan por el Portal Estelar hacia los sistemas estelares. Ahora no tenéis permiso para atravesar el Portal Estelar, pero observadlo desde vuestra posición en el Templo. Podéis ver que es una hermosa puerta similar a una joya que conduce a numerosos reinos en toda la galaxia. Podéis ver a través de la puerta y podéis ver a otros atravesándola. Y cuando lo hacen se trasforman, dejando detrás una carcasa de su antiguo cuerpo. Se despojan de su antiguo cuerpo con alegría. Es un alivio, una ligereza, una nueva energía, una nueva luz que se revela.

Sólo aquellos que, como vosotros, se están purificando y llenando de elevada energía altamente etérica pueden vislumbrar el significado del Portal Estelar y empezar a prepararse. Vamos a activar vuestros códigos. En estos momentos trabajamos con vosotros para que os activéis cuando llegue el momento. Ahora estáis activados para alinearos con la energía del Portal Estelar. Esto no significa que ya podáis atravesarlo, sino que estáis recibiendo luz y activación del Portal Estelar. Recibid esta luz dorada del Portal Estelar y del Templo en Arcturus.

Capítulo 12

El Templo de Cristal de Tomar

Habla el Arcángel Metatrón. Tengo la intención de conduciros a la misión de vuestra alma superior en los reinos que os aguardan. Debido a que el tiempo no es lineal, ya estáis experimentando parte de vuestra conciencia de esta nueva misión. Sois multidimensionales. Movéis simultáneamente vuestra conciencia en varios lugares distintos. Los Maestros desean que seáis conscientes de vuestra conciencia multidimensional y de vuestra existencia multidimensional.

Trabajaré con vosotros para desbloquear vuestros códigos. Hay ciertos códigos que controlan vuestro acceso a vuestras vidas pasadas, para que no os inunden recuerdos demasiado complejos, dolorosos o confusos. Además, existen códigos que bloquean vuestra conciencia de la conciencia en otros reinos. Estos códigos pueden desarticularse temporalmente y elevarse para que podáis llevar vuestros pensamientos al Portal Estelar.

Pasaré por varias encarnaciones diferentes y, después, os ofreceré instrucciones tonales. Por último, recibiréis más instrucciones de cómo entrar en esos reinos. Empezaremos por Kadosh, Kadosh, Kadosh, Adonai Tzevaoth (palabras del hebreo que significan «Santo, santo, santo es el señor todopoderoso»). Estas palabras desbloquearán los primeros códigos. A continuación, iremos al segundo nivel: Eheyieh Asher Eheyieh (del hebreo que significa «Yo Soy El Que Yo Soy»). Quizá los códigos bloqueados se desbloqueen. Quizá vuestra conciencia se abra a las misiones de todas las almas cuando entréis mentalmente en la cámara anterior del Portal Estelar Arcturiano. Ha hablado Metatrón.

El Templo de Cristal

Os enviamos saludos de parte de nuestros maestros espirituales Arcturianos que están conectando con nosotros y arden en deseos de enviaros una visión poderosa. Se trata de una visión de belleza espiritual de un templo de Arcturus. Este magnífico templo está construido alrededor y encima de un gran lago. La estructura exterior del templo es como un hexágono gigante con una punta triangular en la parte superior. En el lago hay un enorme cristal con el que también conectamos. Este cristal es una puerta poderosa a la conciencia galáctica, a las dimensiones superiores y a los recuerdos de vidas anteriores.

Habla Tomar. Me gustaría llevaros al Templo de Cristal Arcturiano. Despertad en la conciencia en una de nuestras cámaras de sanación de nuestra nave. Ahora, sentid que giráis flotando en una bella luz azul. Ved una entrada sólida ante vosotros. Hay innumerables almas como vosotros flotando hacia arriba en dirección a esta hermosa entrada. Ahora vamos a girar de nuevo y vamos a subir al próximo nivel, donde está el Templo de Cristal Arcturiano. Nos encontramos en un inmenso lugar abovedado en Arcturus dedicado especialmente a la sanación. También llamamos a este lugar Cámara de Cristal de Sanación. Sentados en el borde de este maravilloso lugar, podéis ver un enorme cristal en las aguas profundas. Hemos expuesto este cristal por sus poderes especiales.

Todavía mantenemos el contacto con vuestra forma física. Quiero que pongáis las palmas de vuestras manos hacia arriba mirando al centro de la cámara. Ahora estáis en tres lugares a la vez. Os encontráis en vuestra forma física en la Tierra, en una cámara de sanación en nuestra nave y en el Templo de Cristal Arcturiano. Tenemos mucho cuidado de integrar el trabajo de sanación que hacemos con vosotros en esos tres niveles.

Nos hallamos dentro del templo, sentados juntos, mirando al lago. Podemos ver los rayos de luz y el poder del cristal que está en el lago. El lago tiene un diámetro alrededor de un kilómetro y medio, mientras que el cristal mide unos 400 metros de diámetro y emite una luz potente. Debido a que es tan fuerte, el agua reduce la energía del cristal, que de esta manera puede ser asimilada por las personas.

No podemos mirar al cristal directamente. Sabemos que hacerlo sin el agua alrededor comporta el riesgo de comprometer la conciencia integradora y de enviaros de forma inmediata a otra encarnación, cosa que no deseamos para vosotros en este momento. Sin embargo, podemos ayudaros a observar con seguridad este potente cristal en el lago.

En este bello lugar del Templo se escuchan salmos y cantos. Hay varios seres en túnicas blancas, así como otros seres galácticos que han venido a través de esta energía del cristal. El cristal es un aspecto interdimensional del Portal Estelar situado en el Templo Arcturiano. Este cristal está conectado con el Portal Estelar Arcturiano de un modo muy interesante. Existen seres de luz procedentes de dimensiones superiores que a menudo surgen del cristal.

Del cristal emana una potente energía de amor que procede de una gran fuerza intergaláctica llamada Consejo de Andrómeda. El Consejo de Andrómeda concentra una energía de amor para la conciencia emergente con la que trabajamos los Arcturianos. Envían esta fuerza de amor a todos los que meditan sobre este poderoso cristal. Saben que el amor que envían a través de este cristal es lo que tiene más capacidad de sanación para todo el Planeta Tierra. Sois los beneficiarios de esta fuerza de amor.

Un hilo de luz

Habla Juliano. Deseo conectar un minicorredor, o un hilo de luz, que va desde vosotros hasta una abertura que da a la quinta dimensión en el templo de Tomar. A partir de ahora tendréis con vosotros esta conexión durante 24 horas al día. Esto significa que siempre podréis acceder a una perspectiva de la quinta dimensión y a una conexión con la quinta dimensión en todas vuestras actividades. Contar con este regalo de luz os permitirá ser trabajadores de la luz mucho más fuertes.

Pero, ¿cómo os va a afectar de forma concreta este hilo de luz en vuestra vida diaria? Cuando tengáis continuamente una perspectiva de la quinta dimensión, sentiréis una nueva sensación de desapego con respecto a las actividades de la tercera dimensión y podréis verlas con claridad desde una perspectiva de la quinta dimensión. Además, veréis cómo pueden prosperar vuestras actividades de la tercera dimensión y, además, cómo contribuir al movimiento de toda la Tierra y de toda la conciencia planetaria hacia una interacción más brillante con la quinta dimensión. Con esta perspectiva superior añadiréis energía a todo lo que hacéis y veis.

Esta nueva perspectiva de la quinta dimensión influirá en todo lo que hagáis, ya sea enseñar, vender, asesorar, realizar trabajos físicos o, simplemente, estar con vuestros hijos. Cada una de las interacciones contendrá ese hilo y os brindará la oportunidad de trasmitir ese hilo a otras personas. Ahora, en todas vuestras interacciones podréis trasmitir una frecuencia especial de los Arcturianos por este hilo de la quinta dimensión. Os convertiréis en una luz poderosa y las personas se sentirán atraídas por vosotros allí donde estéis.

A continuación os vamos a trasmitir frecuencias que romperán los bloques cristalinos que rodean vuestra aura, para que podáis recibir más luz de la quinta dimensión. Ahora que estáis más abiertos, os podéis beneficiar más de nuestra tecnología de la luz Arcturiana. Esta tecnología de luz influirá en ámbitos como la sanación personal, el desbloqueo de vuestros códigos, vuestra trasformación en espacios de la quinta dimensión y vuestra Ascensión permanente a los reinos superiores. Ésta es nuestra misión: ayudaros a ascender al reino de la quinta dimensión. Nuestra tecnología es muy adecuada para este trabajo.

Examinando el cristal

Habla Tomar y vosotros sois mis invitados en el Templo de Cristal. Tenéis permiso para participar de esta maravillosa energía cristalina.

Ahora contemplad conmigo el agua y ved las poderosas ondas de energía que emanan del cristal. Del cristal ascienden energías poderosas que activan vuestros poderes telepáticos, vuestro Tercer Ojo y vuestro chacra de la corona. También activan una enorme infusión de energía para vosotros. Permitid que esta energía vaya desde ese poderoso cristal hacia vosotros, para utilizar la energía recién recibida con el fin de examinar el agua a mayor profundidad.

Es posible que en Arcturus veáis una ciudad llamada Arcturus Uno. Mientras contempláis el cristal, veis a personas que viven una existencia muy alegre, en grupos, conversando, meditando y reuniéndose en pequeños corros familiares para escuchar lo que dicen unos y otros. En cada hogar Arcturiano hay un potente cristal por cada miembro de la familia. Es nuestra televisión. Vosotros, en vuestro planeta, utilizáis vuestra conciencia de masas para interconectar diferentes visiones a través de un aparato de televisión que tiene un valor limitado en términos de iluminación espiritual.

En Arcturus Uno tenemos la capacidad de concentrarnos en estructuras especiales de cristal. Se trata de cristales potentes, pero que no son exactamente como las estructuras de cristal de vuestro planeta. Podemos mirar fijamente la conciencia y las energías galácticas, cosa que vosotros, ahora que observáis a numerosas familias Arcturianas concentrarse de esta manera, también podéis hacer. Muchos de ellos se concentran en la Tierra, adonde envían luz y amor. Muchos observan y están muy conectados con el proceso de trasformación. Conectan como grupo.

Examinamos el cristal y vemos a un gran líder, una gran presencia espiritual, a un ser elevado de la jerarquía galáctica que procede de los jardines del Sol Central. Recibimos pensamientos de esta energía. En este momento no podéis interpretar los pensamientos, pero estoy recibiendo pensamientos mientras seguimos aquí, en el templo con el hermoso lago y el enorme cristal.

Recibo pensamientos e información de la energía del Sol Central. Acudid a esa parte de vuestro cerebro que os puede infundir luz. Hay quien llama glándula pineal a esa parte. Utilizad ahora esa conexión para infundir luz, para experimentar la luz. La glándula pineal tiene una increíble capacidad para conectaros con la luz del Sol Central. En el cerebro Arcturiano tenemos interacciones continuas con esta área de nuestra estructura física que es similar a vuestra glándula pineal. La utilizamos casi como sustento, como infusión de energía. Nos resulta muy difícil imaginar qué supondría no tener esa conexión. De hecho, nos compadecemos de la incapacidad que tenéis a veces para acceder a esta infusión de luz que viene del interior.

Seguimos escuchando otros mensajes. Continuad con el trabajo en los corredores, sin desestimar nunca su poder. Es posible que los corredores sean los métodos más ventajosos para que obtengáis infusiones de energía de los Arcturianos. Activad los corredores; meditad en los corredores.

Es importante que cada uno de vosotros conecte con su guardián personal o su interlocutor en Arcturus. Estáis preparados en esta situación de aprendizaje y recibiréis más mensajes personalizados. Nos importa mucho que vuestro proceso evolutivo en la Tierra sea lo más fácil posible. Os infundimos a todos vosotros la luz que yo, Tomar, estoy recibiendo del cristal central del templo sagrado de Arcturus.

En este momento existen otros seres maravillosos en este bello templo. Centenares de otros seres también participan de esta energía y de su poderosa luz. Son muchos los seres que están absorbiendo esta luz por su Tercer Ojo, a fin de adquirir lucidez mental. Como la lucidez mental es uno de nuestros objetivos y valores más elevados, os ofrecemos orientación para activar vuestra lucidez mental. Os ofrezco un rayo intensificado de color violeta y azul que procede del cristal de nuestro templo para llenaros de una lucidez mental que os durará varias semanas.

Entrada al cristal

Ahora me gustaría ayudaros a entrar en lo más profundo del enorme cristal que se halla bajo el agua. Os guiaré al interior del cristal a través de la proyección de pensamientos. Recibiréis una fuerte sacudida de energía que acelerará toda vuestra vibración, que os ayudará a sentiros pasajeros en la tercera dimensión. Queremos que comprendáis que estáis realmente de paso en la tercera dimensión. Parece que estáis trabajando en una dimensión que es sólida y permanente, pero ésa no es la realidad de la tercera dimensión. Si podéis ajustaros a la frecuencia y a la conciencia de la naturaleza transitoria de la tercera dimensión, entonces lograréis una aceleración mucho mayor.

Ahora que estamos sentados en torno al cristal, quiero que preparéis vuestra conciencia para que entre conmigo en el interior profundo de este cristal. Mientras floto sobre el cristal, voy a tomar vuestras manos. No intentéis entender esto desde un punto de vista dimensional, porque no le encontraréis el sentido. Cada uno de vosotros me tomáis de la mano derecha o izquierda. Entonces descendemos juntos al interior del cristal.

Descendemos flotando a cada vez más profundidad por el cristal. Llegamos a un punto que puede parecer que esté a 800 metros de profundidad. Estamos en la profundidad del cristal y seguís tomándome de la mano mientras flotamos. Hemos llegado a un palacio dimensional que se encuentra en el centro del cristal. Mientras flotamos, vamos a absorber esta energía armoniosa y etérica. Quiero que plantéis vuestra conciencia aquí en este palacio dorado de luz en la profundidad del cristal. Ha venido otro ser para hablar con vosotros.

Saludos, soy T-Rahn. Soy uno de los maestros espirituales del reino Arcturiano. Os bendigo a cada uno de vosotros y personalmente conectaré vuestro hilo de luz con este punto del palacio dentro del cristal. Éste es un palacio dorado lleno de hermosa luz y calor espirituales, y de belleza e intensidad etéricas perpetuas. Os ruego que conectéis con todo esto. Estamos muy contentos de que podáis experimentar esta profundidad de belleza espiritual de los Arcturianos. Queremos que más seres terrestres experimenten esta frecuencia Arcturiana. Vosotros sois los precursores de esta maravillosa experiencia.

Cuanto más podáis experimentar nuestra luz espiritual Arcturiana, tanto más podréis propagar esta luz cuando volváis a la Tierra. Este hilo de luz que lleváis se trasmitirá al exterior en vuestra vida cotidiana. Voy a ir uno por uno a ayudaros con vuestro campo vibracional, ahora que está acelerándose, para que podáis mantener esta frecuencia continuamente y tanto tiempo como sea necesario. Tal y como han dicho Juliano y Tomar, ahora cualquier cosa es motivo de celebración, porque este hilo estará con vosotros de forma permanente. Como tenéis esta conexión, ahora voy a enviaros una luz tubular azul a cada uno de vosotros. Nos complace sobremanera que podáis recibir esta luz.

Muchos grandes seres espirituales vienen aquí a conseguir energía antes de partir para otros sistemas planetarios. Sananda viene a menudo para recargarse. Vosotros también venís a recargaros, porque os estáis convirtiendo en Maestros Ascendidos. Como Maestros Ascendidos trasmitiréis y proporcionaréis luz en todas vuestras interacciones diarias en la Tierra. Ha hablado T-Rahn.

Habla Tomar. Os ayudaré a regresar a la cima del cristal. Tomaos un momento para meditar conmigo ahora. Cogidos de la mano, volvamos a la cima del cristal. Voy a flotar hacia arriba y vosotros me seguís. Cada vez subimos más, ya que hay un largo camino hasta la superficie. Una vez en la cima, flotando por encima, os envío al lugar que rodea al cristal. Ya os encontráis en una buena posición para fijar ese hilo de luz para que quede permanentemente sujeto desde vuestro cuerpo terrestre a este lugar. Meditad sobre este hilo y conectadlo con vuestro chacra de la corona.

Experimentando vuestro cuerpo de luz

Utilizamos este Templo de Cristal para ayudar a recuperar la identificación total del alma con el cuerpo de luz. Algunas personas no han sido capaces de conectar con su cuerpo de luz. No podían recordar que su esencia es el cuerpo de luz. Aquí, en el Templo de Cristal, podéis experimentar completamente vuestro cuerpo de luz.

Yo, Tomar, líder de la comunidad espiritual Arcturiana que está destinada a trabajar con seres terrestres, solicito a la máxima autoridad poder llevar vuestro cuerpo de luz al interior del Templo de Cristal. Experimentaréis una esencia de luz. Sentid el poder de la energía lumínica que procede del cristal, ahora cerca de vosotros.

Vuestro cuerpo de luz no es ni masculino ni femenino; es una esencia de alma. Empezad a sentirlo cada vez más cerca de la atmósfera purificada que llena la cámara del cristal. Comenzad a sentir que vuestra estructura celular se va abriendo y avivando cada vez más. Aquí se encuentra la verdadera abertura que habéis buscado, la abertura a vuestra esencia permanente, a vuestro cuerpo de luz espiritual.

El cuerpo de luz espiritual que se halla sobre vosotros se conecta enteramente con el cristal dentro del agua. Quiero que examinéis el cristal con vuestro Tercer Ojo, no con vuestros ojos físicos, y cuando lo hagáis, quiero que entréis en su profundidad, no que os quedéis en la superficie del cristal. Podéis ir al punto central del cristal, que está a un kilómetro y medio. Sabed que a mayor profundidad, tanto más conectaréis con esta línea de energía que pasa por vuestro Tercer Ojo y vuestro cuerpo de luz.

Ahora tenéis un triángulo de energía que va desde vuestro Tercer Ojo hasta la profundidad del cristal y se refleja de vuelta al Tercer Ojo de vuestro cuerpo de luz. Éste es el comienzo de la conexión con vuestro cuerpo de luz. Ahora trabajaremos con vuestro chacra de la corona. Conectad una línea que va desde vuestro chacra a la profundidad del cristal. Esta línea resonará con el chacra de la corona en vuestro cuerpo de luz. Haced lo mismo para vuestros chacras del corazón, el del plexo solar, el del sacro y el chacra raíz. Ahora estáis conectados con las capas siguientes de los chacras y os alinearéis con vuestro cuerpo de luz.

Parte de la esencia del cuerpo de luz desciende despacio de vuelta a vuestro cuerpo físico. Absorbed lentamente esta vibración. Sabed que, a medida que esta energía entra en vuestro cuerpo físico, os volvéis totalmente andróginos, lo que no sólo implica que sois hombre y mujer, sino que también se refiere a la conciencia terrestre y a la conciencia galáctica. Vuestra sociedad se basa en esta distinción entre los sexos, pero sabed que vosotros también sois multidimensionales, seres de identidad múltiple, seres que tienen una doble identidad, como seres terrestres y como seres espaciales. Ésta es una visión más completa de la androginia. Mientras vuestro cuerpo de luz desciende a vuestro cuerpo físico, os vais convirtiendo en seres galácticos y andróginos.

Esta identidad se está comunicando con vuestro cuerpo terrestre, el estado galáctico y andrógino de la conciencia.

A medida que vais integrando vuestro cuerpo de luz, necesitáis saber que vuestro cuerpo de luz está conectado directamente con la energía de la fuente del Creador. Desde el chacra de la corona hasta vuestro cuerpo de luz tenéis una fuente directa de luz procedente de la fuente del Creador y de la luz del Creador. Cada uno de nosotros, los Arcturianos, tiene una conexión de energía específica con la fuente del Creador que es única. Nosotros aprendemos de vosotros tanto como vosotros aprendéis de nosotros.

La luz del Creador que experimentáis es única. Esta luz contiene un mensaje y una frecuencia especiales. Algunos de vosotros podréis traducirlos a una palabra, a un tono o a instrucciones verbales. Por ejemplo, algunos mensajes podrían decir: la luz es única; la luz es belleza; la luz azul Arcturiana; luz unificadora; ser luz; purificarse con luz. Dejad que os llegue el mensaje de la fuente del Creador. Después, enviad este mensaje y esta experiencia a vuestro cuerpo físico, abajo en la Tierra.

Enviad las palabras o tonos que habéis recibido a vuestro cuerpo físico. En la tercera dimensión, las palabras y los pensamientos son creadores. A partir de ahora podéis crear una sanación personal si enviáis las palabras, tonos o símbolos adecuados a vuestro yo físico. Ésta es la belleza que hemos encontrado en la tercera dimensión: las palabras pueden crear. Enviad palabras de amor a vuestro yo que se halla abajo en el plano físico.

En vuestro cuerpo de luz y en el templo del cristal podéis viajar a muchas partes diferentes del Universo. Podéis viajar al Consejo de Andrómeda en nuestra galaxia hermana. El Consejo de Andrómeda es un grupo de seres de luz que mantienen una relación estrecha con la Hermandad Blanca. En el Consejo de Andrómeda hay seres de luz poderosos, tanto como Sananda-Jesús. El Consejo está muy interesado en vuestra unificación dimensional con vuestro cuerpo de luz. Desde este lugar en el templo, quiero que penséis: «Voy a viajar al Consejo de Andrómeda». Yo, Tomar, os acompañaré en este viaje al Consejo de Andrómeda en nuestra galaxia hermana. Alguien del Consejo de Andrómeda desea hablaros ahora.

Gurhan, del Consejo de Andrómeda

Soy Gurhan, del Consejo de Andrómeda. Somos especialistas en tecnología de la luz y en seres de luz. Para todos nosotros es una verdadera bendición que hayáis venido a nosotros con la ayuda de Tomar. Nos vais a traer información y mensajes sobre vuestra evolución desde la galaxia de la Vía Láctea. Somos un Consejo Galáctico, creado para recibir emisarios de vuestra sección de la Vía Láctea.

Nos comunicamos a través de la luz. No necesitamos utilizar palabras, pero mientras trabajemos con vosotros podemos facilitaros la comprensión mediante el uso de palabras. Tres seres de nuestro Consejo están dotados de la calidad y el poder espirituales de Sananda. Todos están relacionados con la energía monádica del Uno, quizá vosotros lo llamáis energía del Hijo del Hombre. Existe una fuerza monádica en nuestra galaxia que es similar a la energía de Sananda.

Nos agradan mucho vuestros avances en la evolución y trasformación. Mi mensaje para vosotros es el siguiente: estáis empezando a utilizar vuestra tecnología de la luz, y creceréis a pasos agigantados. La tecnología de la luz no sólo os ayudará a materializar y desmaterializar, sino también a proyectar pensamientos y a sanar vuestro cuerpo físico. Al final, iréis más allá de la existencia física. Pronto comprenderéis que la existencia física ya no es necesaria. Se considerará una carga y abandonaréis esa densidad detrás de vosotros.

Estamos encantados de ver que la Tierra se está preparando para recibir su esencia luminosa, su ser luminoso. Cuando esto ocurra, entonces estará en comunicación universal con todos los planetas de la quinta dimensión. En la quinta dimensión, mediante la tecnología de luz disponible, podéis comunicaros instantáneamente con otros planetas sin tener que utilizar la incómoda tecnología de la tercera dimensión, como las ondas de radio.

No existe el miedo en la quinta dimensión. En absoluto. Yo, junto con Tomar, eliminaré temporalmente el miedo de vuestra memoria celular. Sentid, mientras estáis en nuestra luz, cómo desaparece temporalmente todo el miedo de vuestra estructura celular. El miedo pertenece a la tercera dimensión. Ahora es posible borrar, por un tiempo, el recuerdo del miedo mientras se amplía la vibración del amor. Dejad que el amor llene el espacio que deja el miedo al abandonar vuestro cuerpo.

En vuestra dimensión podemos parecer un destello de luz. Algunos de vuestros trabajadores han dicho haber visto una luz de fuentes desconocidas. No podéis tocar esta luz, ni capturarla o eliminarla. Esta fuente de luz es la que crea los auténticos círculos de los pastos. Es preciso comunicarse con vosotros de una forma no verbal, para que os acerquéis más a la comunicación de la luz. En un nivel superior se puede decir que se trata, simplemente, de un intercambio de luz. Los círculos de cosechas contienen códigos de la imaginería que liberarán el miedo de vuestro interior, propio de la tercera dimensión.

Os pido que meditéis sobre los círculos de cosechas. Cuando lo hagáis, pensad en el Consejo de Andrómeda y en nuestra tecnología de luz. En el momento de regresar a la Tierra, vosotros también podéis utilizar esta tecnología de luz especial. Visualizad una estrella sobre vuestro propio chacra de la corona que irradia hacia fuera continuamente. Una vez hayáis activado esta estrella, podréis conectar con nosotros, con los Arcturianos y con otros seres de luz de la galaxia y más allá. Ahora os devuelvo a Tomar. Ha hablado Gurhan.

Regreso a la Tierra

Habla Tomar. Ahora volveremos al Templo de Cristal Arcturiano. Utilizaremos este templo como una base de purificación. Observad de nuevo el cristal y reactivad todos vuestros chacras. Os recuerdo que es importante que de este trabajo os llevéis una afirmación de la fuente del Creador. Recargad esta afirmación y enviadla a vuestro cuerpo de la tercera dimensión. La fuente del Creador siempre está accesible. Debéis aprender a recibir e interpretar esta comunicación divina.

Podéis experimentar esta integración de vuestro cuerpo de luz de una forma más profunda. Cuando regreséis a la Tierra, habrá una sombra de vuestro cuerpo de luz, lo cual indicará que os habéis llevado parte de vuestro cuerpo de luz con vosotros. El cuerpo de luz de vuestro yo superior se está separando de vuestra presencia terrestre física, pero dejará una sombra de sí mismo alrededor de vosotros. Podéis llevaros esta sombra para vuestra presencia en la tercera dimensión.

Ahora vamos a abandonar el Templo de Cristal para regresar a la cámara de sanación en la nave Arcturiana. La espiritualidad Arcturiana es una forma muy elevada de luz. Al entrar en el cristal habéis experimentado la naturaleza permanente de vuestro cuerpo de luz. Cuando miréis vuestro cuerpo físico en la Tierra, entonces sabréis que es más pasajero. Sabréis que todo lo que estáis haciendo, incluso los proyectos que consideráis mundanos, brindarán la oportunidad de propagar esta luz de la quinta dimensión.

A continuación, devolved vuestra conciencia a vuestro cuerpo tridimensional y difundid la luz de la quinta dimensión a todos los aspectos de vuestra vida. Os ayudaremos a llevar esta luz a la tercera dimensión. Cuando caminéis sobre la Tierra rodeados de esta luz, seréis más sagrados. Sabed que nosotros, los Arcturianos, siempre llevamos el signo y la sombra de nuestros cuerpos de luz. Por ello os parecemos tan ligeros y etéricos.

Vuestros próximos treinta días estarán poderosamente sintonizados con la actividad de la quinta dimensión y con la inmersión en la quinta dimensión. Esto significa que vuestros problemas y bloqueos van a alejarse fluidamente. Cuando tengáis la perspectiva de la quinta dimensión, tenéis que propagar esta luz y utilizarla para sanar a otros. Quizá no os veáis como sanadores, pero empezaréis a producir un efecto sanador en las personas. La sanación es la verdadera medida de la luz de la quinta dimensión. Ha hablado Tomar.

Un mensaje de Kuthumi

Saludos, habla Kuthumi. Mi enhorabuena por haber visitado con éxito el Templo de Cristal Arcturiano en vuestra conciencia, porque vosotros, amigos míos, estáis siendo entrenados para propagar la frecuencia a los demás. En primer lugar, debéis sentirla, experimentarla. En eso consiste el servicio, en propagar esta frecuencia. Estáis permanentemente conectados y la llama violeta se encuentra ahora en lo más profundo de vuestro interior, ardiente y cambiante. Yo mismo voy a menudo al Templo de Cristal. Es asombroso y encantador.

Me complace que hayáis encontrado caminos para servir a esta misión. Existe una gran necesidad de propagar constantemente la luz de la quinta dimensión. Es posible que alrededor vuestro veáis a otros seres que están bloqueados y desesperados. Gracias a que lleváis la luz de la quinta dimensión, ésta entrará en su aura. Esto es algo muy poderoso. Imaginad el efecto que produciría en vosotros Sananda si entrara en esta habitación. No tendría que decir nada, y sin embargo vosotros cambiarías al instante. Eso es todo: que Sananda aparezca para que vosotros vayáis a lugares más elevados. Si lleváis con vosotros un hilo de luz de la quinta dimensión, también produciréis un efecto sobre los demás. Preparaos para algunas interacciones maravillosas.

La Ascensión planetaria

La Ascensión es un proceso coordinado que se lleva a cabo con ayuda de toda la galaxia. La galaxia es multidimensional y para coordinar la Ascensión deben producirse alineaciones. Vuestros científicos lo han explicado: este Universo se expande. Todos estamos organizados en jerarquías, y nos expandimos y nos movemos en esa jerarquía. Hemos cumplido una función especial en la expansión para ayudaros en el plano terrestre. Conocemos los poderosos intereses y el profundo compromiso que hay detrás de la Ascensión de la Tierra. Somos conscientes de cuántos seres y grupos de interés especiales se han comprometido con la Tierra. Sabemos cuántas almas maravillosas existen aquí.

Cuanto más os expandáis en vuestra sabiduría espiritual, tanto más capaces seréis de trabajar en dimensiones superiores. Para trabajar interdimensionalmente se precisa un crecimiento espiritual y una graduación espiritual. Queremos que entendáis que buscamos la luz espiritual superior. Sabed que todo se expande, nosotros también. Al igual que vosotros, nos dirigimos a un reino superior y a una luz más nueva. Éste es un momento de trasformación galáctica.

Hay grupos de seres muy poderosos que supervisan el desarrollo evolutivo del planeta Tierra. Evidentemente, en la Tierra es muy elevado el número de seres preparados para pasar a una conciencia superior y para moverse como grupo. Hay quien dice que son 144.000. Esta cifra se dio en cierto momento de la historia basándose en proyecciones de cuántas personas estarían dispuestas a trasformarse. Afortunadamente, este número ya no es correcto. Son varios millones más los que están preparados para ascender en grupo.

Vais a formar parte de un enorme movimiento de energía que está llegando. El centro galáctico está enviando seres focales al planeta para proporcionar más aberturas y más corredores a la Tierra. Facilitarán tantos corredores como sea necesario, de modo que quienes estén preparados puedan conectar con los reinos de dimensiones superiores. Habéis oído que vuestro Sistema Solar tiene un ciclo de 26.000 años y que vais a jalonar los 13.000. Esto crea una tremenda abertura dese el punto de vista energético.

La primera oleada de Ascensión constituirá una oportunidad para que el planeta inicie su propio proceso de Ascensión, lo que será una experiencia hermosa. El planeta evoluciona al igual que vosotros, es decir, como ser que existe en diferentes dimensiones. Las alineaciones energéticas que se producen son tan importantes para la Tierra como para vosotros, porque esa energía puede ser muy sanadora.

Estabilización de la Tierra

Vuestro planeta tiene un límite de tolerancia, y cuando lo alcance empezará a girar desalineándose para buscar un nuevo equilibrio. Éste es uno de los motivos de que vengan tantos seres del reino extraterrestre a vuestro planeta: para enviar energía estabilizadora a la Tierra. Muchos de nosotros trabajamos con vuestro planeta para ayudarle a conservar el equilibrio durante más tiempo, para que vosotros podáis seguir trabajando.

Hemos experimentado y presenciado explosiones planetarias, explosiones estelares, colisiones y cambios de dimensión planetarios. En nuestro sector de la galaxia ha habido casos de grupos de trabajadores de la luz, como el que ahora se está formando en vuestro planeta, que, a través de un esfuerzo concentrado, han llevado a un planeta a otra dimensión para que pudiera escapar de la destrucción. Para ello es preciso que exista una masa crítica de trabajadores de la luz. Vuestro objetivo no consiste solamente en trabajar para vuestra propia Ascensión, sino también para uniros como trabajadores de la luz con objeto de causar una trasformación planetaria. Se necesitan trabajadores de la luz en todo el planeta, no sólo en mayor número, sino también en cuanto al desempeño de su labor en varios lugares. Es preciso estabilizar ciertas partes del planeta mediante la interconexión de las áreas de red.

En vuestro planeta, numerosos seres han iniciado este proceso de vincular la Tierra con su fase interdimensional de trasformación. Esto ha de coordinarse. En todas las épocas, las personas deberían conectar la Tierra con su nuevo espacio dimensional. El concepto del enlace conector es muy importante. Debemos trabajar juntos con tantas personas como sea posible ahora, para que todos los trabajadores de la luz se encuentren en una longitud de onda similar. Os podéis concentrar en el cambio y contribuir a que ocurra. Además, vuestro objetivo elegido como trabajadores de la luz es contribuir a la trasformación planetaria.

Prepararse para la Ascensión

De hecho, tenéis que prepararos para la Ascensión. No os vamos a dar armas y, esta vez, no os vamos a teletrasportar. Sin embargo, no debéis temer por la comida o la seguridad. No es necesario atemorizarse o armarse. Si es preciso llevar a cabo un rescate, seremos capaces de ayudaros sin necesidad de recurrir a las armas.

Lo importante no es si estáis totalmente preparados. Lo importante es que empecéis a prepararos. Todos los que trabajan para la Ascensión pueden protegerse de las catástrofes de un modo muy especial. Esta protección es resultado de vuestra preparación, consistente en elevar vuestras vibraciones de la tercera dimensión a las de la quinta. Podéis hacerlo si proyectáis vuestra energía en un corredor. Los corredores son espacios interdimensionales. ¿Sabíais que cuando os halláis en un corredor no os pueden dañar las armas o las catástrofes de la tercera dimensión? Siempre estaréis protegidos. Si, por cualquier motivo, no pudierais regresar al corredor, entonces seríais trasportados a la quinta dimensión.

Aquellos de vosotros que hayáis estado escuchando tonos y sonidos ya estáis captando la comunicación telepática que os hemos facilitado. Los tonos son nuestra primera línea de comunicación. Es una forma de prepararos para recibir comunicaciones telepáticas más intensas y exactas. Los tonos también os están preparando para alinearos y llevaros a un estado de apertura a la energía de una dimensión superior.

Debéis purificar, alinear y liberar vuestro yo de la tercera dimensión para poder entrar en el reino de la quinta dimensión y recibir ideas, energía e información de la quinta dimensión. Los tonos os ayudan a bloquear las densidades de la tercera dimensión para que podáis pasar a ese estado. Podéis utilizar el sonido de los tonos para situaros en una alineación más próxima. Esto también contribuye a bloquear toda la información innecesaria. Gracias a los tonos, ahora estáis preparados para recibir la frecuencia del reino de la quinta dimensión.

Las energías de los seres de las dimensiones superiores ayudan a crear la atmósfera y los campos vibracionales necesarios para modificar vuestra conciencia. Además de elevar vuestras vibraciones, es importante que estéis en entornos que os estimulen para ello. Cuando el entorno conduce a vuestra propia mejora, entonces es más fácil para vosotros cambiar vuestra conciencia. Basta con esto para darse cuenta de lo importante que es elegir un entorno que aumente vuestra vibración.

Todos habéis estado antes en este planeta en vidas anteriores. Podéis encontrar diferentes áreas de puntos energéticos y corredores con los que establecisteis una fuerte conexión en otra vida. En vidas anteriores es posible que hayáis creado una conexión con un lugar anterior que activará vuestra conciencia. Es muy natural que, cuando regreséis en otra encarnación, queráis encontrar el mismo lugar otra vez. Deseáis de todo corazón descubrir otra vez este lugar que os es familiar, porque allí dejasteis un código de energía o una firma energética.

Primero la cuarta, después la quinta

Es cierto que en unas pocas décadas la Tierra va a entrar en la cuarta dimensión y es cierto que la mayoría de las personas entrarán también en la cuarta dimensión. La Tierra y sus habitantes ya se encuentran en el proceso de trasmutación a la cuarta dimensión. Numerosas personas se quedarán en la cuarta dimensión porque no tendrán la energía espiritual necesaria para ascender a la quinta dimensión.

No obstante, las semillas estelares y aquellos que puedan activarse para comprender todo esto van a poder saltarse la cuarta dimensión y ascender directamente a la quinta. Queremos hacer hincapié en que aquellos que no son semillas estelares, quienes todavía están enraizados en el ciclo de encarnaciones de la Tierra, aún están a tiempo de convertirse en semillas estelares en su conciencia y ascender también a la quinta dimensión. En la cuarta dimensión seguiréis estando en un reino con implicaciones en las encarnaciones terrestres, y tendréis que regresar necesariamente a la Tierra. Si ascendéis a la quinta dimensión, estaréis liberados del ciclo de las encarnaciones y solamente regresaréis a la Tierra si así lo decidís.

La Tierra también entrará en la quinta dimensión, pero en otro momento. Es posible que la Tierra no entre en la quinta dimensión hasta el año 2050, o incluso más tarde. Se precisan numerosos factores diferentes para que la Tierra se trasforme del todo. Pero antes sucederán muchas cosas y para entonces las semillas estelares ya se habrán marchado del plano terrestre.

Aquellos de vosotros que sois semillas estelares y regreséis a la Tierra como Maestros Ascendidos, participaréis en el paso de la Tierra a la quinta dimensión. Este cambio a la quinta dimensión no puede producirse sin la asistencia de —esta cifra os va a asombrar— 144.000

Maestros Ascendidos, que serán necesarios en este planeta para llevar la Tierra a la quinta dimensión. Es una tarea asombrosa.

Ahora podéis entender la importancia que tiene ayudar a las semillas estelares, de que muchas de ellas tengan que regresar y de que un grupo central participe como Maestros Ascendidos. En esto reside la importancia de la cifra de 144.000, que no hace referencia a los seres que van a ascender, pues sería demasiado baja. Ya hay cerca de tres millones de personas que son posibles «ascendientes» a la quinta dimensión.

La misión de los trabajadores de la luz

En el período actual no habrá nunca en el planeta una mayoría de trabajadores de la luz en relación con la población. Actualmente, en la Tierra viven más de seis mil millones de personas. Nunca habrá más de tres mil millones de trabajadores de la luz. ¿Podéis imaginar lo fantástico que sería que hubiera tantos trabajadores de la luz? ¡Qué sencillo sería así trasformar la Tierra!

Hoy día, el número de trabajadores de la luz se acerca, probablemente, a los cuatro millones en todo el mundo. El número de trabajadores de la luz que abandonarán realmente el planeta en la primera Ascensión será mucho menor. Calculamos que serán, más o menos, de 250.000 a 300.000. Como podéis comprobar, ni siquiera es el 10 % del total de los trabajadores de la luz y sin duda es un número muy bajo si se compara con la población total del planeta.

Quienes controlan los recursos planetarios y militares son muy capaces de ejercer una dominación física de las masas. En esta situación, ¿cómo podrían los trabajadores de la luz influir de forma duradera? ¿Cuál es vuestro verdadero papel como trabajadores de la luz? Estamos aquí para recordaros vuestra principal tarea: ayudar a preparar a la Tierra para su nacimiento a la quinta dimensión. Asimismo, estáis aquí para despertar y activar a otros.

El intercambio de energía para pasar de la tercera a la quinta dimensión precisa una ingente ráfaga de energía. La interacción de los trabajadores de la luz con la Tierra puede compararse a la descarga de energía de una reacción atómica. De hecho, vosotros podéis ser un canal para las intensas ráfagas de energía que se infundirán en el planeta. Sin embargo, si se va a ser un canal para este tipo de energía, es necesario estar totalmente purificado y alineado. En caso de no estar alineado e intentar trasferir ese tipo de energía al planeta, los resultados serían muy incómodos para vosotros. Os animamos a que trabajéis para purificar vuestros problemas personales de modo que podáis convertiros en canal, a fin de introducir esta energía de la quinta dimensión en la Tierra. Sabemos que todavía estáis experimentando la purificación, pero habéis llegado a un punto en que vais a poder aportar más energía.

Podéis emitir la energía que entra en vosotros. Recibid la energía a través de vuestro chacra de la corona y enviadla en una ráfaga o corriente desde vuestro chacra del corazón a la Tierra. Este poderoso ejercicio os colocará en una nueva alineación y en vuestro camino verdadero y vuestra auténtica misión. Muchos de vosotros lleváis meses preguntado: ¿qué se supone que debo hacer? Os lo vamos a decir: se trata de una combinación entre vuestra purificación personal y la trasmisión y emisión de esta energía. Nos hallamos sobre vosotros en una nave especial que recibe energía poderosa de nuestra nave nodriza. En esta nave nodriza hay diez trabajadores Arcturianos que nos envían energía que, a su vez, os la dirigimos a vosotros. Esta energía luminosa que os enviamos es azul y plateada. No podéis contener esta energía durante mucho tiempo porque se trata de energía de alta velocidad. Se os está entrenando para recibir esta energía y retenerla, quizá por un período de entre 5 y 10 segundos. Pasado este tiempo se disipará. Por eso es importante que la redirijáis a la Tierra tan pronto como podáis.

Construcción de un puente a la quinta dimensión

Nuestra misión planetaria actual consiste en ayudar a estabilizar y trasformar la Tierra para que pase al siguiente nivel. Vuestra misión es cumplir la función como seres estelares en el planeta. Algunos de vosotros reconocéis en vuestro interior la conciencia de haber sido anteriormente un ser estelar. Dependemos de vuestra ayuda para construir el puente a la quinta dimensión.

La conexión con la quinta dimensión que ahora tiene la Tierra es tan poderosa que seres de otros planetas se sienten atraídos por la Tierra. Esto significa que otros planetas que existen en la tercera dimensión están únicamente dedicados al crecimiento espiritual, pero sus almas todavía precisan la experiencia dimensional en la Tierra para completar sus tareas. Son numerosos los que necesitan prestar un servicio a través de la experiencia terrestre que les ayude a generar la energía espiritual necesaria para la Ascensión. Esto es lo que cada uno de vosotros está intentando hacer. Tenéis la intención de elevar vuestra energía espiritual para poder ascender al próximo reino.

¿Cómo vais a construir y a estabilizar este puente a la quinta dimensión? La primera respuesta es que debéis construir un puente para vosotros mismos. Os ofrecemos un puente personal que os una a nuestra conciencia y que consiste en nuestro trabajo con vosotros y nuestros corredores. Mientras cruzáis este puente, habéis de preguntaros: ¿cómo voy a proporcionar un puente para los demás?, ¿cómo voy a proporcionar el puente a mi hija, mi hijo, mi marido o mi amigo? Es posible que ellos no estén abiertos a ese puente. Debéis aprender a suministrar información y facilitar sendas a este puente de forma comprensible para ellos.

Hemos atenuado o reducido nuestras explicaciones sobre el trabajo de los Arcturianos para que podáis entender y aceptar con más facilidad esos conceptos. Ahora vosotros debéis disminuir la información que facilitáis a otros para que puedan entenderla. Con esto no queremos decir que salgáis a la calle a intentar convertir a las personas. La conexión con los demás en grupo ofrece un acceso poderoso a este puente. Por supuesto, necesitáis que os recuerden que la energía de la quinta dimensión está empezando poco a poco a filtrarse en vuestras vidas. Es maravilloso verlo. Tened en cuenta que esta luz de la quinta dimensión desciende hasta vosotros para que la recibáis a través de vuestro chacra de la corona.

Descargas a través de los corredores

Muchos de vosotros contribuiréis a la descarga de energía negativa. Esto es muy importante. Como sois capaces de activar diferentes lugares, también tenéis la oportunidad de descargar energías poderosas. Sabed que, cuando trabajáis con esta energía, existe la oportunidad de promover la sanación de vuestro planeta. Podemos manejar las fuerzas negativas sobre la Tierra, y continuamente ayudamos a disipar la energía negativa. Cuantos más corredores tengamos abiertos, tantas más conexiones tendremos con la Tierra y tantas más descargas de energía negativa podremos permitir.

Una vez descargada esta energía, la posibilidad de que se produzcan cambios catastróficos en la Tierra disminuye.

De eso se ocupan los trabajadores de la luz: no sólo de proporcionar modelos, sino también de prestar asistencia en la trasformación planetaria. De esto trata el trabajo de la Dra. Norma Milanovich (autora de *We, the Arcturians*), quien ha viajado a varios países de todo el mundo para activar corredores. Cuando esos corredores estén activados, entonces podrán producirse descargas continuas de energía negativa.

Si las energías de la Tierra alcanzan un mayor equilibrio, la Tierra puede contener y absorber más energía para que no se produzcan reacciones violentas. No obstante, las liberaciones de energía pueden establecerse solamente en áreas donde se ha estado recibiendo una energía superior. Primero debéis tener un vórtice y una activación, a los que seguirá una descarga. A este lugar de descarga y liberación también pueden llevarse otras energías terrestres existentes a lo largo de las líneas de red.

Recordad que la Tierra está recibiendo luz y energía superiores de vuestro trabajo. Cuantos más corredores existan a lo largo de las líneas de red, tantas más oportunidades hay para que se produzcan liberaciones. Con objeto de que llegue la energía galáctica, para la Tierra y para vosotros es una medida muy poderosa y muy sanadora activar las líneas de red planetarias. ¡Podéis hacerlo!

Energía espiritual galáctica y de Gaia

Habla Tomar. Se está preparando en nuestra nave un templo especial para vosotros. Os vamos a llevar a un templo que se encuentra en una de nuestras naves nodrizas, que son más grandes y potentes. Dentro de nuestra nave nodriza, situada en el corredor dimensional entre Júpiter y los demás planetas exteriores, estamos todos sentados juntos en este hermoso templo. Mirad alrededor de vosotros y veréis la Tierra desde la perspectiva de Júpiter. Parece una estrella, un planeta estelar azulado. Entrad en nuestro templo.

Hemos preparado un jardín dorado para vosotros. En este jardín se encuentra uno de nuestros cristales especiales. Se trata de un cristal verde azulado que imita el poder y la energía de la Tierra. Tiene el brillo azulado de la Tierra. Cuando observáis la Tierra desde el espacio exterior podéis ver su color azul. El cristal emite esta luz azul porque reproduce la energía pura del espíritu de la Tierra. Sentados como estamos en el círculo, colocad las manos sobre el cristal y absorbed la perfecta energía de luz azul de este cristal. Como ésta es la luz pura de la Tierra, regresaréis con esta luz pura en vuestro cuerpo y la implantaréis de nuevo en la Tierra. Esta energía es lo que amáis y el motivo de que eligierais ir a la Tierra. Esta energía está en vuestra naturaleza superior. Nosotros contribuimos a estabilizar esta luz pura procedente de la Tierra.

Venid a otra parte del templo donde nos sentaremos en círculo. En el centro del círculo hay otro hermoso cristal que representa el espíritu de la galaxia. Nunca antes se ha mostrado este cristal a ningún ser terrestre como vosotros. Posad las manos sobre el cristal. De este cristal solamente puede decirse que es una sombra poderosa de un color blanco que nunca ha sido visto por ojos humanos. No es el blanco puro que estáis acostumbrados a ver. Es un blanco galáctico especial. Este cristal representa el corazón y el espíritu de la galaxia.

Estimados amigos terrestres, me complace sobremanera que hayáis venido a conectaros con el espíritu de la galaxia. Ella es nuestra madre. Al igual que los Nativos Americanos consideran que la Tierra es su madre, os daréis cuenta de que la gran madre de todos es la galaxia.

Vuestras almas nacieron en esta estructura galáctica llamada Vía Láctea. Si percibís la Vía Láctea como vuestra madre, os podréis conectar con la luz del Sol Central Galáctico. Podéis entrar inmediatamente en contacto con numerosos seres superiores de esta galaxia.

Mientras habéis permanecido en el templo, cogidos de la mano por encima del cristal, habéis estado recibiendo las vibraciones codificadas para llevarlas de vuelta a la Tierra. Os pido otra vez que os cojáis de la mano y las coloquéis encima el cristal del espíritu galáctico y absorbáis la energía. Ahora os voy a conectar con el cristal de la Tierra. Recoged esa vibración. La energía pura del espíritu de Gaia está entrando en vuestro interior. Os llevaréis con vosotros esta frecuencia de vuelta a la Tierra.

Una vez más os digo, trabajadores de la luz, que estáis prestando un gran servicio, que estáis desempeñando una gran misión. Los corredores son muy importantes en todos los aspectos, porque los corredores con los que estamos trabajando, los corredores Arcturianos, cumplen varias funciones. En primer lugar, podéis entrar en los corredores; podéis ser puros de pensamiento y podéis ser seres de la quinta dimensión por experiencia. En segundo lugar, podemos enviar energía especial que ayudará a estabilizar la tercera dimensión.

Amamos vuestra tercera dimensión. Es un maravilloso lugar de enseñanza. Os rogamos que extendáis el mensaje de lo maravillosa que es la escuela de la tercera dimensión. Ahora regresamos a la Tierra y permaneceremos sobre ella.

Energía del Creador y cambio planetario

Se ha planteado una serie de preguntas con respecto a nuestra función en la colaboración con los Maestros Ascendidos. Somos parte de una embajada galáctica especial dedicada a ayudar a otros, como vosotros, a alinearse con los corredores de energía de una dimensión superior, que no existe sólo en nuestro planeta, sino también en todo el Sistema Solar. Nuestro sector galáctico local es un área altamente cargada que acoge a numerosas civilizaciones planetarias distintas. Esta vez, nuestro sector galáctico está del todo centrado en la Tierra. Por este motivo vienen aquí tantas entidades y seres. Vuestro sector galáctico es el «lugar donde hay que estar», porque cuando hay un cambio así, se produce una abertura en el Creador que permite a otros experimentar la Energía del Creador de una forma nueva y divina.

Todos venimos aquí a servir, pero también venimos a aprender. Estamos aquí para experimentar la nueva abertura que llegará al planeta Tierra. Es difícil que lo entendáis, porque pensaréis que la energía, debido a los cambios, a la posible devastación y la conmoción que van a producirse, se volverá más densa y se bloqueará o se desintegrará. A pesar de lo certero de esta descripción, sabemos por anteriores observaciones que esta abertura al Creador es accesible gracias a la ingente cantidad de energía que se está descargando desde vuestro planeta, debido al cambio planetario dimensional.

Todos os daréis cuenta de que podréis experimentar la Energía del Creador de una nueva forma, que desearán otros seres. Por este motivo, ahora numerosos seres se han encarnado, para experimentar esa abertura. Debo hacer hincapié en que ésta es una experiencia nueva y emocionante para todos nosotros, no sólo para vosotros en la Tierra. Sabemos que llegará un momento de desafío extremado y luz intensa, en el que se manifestará una nueva faceta del espíritu del Creador. Desde Arcturus viajaríamos a cualquier sitio del Universo para estar aquí con ese tipo de energía. Somos seres espirituales como vosotros, y vamos en busca de un conocimiento superior de amor y energía universales. Deseamos estar cerca del Creador, deseamos servir y buscamos nuevas aberturas que ahora son accesibles desde aquí. Podéis describirlas como una grieta en la estructura dimensional.

Muchos de vosotros os esforzáis sobremanera por completar una gran cantidad de karma y de servicio. Lo que hacéis es muy importante y necesario. Quienes sanan a otros están en una profunda misión de servicio, y esta misión es también una estupenda oportunidad de estar más cerca de la incipiente abertura del Creador. Por lo tanto, quienes prestan este servicio profundo, en cierto sentido, experimentan una oportunidad especial de estar cerca de la maravillosa abertura del Creador. Todos estamos muy emocionados de formar parte de esta abertura. Todos los Grupos de Cuarenta sabrán, en un nivel más profundo, de esta abertura especial y todos vosotros vais a participar intensamente. Os estamos preparando a través de nuestro trabajo vibracional para elevar vuestra energía, de forma que podáis experimentar conscientemente la maravilla y la alegría de la trasformación interdimensional.

Nadie ha descrito ni visto la nueva abertura del Creador. Ni siquiera los Maestros Ascendidos saben el tono, la frecuencia y el color exactos de la abertura. Como veis, también es emocionante para nosotros. Sólo sabemos que una frecuencia de vibración y color especiales y únicos descenderá a la Tierra.

Quienes venimos de otras dimensiones hemos estado en planetas que han experimentado la abertura del Creador, y sabemos cómo revitalizarla, estimularla y lo maravillosa que será cuando ocurra. Esta vez la Tierra está muy cerca de experimentar esta energía. Hay quien ha preguntado si esto va asociado a la Ascensión. Sólo podemos decir que esta cuestión únicamente se revelará en los momentos finales de la abertura. Muchos otros planetas de este sector de la Vía Láctea han pasado por esta experiencia. Cada experiencia es única y cada una informa de la Mente del Campo Energético del Creador Universal.

Unicidad con la Energía del Creador

Mientras escucháis nuestras palabras y nuestros tonos, pensad en la Unicidad. Emitid hacia fuera vuestra energía, enviad vuestra luz a todas las personas. Conectaos incluso hacia arriba, porque todos están dirigiéndose a las conexiones con los Arcturianos y con nuestra nave. Enviamos un rayo de luz que atrae energía. Podéis visualizar rayos de luz que salen de la nave en la que nos encontramos, creando un enorme círculo que unifica toda vuestra energía. Debajo de este círculo salen otros rayos de luz. Mantened esa conexión. Vais a experimentar pensamientos como si formaran parte de vosotros, aunque proceden de los Arcturianos.

Ahora escuchad nuestros pensamientos. Concentraos en la conexión de vuestro yo superior con la energía del Creador. La máxima aspiración en el Universo es poder comprender y experimentar la Luz del Creador. Somos uno con vosotros. Sentid nuestra energía. Sentid el amor que os tenemos a todos vosotros. Sentid la Unicidad con la presencia galáctica. Comprended que, de la misma manera que existe una presencia espiritual de la Tierra que llamáis Gaia, también existe un presencia espiritual de nuestra galaxia que conocéis como Vía Láctea. Conectamos con la luz espiritual de nuestra galaxia. El Portal Estelar está conectado con la conciencia galáctica.

Capítulo 13

La Ascensión humana

Es importante que entendáis mentalmente lo que va a ocurrir en el proceso de Ascensión y lo que está ocurriendo ahora. Descubriréis que somos unos recursos excelentes para vosotros: podemos proporcionar lucidez mental en torno a muchas de estas cuestiones. Hemos trabajado con vosotros para ayudaros a obtener lucidez mental. Seguiremos trabajando con todos los que lean esta información para mejorar su lucidez mental, porque solamente podéis traspasar el Portal Estelar con plena conciencia y lucidez mental. No se trata de un proceso en que vais a perder completamente la conciencia. Vais a experimentar una comprensión absoluta de muchas cosas.

En todo el mundo y por todo el país se anhela la energía extraterrestre de una dimensión superior. Sabéis que lo necesitáis, tanto como necesitáis alimentos y agua. Necesitáis nuestros estímulos o los de otros seres superiores para generar vuestra espiritualidad, para acelerar vuestros campos electromagnéticos. Estos contactos profundizan vuestra conciencia de las fuerzas que se dirigen a vosotros en la Tierra y de las fuerzas ya existentes en el planeta.

Llegará un momento en que tendréis que buscarnos en el cielo. Debéis profundizar vuestra concentración cuando miréis al cielo. Empezaréis por ver corrientes de luz procedentes de cierta parte del cielo. El contacto con nosotros será importante para vosotros. Será una necesidad para vuestro desarrollo. Precisaréis la luz y el contacto para seguir manteniéndoos de forma satisfactoria en el planeta Tierra.

Francamente, el planeta se halla en un abrumador estado de fuerzas caóticas que cruzan sus meridianos. La lucha por mantener un sentido continuo del orden es cada vez más difícil. Este sentido del orden que conocéis como vuestra existencia diaria es muy frágil, más de lo que pensáis. Quizá seáis conscientes de esta fragilidad cuando parte del caos se manifiesta en forma de catástrofe. Quizá os preguntáis: ¿cómo me preparo?, ¿cómo me alineo?

Es preciso que ordenéis correctamente vuestras prioridades. La máxima prioridad debe darse a esa espiritualidad, a este trabajo espiritual ligero que os espera. Ésa es vuestra intención, vuestro objetivo, profundizar en vuestra espiritualidad, aumentar vuestros campos energéticos, vuestros receptores, vuestras intenciones, vuestra concentración en el objetivo de un cambio dimensional y espiritual. Vais a pasar a la quinta dimensión. No hay duda al respecto, y no se trata de un asunto cualquiera.

Cuando estáis deprimidos, vuestro campo energético está bajo. Estar cerca de alguien deprimido puede frenaros. En un estado de ánimo normal, vuestra energía vibra con rapidez, pero en una energía acelerada debéis vibrar aún más rápido. Con ello no queremos decir que vuestra mente vaya a procesar con más rapidez, no os confundáis. La frecuencia es más elevada, pero los pensamientos no van necesariamente más rápido. De hecho, en muchos casos los pensamientos en realidad se frenan o detienen. A esto lo llamamos tecnología de ondas o tecnología de pensamientos. Deseamos enseñaros más sobre el uso de esta tecnología para aceleraros. La concentración de un grupo espiritual es una forma estupenda de aumentar vuestra frecuencia individual.

Transición a la quinta dimensión

Numerosas semillas estelares irán a la quinta dimensión, aunque asumimos que algunas no serán capaces de lograr llegar y, quizá, sólo puedan ir a la cuarta. Como Maestros Ascendidos que consiguen llegar a la quinta dimensión, podéis volver a la Tierra y ayudarle en su trasformación. Seréis libres de hacerlo así, tanto cuando la Tierra se encuentre en la tercera dimensión como cuando se halle en la cuarta dimensión. Sorprendentemente, vuestra ayuda no será tan necesaria cuando la Tierra esté en la cuarta dimensión. Predecimos que muchos de vosotros sólo estaréis interesados en ayudar a la Tierra cuando esté en la tercera dimensión.

Muchos de vosotros ya no os sentiréis tan atraídos por la Tierra cuando pase a la cuarta dimensión. Entonces se producirá otra magnificación de la energía en la Tierra y no seréis tan necesarios como ahora. Básicamente, ayudáis a la Tierra a pasar de la tercera a la quinta dimensión. Si la Tierra pasa a la cuarta dimensión, no tendréis la misma poderosa función en la trasformación de la Tierra de la cuarta a la quinta dimensión.

Todavía queda la esperanza de que la Tierra pueda ir directamente de la tercera a la quinta dimensión. Se esperaba que la Tierra pudiera dar el salto. Sinceramente, esto es todo lo que se puede hacer ahora para mantener a la Tierra unida en la tercera dimensión ante las tremendas energías destructivas que se han desatado en vuestro planeta. No se ha hablado mucho de la cuarta dimensión, sencillamente porque la mayoría de vosotros deseáis liberaros de todas las encarnaciones y enredos terrestres. En la cuarta dimensión no estáis del todo libres de esos enredos.

Deberíais tener un único objetivo: la trasformación total de vuestra existencia física a la quinta dimensión, al Portal Estelar, adonde podréis ir a través de portales que os conducirán a la experiencia planetaria apropiada. Ahora llevad vuestra conciencia a un lugar más elevado, donde podáis estar sobre la Tierra de forma consciente y estar en una onda de energía. Sois ondas de energía, como nosotros. Sois magníficos en toda vuestra encarnación, que se extiende, al menos, a unos seis metros a la redonda. Ya es hora de expandir vuestra conciencia. Concentraos en vuestros pensamientos y moveos a un punto de la conciencia que tenga un perímetro de seis metros alrededor de vosotros.

Estáis llegando a un punto de la conciencia en el que vais a empezar a ver en la quinta dimensión. Vais a poder experimentar nuevas luces visuales, nuevas pistas visuales. Entre el caos y las energías conflictivas del planeta, los trabajadores de la luz tienen la misión de traer orden, acciones e interpretaciones significativas con respecto a lo que sucede, y de dedicar su vida a la trasformación en una conciencia superior. Recomendamos que —ya va siendo hora— os deshagáis de los esfuerzos materiales que no significan nada espiritual para vosotros, que no tienen ningún valor real o duradero.

Entre vuestros procesos de pensamiento se incluye vuestra capacidad para visualizar y comprender adónde vais. A este respecto lo estáis haciendo muy bien. Muchos de vosotros incorporáis acertadamente pensamientos que están relacionados con la Ascensión y el acceso a planos superiores. Recordad que para saber quiénes sois es preciso que os comprendáis a vosotros mismos como personas galácticas y como seres electromagnéticos de luz. Éstos son conceptos apropiados. Y hay otro concepto más que queremos que conozcáis: sois seres en proceso de transición. Ésta es una parte inherente a vuestro camino. Otra forma de expresar ese concepto sería: sois seres en expansión. Porque sois seres en transición y en expansión, os parecéis a la energía del Creador, que se mueve para expandirse a través del trabajo interior de quienes forman parte de la familia del Creador. La ley del Creador es expandirse. Nuestra expansión está bajo el mando de la energía del Creador.

Muchos de vosotros os preguntáis adónde vais a ir cuando se produzca la Ascensión. Os preguntáis si será a Arcturus o a las Pléyades u a otro sitio. Os rogamos que tengáis en cuenta que el Portal Estelar es el primer objetivo. Os diremos que os concentréis en ir al Portal Estelar. Una vez hayáis llegado al Portal Estelar, tendréis todo el tiempo necesario para integraros. Necesitáis integrar no sólo vuestras encarnaciones terrestres y todo lo que ha sucedido en la Tierra, sino que también habéis de integrar vuestras encarnaciones de otros planetas. Parte del proceso consiste en integrar las encarnaciones de la Tierra, o la energía terrestre, con la energía Arcturiana. Como la energía Arcturiana es pura frecuencia, si la utilizáis siempre estaréis protegidos. No habrá intrusiones, por ejemplo, de los Grises, de los Oriones o Sirianos negativos, ni experimentaréis ninguna pérdida de control. Como somos seres puramente espirituales, no deseamos ni nos interesa corromperos o controlarlos. Sólo nos interesa ayudaros a desarrollar una frecuencia elevada y un estado de amor elevado.

Se requiere un impulso energético

A medida que vais hacia las energías de la quinta dimensión, adquiriréis la capacidad para comprender las energías interdimensionales e interuniversales y la capacidad para trabajar con ellas. Entre este momento de 1997 y el período aproximado de 2020 a 2030, se podrá acceder a una gracia especial, a una compensación especial y a una energía especial. Podréis aprovechar un gran impulso de energía espiritual. Este impulso energético os proporcionará la vibración y la energía necesarias para dar el salto a la quinta dimensión. Sin embargo, es cierto que si tenéis ciertos tipos de karma irresueltos, entonces no podréis saltar a la quinta dimensión. No podéis saltaros lecciones.

¿Entonces, cómo es posible que saltéis por encima de las dimensiones y paséis de la tercera a la quinta dimensión? ¿Cómo es posible que salgáis de vuestro ciclo de encarnaciones terrestres? La única forma de hacerlo pasa por un enorme impulso energético. Para entrar en niveles superiores se precisa energía. No nos referimos a la energía tradicional que conocéis en la tercera dimensión, como la energía nuclear o la que utilizáis para mover vuestros coches. Ahora hablamos de energía espiritual. Hablamos de la energía que está relacionada con el yo superior.

De cada uno de los seres humanos emana un nivel de energía específico. Cuando se conoce a una persona, se puede advertir fácilmente su nivel energético. Cada persona vibra en su propio nivel energético. Nosotros percibimos que a veces estáis deprimidos, lo que se consideraría una energía más lenta. Si estáis entusiasmados, parece como si rebosarais de energía. Otras veces sois espirituales y os sentís más ligeros. Cuando os encontréis en un estado de máxima energía espiritual, os sentiréis extremadamente ligeros, y podréis trasladaros a la quinta dimensión.

Para pasar a la quinta dimensión deberéis tener cierto nivel de energía. Podréis aprovechar este impulso energético a través de la gracia de Sananda-Jesús. Cuando llegue el impulso, podréis procesar gran parte de vuestro karma y de asuntos personales, y progresar en ellos. Es posible que para procesar normalmente algunos de vuestros asuntos personales se necesiten tres o cuatro vidas. Sin embargo, con la ayuda de estos impulsos energéticos y de la gracia divina, podréis avanzar en vuestros asuntos personales en un breve espacio de tiempo. Esta reducción de vuestro karma, que tiene como consecuencia un intenso trabajo en torno a los asuntos personales, puede ocasionaros problemas. Parte de nuestra misión consiste en ayudaros a trabajar con estos impulsos energéticos.

Vuestro chacra del corazón está empezando a abrirse, y ésta será la clave para vuestra trasformación. No os centréis demasiado en intentar comprender uno u otro aspecto. Sabed que vuestro corazón es la clave para vuestra trasformación total. Vuestro corazón se siente muy cómodo con todo esto. Vuestro corazón es muy sabio y sabe exactamente cómo alinearse para vuestra Ascensión.

Queremos que sepáis que hay numerosos guías, maestros y ángeles dispuestos a ayudaros. Trabajamos con Sananda, la Madre María, Kuthumi, El Morya, Quan Yin y muchos otros Maestros Ascendidos. Nuestros amigos Pleyadianos y otros muchos hermanos y hermanas extraterrestres se están reuniendo aquí para contribuir a crear una energía profunda. Estamos creando un maravilloso portal que se abre a los reinos superiores. Venid a este portal y expandid vuestra conciencia.

Expandir la conciencia es simplemente natural. Por ello, nos entristecemos al ver contracciones que experimentan nuestros hermanos y hermanas en la Tierra. Conocemos las dificultades por las que pasáis. Para vosotros ha sido muy dura la pérdida de contacto con la flota estelar y con la conciencia universal. Es como carecer de alimentos y agua. Así de grave nos parecería la separación de esta conciencia. No obstante, ahora tenéis una maravillosa oportunidad de reconectaros con esa energía.

El poder de la energía del alma de grupo

Gracias a que estamos más vinculados con la energía de grupo y la energía del alma de grupo, podemos vivir más tiempo. Incluso vuestra especie, tal y como se recoge en el Antiguo Testamento, podía vivir centenares de años. Ahora no es habitual que alguien supere los 85 años, aunque tengáis la capacidad biológica de vivir mucho más tiempo. El motivo es, sencillamente, que no habéis desarrollado la tecnología de grupo y la conciencia multidimensional. Para vivir durante períodos más largos de tiempo es preciso que establezcáis conexiones profundas con otras dimensiones.

No podéis mantener una existencia duradera sin contactar con los reinos superiores, porque vuestros cuerpos se desgastarían rápidamente. La clave para alargar vuestras vidas y vuestra salud consiste, en primer lugar, en centraros en las energías de las dimensiones superiores, y, en segundo lugar, en tomar esas energías para introducirlas en vuestro cuerpo físico. Sin esta capacidad no hay forma de que un ser pueda superar el tiempo previsto de vida de ochenta o noventa años. Nosotros podemos vivir hasta diez mil años.

En estos momentos de vuestro desarrollo, trabajáis con el alma individual y el alma de grupo. Se trata de un aspecto muy importante. Comprenderéis, como lo hemos hecho nosotros, que para dar el próximo paso evolutivo debéis hacerlo como grupo. Esto es fundamental, según deducimos de nuestra información sobre vuestra Ascensión. De hecho, gran parte del éxito de la Ascensión dependerá de la energía de grupo. Sabéis que los guías y los maestros os han hablado de las ondas. Las ondas serán grupos y no, ante todo, individuos. Aunque se han producido ascensiones individuales, en general la Ascensión será un proceso de grupo. Aquellos de vosotros que no hayáis alcanzado el grado de desarrollo de los Maestros Ascendidos no podríais ascender si no fuera porque vais a participar en una experiencia de grupo.

Por lo tanto, nos interesa mucho la relación entre el alma individual y el alma de grupo. Ésta es una de las falacias de vuestra existencia en la tercera dimensión, a saber, la de vuestra experiencia de estar separados de vuestra familia de almas y de vuestro grupo de almas. Es una gran carga sentirse separado y muchos están superados por la ansiedad. Por otro lado, son muchos también los que han tomado el otro camino y se han volcado por entero al grupo. Han perdido su individualidad y su libre albedrío. Conocemos estos problemas individuales de voluntad. Durante mucho tiempo también nos hemos esforzado por resolver problemas de equilibrio de la voluntad.

Reactivación de vuestra conciencia galáctica

Es cierto que a todos nos queda mucho trabajo por hacer. La labor que vais a llevar a cabo será más ligera y sencilla porque vais a conectar con vuestra conciencia galáctica. Cuando os encarnasteis en la Tierra dejasteis atrás la parte de vosotros que se relaciona con vuestro sentido de conciencia galáctica. Cada uno de vosotros tiene un elemento de semilla estelar en el interior que está conectado con el núcleo básico de la galaxia. Los Arcturianos vivimos continuamente en ese hilo de conciencia. Vibramos todo el tiempo con el núcleo galáctico. Esta vibración energética nos ayuda a permanecer en el estado espiritual que tanto deseamos para vosotros. Cuando os percatéis de vuestra herencia galáctica y reactivéis vuestra conciencia galáctica, conectaréis con nosotros de forma más efectiva y utilizaréis mejor nuestro contacto.

Una forma de reactivar vuestra conciencia galáctica consiste, simplemente, en concentrarse en la estrella Arcturus durante vuestras meditaciones. Cuando miréis a las estrellas, contemplad en vuestra conciencia la estrella Arcturus y, después, meditad concentrándoos en ella. Muchos de vosotros seréis capaces de enviar vuestra energía y vuestros pensamientos a la estrella. Arcturus rebotará la energía de vuelta a vosotros. ¿Habéis oído hablar del rebote lunar? Se trata de una técnica que utilizan vuestros técnicos de radio cuando envían una señal a la Luna, donde rebota para regresar desde un ángulo diferente. Es posible enviar una señal de radio desde San Francisco hasta Londres, de forma que rebote antes en la Luna. Cuando enviéis vuestros pensamientos al sistema de Arcturus, se os devolverán junto con energía nuestra y de algunos de nuestros mayores que ahora han elegido trabajar con vosotros.

En estos momentos, algunos grupos de mayores se reúnen en nuestros templos. Están abiertos a comunicarse con muchos de vosotros. Están abiertos a recibir vuestros pensamientos y peticiones, y abiertos a enviaros información y energía del sistema Arcturus. Esta energía es diferente de la energía que recibiríais de nuestras naves nodrizas. La energía procedente de Arcturus tiene un ritmo etérico y una vibración especiales.

Es sumamente importante que aceptéis vuestra herencia galáctica y vuestra conciencia galáctica. Además, debéis percataros de que vuestros problemas personales pueden simplificarse al recibir esta luz superior del sistema Arcturiano. Ganaréis sabiduría espiritual y podréis utilizar esa sabiduría para resolver los problemas concretos que tiene cada uno de vosotros. Entonces consideraréis que esos problemas, como los financieros o los de relaciones, son menores en comparación con el objetivo global del desarrollo de vuestra alma y del proceso de entrada en este reino superior.

Para vuestro proceso de Ascensión es esencial que aceptéis vuestra herencia galáctica y estelar. Es necesario que creáis en algo para que pueda convertirse en realidad. Si creéis en vuestra herencia y conciencia galácticas, activaréis vuestra semilla estelar. Esta activación os permitirá recordar, muy positivamente, vuestras conexiones de vidas pasadas como ser estelar. Una vez hecho esto, empezaréis a conectar con otros que piensan de forma similar, y os daréis cuenta de vuestra relevancia para los sucesos futuros. Ahora cada uno de vosotros tiene una energía y una unicidad particulares y una perspectiva que es necesaria.

En nuestro mundo, numerosos grupos de Arcturianos siguen conectándose telepáticamente con seres humanos en la Tierra. En Arcturus, algunos grupos se reúnen habitualmente con objeto de enviar mensajes para volver a despertar a los trabajadores de la luz en la Tierra. A todos los que estáis leyendo esto, os enviamos a vuestro Tercer Ojo un rayo de luz. Escuchad el sonido de un aplauso y recibid el rayo de luz en vuestro Tercer Ojo. Estamos llegando a un lugar donde nos comunicaremos con vosotros no sólo con palabras, sino también con luz, energía y tonos. Absorbed tanta luz como podáis en vuestro Tercer Ojo. Es preciso que trasfiráis a la Tierra tanta cantidad de esta energía como sea posible. Habéis sido activados; se han ampliado vuestros poderes físicos y vuestra visión física. Vuestra frecuencia ha aumentado.

Uso de la energía del Portal Estelar

Habla Juliano y somos los Arcturianos. Estamos muy contentos de trabajar con seres tan dedicados. No importa el nivel de desarrollo espiritual que creáis haber alcanzado. Algunos de vosotros no os sentís muy evolucionados espiritualmente. Algunos de vosotros sentís que no sois lo suficientemente buenos en vuestras prácticas espirituales o en vuestro desarrollo espiritual. A la hora de trabajar con vosotros no tenemos en cuenta en absoluto este factor. Os saludamos porque estáis abiertos, porque deseáis mejorar y queréis elevar vuestras vibraciones a un nivel superior que os permitiría pasar al próximo reino dimensional. Trabajamos con vosotros para que podáis entrar en el Portal Estelar.

Vais a un lugar donde podéis convertiros en seres capaces de dar un salto de conciencia. Podréis saltaros varias encarnaciones. En muchos casos, podréis saltar por encima de veinte a treinta encarnaciones en la Tierra, si no os limitáis a realizar esta profunda conexión con nosotros, sino que también abrís vuestra conciencia al Portal Estelar. Por lo tanto, cuando paséis por una Ascensión o por cualquier transición de la conciencia, queremos que tengáis el Portal Estelar en vuestra mente como un lugar al que dirigirse.

Os pedimos que llevéis el Portal Estelar a vuestro sueño. Os maravillará el poder con el que podéis moveros por la conciencia si lleváis la imagen del Portal Estelar Arcturiano a vuestro sueño. Una de nuestras principales tareas consiste en introducir nuestra existencia en vuestra conciencia en el planeta y presentar el Portal Estelar. El Portal Estelar es un poderoso activador. Es un bello elemento adyacente al principal

Templo Arcturiano en el planeta Arcturus. Podéis acercaros al Portal Estelar en vuestras meditaciones, pero solamente podréis traspasarlo cuando hayáis completado vuestras encarnaciones terrestres.

Ahora bajaremos un poderoso rayo que llena toda la habitación de luz azul, dorada y blanca. Al mismo tiempo, centramos ese mismo rayo sobre vosotros. Con los poderes que nos han sido conferidos bajo la autoridad de Sananda, os subimos a nuestra nave. Con el permiso que nos han concedido nuestros maestros superiores, ahora os permitimos ir a la entrada del Portal Estelar Arcturiano para que podáis experimentar el poder del Portal Estelar.

Contemplaos a vosotros mismos ante el Portal Estelar Arcturiano en un hermoso jardín. Al examinar el Portal Estelar veis que las personas que entran en el Portal Estelar procedentes de otras partes de la galaxia se trasforman poderosamente. Este Portal Estelar no es sólo para humanos, o seres de la raza adánica, sino también para otros que han alcanzado asimismo este punto. Sabed que existen planetas en desarrollo paralelos que también tienen los códigos adánicos, como vosotros. Esos seres también están alcanzando un punto de evolución en el que pueden avanzar a través del Portal Estelar.

Vosotros estáis bajo mi energía especial, bajo mi protección especial. Tenéis permiso para mirar la luz del Portal Estelar. Es una oportunidad especial. Solamente bajo la autoridad superior podéis participar en la observación de este lugar sagrado. Disfrutad de la vista del Portal Estelar. Observad la maravillosa luz y su poder en vuestra aura. Ahora podéis bajar esta energía de vuelta a la Tierra.

Vosotros contribuís decisivamente a introducir la energía del Portal Estelar. Todos vosotros estáis en condiciones de dar un salto de conciencia. Quiero llevaros a una de las habitaciones del templo que está cerca del Portal Estelar. Es posible que queráis explorar aquí las comunicaciones telepáticas en un nivel más profundo. Algunos de vosotros recibiréis los colores antes que las palabras. Ahora os enviamos el color verde. Nos hallamos sentados en la habitación del templo, y ha aparecido Tomar, un maestro de la cámara de luz Arcturiana.

Aumento del cociente de vuestra luz

Soy Tomar de los Arcturianos. Os saludo y os doy la bienvenida a la cámara de sanación que se halla en el Templo del Portal Estelar Arcturiano. Vuestra misión consiste en activar la energía de los Arcturianos en la Tierra y utilizar esa activación para que podáis dar un salto de conciencia a este punto. Comprended que el hecho de que hayáis sido traídos aquí, al Templo, es una garantía de vuestro trabajo como semilla estelar. Solamente como semilla estelar y porque habéis tenido esos contactos anteriores, podéis destinar vuestra energía de luz a este lugar superior. Seguimos bañándoos y purificándoos con la luz sanadora de esta cámara de luz.

Ahora colocamos una octava de energía nueva en vuestra aura. Asimilad esta octava, porque es una octava superior de energía que facilitará vuestro salto de conciencia. Éste es mi mensaje para vosotros, que os envío a través de Juliano. Conoced esta capacidad de salto que tenéis. La belleza de la raza de Adán es que podéis cambiar drásticamente de conciencia. Entonces, ¿qué debéis hacer en la Tierra para dar ese salto?

Utilizad la música de Mozart como os hemos dicho antes. Mozart, una semilla estelar Arcturiana, recibió gran parte de su inspiración musical de los templos de aquí. Escuchad su música todo lo posible durante una semana. Abrid vuestros corazones a todos tanto como podáis. Amad y compartid con todos. Llamadme, a Tomar, y estaré con vosotros para ayudaros a solidificar esa octava en vuestra conciencia. Ahora os llevaré de vuelta al jardín y a Juliano.

Saludos de Juliano. Tenemos algo más que decir sobre el concepto de un cociente de luz. Es necesario aumentar vuestro cociente de luz o frecuencia de luz. Debéis pedir que os otorguen la capacidad para aumentar vuestro cociente de luz en todos los niveles. La clave para la Ascensión reside en vuestra frecuencia de luz. Para aumentarla podéis pedir ayuda a Sananda-Jesús, a los Arcturianos, al Arcángel Miguel, al Arcángel Metatrón y a vuestros guías personales. Podéis pedir que aumente vuestro cociente de energía de luz para que podáis asimilarla ahora.

Cada uno de los maestros y guías que acabamos de mencionar tiene un tipo concreto de frecuencia que se os puede trasmitir. Los Arcturianos pueden ofreceros una frecuencia que es realmente distinta de la del Arcángel Miguel y de otros. Deberíais pedir un aumento de luz y de vibración que os lleve al siguiente nivel donde tenéis que estar. Para ello podría hacer falta la participación de diferentes niveles y diferentes cuerpos, como el cuerpo emocional, el cuerpo físico o el cuerpo espiritual. Os pido que, cuando queráis introducir una energía de luz del corazón, vayáis directamente al corazón de Sananda-Jesús o a los maestros de los Nativos Americanos. Los Nativos Americanos tienen nuestro permiso, nuestra autoridad y nuestras bendiciones para trabajar con la apertura de vuestro chacra del corazón.

Capítulo 14

Cuarenta Grupos de Cuarenta

No sólo podemos veros a vosotros y saber adónde vais, sino que también podemos leer vuestros pensamientos. Es muy fácil para nosotros observar lo que os va a ocurrir. Podemos contemplar toda vuestra vida que tenéis por delante. Vemos la forma en la que vais a procesarlo todo y vemos muchas de vuestras conexiones. También os vemos en conexión con la quinta dimensión. Vemos vuestros procesos superiores, así como vuestros procesos inferiores. Podemos observaros y predecir muchos aspectos vuestros. Podemos advertir vuestras verdaderas conexiones del alma. Y estamos encantados de veros, porque estáis muy activados y llenos de luz. Quienes no tienen una conexión con esta luz se nos aparecen oscuros y contraídos. Cuando os vemos a vosotros y a otros como vosotros, contemplamos una luz brillante y energía expansiva.

Nos sentimos atraídos por vosotros por varios motivos. Algunos de vosotros, como ya habéis sospechado, tenéis alma Arcturiana. Habéis estado en Arcturus en vidas anteriores y habéis convenido en ir a la Tierra a trabajar en vuestra misión o como semilla estelar. De la misma forma que algunos de vosotros cruzáis el mar cuando vais en misiones de los Cuerpos de Paz, las semillas estelares de Arcturus han ido voluntariamente a la Tierra en una misión. Ahora podéis volver a despertar del todo a vuestra misión. Parte de ella implica una alineación de vuestras frecuencias con nosotros, para posibilitar una conexión que nos ayude a elevar la vibración global de vuestro planeta.

Algunos de vosotros no sois semillas estelares Arcturianas, pero estáis evolucionando y anheláis estar con nosotros. Vais a poder elegir entre varias opciones con respecto a dónde queréis ir tras vuestra Ascensión. Algunos estáis listos para graduaros e ir a Arcturus, que es un punto de entrada muy deseable para vosotros. Arcturus es una entrada a los sistemas galácticos estelares de formaciones de energía superior. Como hemos dicho antes, aquellos que deseen graduarse e ir a otras partes del sistema galáctico deben pasar por nuestro Portal Estelar. Nos complace decir que estamos preparando a alguno de vosotros para que, tras la Ascensión, vengáis a Arcturus en vuestra encarnación.

Sabemos lo difícil que ha sido en vuestro camino aceptar la conciencia superior. Gran parte del plano de la tercera dimensión puede considerarse que pertenece a una conciencia densa. Allí hay mucha contracción, así como violencia y odio. Es preciso que ahora os elevéis por encima de todo eso y que reconozcáis vuestra conexión como semilla estelar. Debéis reconocer vuestra conciencia individual y vuestra capacidad innata para expandir esa conciencia. Es necesario que vayáis a la quinta dimensión confiando plenamente en vuestra preparación. Ha sido un camino largo y sabemos que no ha sido fácil. Habéis experimentado numerosas formas de persuasión. Ahora vais a tener que trabajar con otros y ayudarnos a persuadirles.

El poder de la energía de grupo

Damos la bienvenida a vuestras energías y espíritus en los reinos de las frecuencias Arcturianas. Muchos de vosotros habéis esperado largo tiempo para alinear vuestras energías con nosotros y, a la vez, poder recibir nuestras energías. Suele ser mucho más efectivo trabajar con vuestras energías en un formato de grupo, a causa de la abrumadora densidad y de las bajas frecuencias de la Tierra. La colaboración en grupo os ayudará a elevar vuestras frecuencias y receptividad a un nivel superior, y esto os capacitará más para interactuar con nosotros.

La trasformación en grupo y la fuerza del grupo es un fenómeno muy conocido en la Tierra. A mayor número de miembros, mucho mayor es el poder de un grupo. Incluso un grupo pequeño puede crear una energía poderosa. Ni que decir tiene que es necesario elevar toda la frecuencia de vuestro planeta. Podemos acelerar el aumento de vuestras frecuencias en un formato colectivo de esfuerzo concentrado. Después, podréis hacer lo mismo en el área donde vivís. Debido a que tendréis una frecuencia más elevada, vuestra simple presencia en un espacio físico surtirá un gran efecto.

A menudo os hemos hablado de la importancia de la energía de grupo y de que las personas se reúnan en grupos. La interacción en grupo os estimula y os activa. Es cierto que muchos de vosotros habéis adoptado la encarnación actual como grupo, habéis ido a clases en grupo y tendréis la oportunidad de ascender como grupo. Es posible que las personas que forman parte de un grupo espiritual permanezcan juntas en la Ascensión, y lo más probable es que se vean otra vez al otro lado, en la quinta dimensión. Si ahora formáis grupos, tendréis una base, unos cimientos, para pasar al siguiente reino.

Nos causa admiración ver que las personas forman grupos como método no sólo para sentirse mejor, sino también para cambiar la raza humana. Cada uno de los individuos que compone el grupo contribuye a la purificación del subconsciente del grupo y, en última instancia, de la conciencia global colectiva del planeta. Numerosas semillas estelares y trabajadores de la luz se conectan de diferentes maneras, en meditaciones de amor y en meditaciones de apoyo a la Tierra. Las actividades de grupo Arcturianas son muy poderosas porque contribuyen a conducir a muchas personas a un punto de trasformación. Nos complace formar parte de la purificación de vuestro subconsciente.

El número cuarenta

En matemáticas y en la galaxia los números son muy poderosos. Ciertas combinaciones de números pueden ayudar a las personas a entrar en un estado mental y espiritual especial de preparación. El número cuarenta es un número muy poderoso. Podemos deciros que es un número universal, un número comprobado, y que lo hemos elegido con esmero. No sólo ha sido nuestra fuente de energía, sino que también ha creado en estos tiempos un gran poder espiritual en la Tierra. Cuarenta es un número de poder galáctico, y al trabajar con este número obtenéis una forma de protección espiritual. Pero, ¿por qué el número cuarenta tiene este poder?

El número cuarenta os saca de un estado espiritual en bruto para llevaros a un estado intensificado que os permite trascender la tercera dimensión. Es el número clave de la trasformación espiritual en la tercera dimensión. Podéis ascender con el poder del cuarenta. Es un número magnífico. Hemos solicitado la formación de Grupos de Cuarenta, porque sabemos que este número tiene el poder especial de elevaros. Es posible que cada uno de vosotros tenga cortapisas de conciencia que no podáis derribar por vosotros mismos. Pero con el poder del cuarenta, podéis confluir vuestra conciencia en el grupo. Esto es importante para vosotros. Estáis confluyendo. No se trata de dejar de ser conscientes, sino de aportar vuestra conciencia al proceso de grupo.

En el sistema energético Arcturiano estamos muy unidos al número cuarenta. Para nosotros es un número muy poderoso, tanto como para vosotros el número siete. En nuestro sistema, el número cuarenta es un número de perfección e integridad. Cuando trabajamos con vuestros grupos, os prestamos nuestro sistema energético y nuestros patrones de pensamiento. Cuando fusionéis vuestros patrones de pensamiento con una energía de grupo, podréis activar y acelerar vuestro pensamiento. Crearéis en un Grupo de Cuarenta lo que llamaríais una masa crítica de energía espiritual.

El concepto de Grupo de Cuarenta

Un Grupo de Cuarenta es una unidad de conciencia creada con objeto de acumular la energía necesaria para ascender. El cuarenta como unidad es importante porque proporciona la frecuencia y la aceleración energéticas necesarias para entrar en la quinta dimensión. Evidentemente, se requerirá una gran cantidad de energía para que viajéis a la quinta dimensión.

Imaginad, si queréis, que debéis viajar en una nave espacial a una estrella lejana y que para ello tenéis que viajar a la velocidad de la luz o a la más cercana posible a la misma. Sabemos que se necesita una enorme cantidad de energía para acelerar y viajar a una gran distancia, y esta energía sigue estando actualmente fuera del alcance de vuestra comunidad científica (aunque no tan lejos como podáis pensar). Asimismo, para saltar por encima de la cuarta dimensión e ir directamente a la quinta dimensión desde la tercera se requiere una gran cantidad de energía espiritual.

Sólo unos pocos individuos especiales podrán generar energía suficiente como para ascender a la quinta dimensión y al Portal Estelar sin participar en una energía de grupo. Sin embargo, la gran mayoría de semillas estelares y trabajadores de la luz necesitarán energía de grupo. Sería sumamente difícil para vosotros generar este tipo de fuerza espiritual por vosotros mismos. No obstante, como Grupo de Cuarenta sí podéis.

A muchas personas les gusta el contacto personal de un grupo más pequeño y no les agrada formar parte de un grupo verdaderamente grande. Un Grupo de Cuarenta es suficientemente pequeño como para poder conocer a todos de cerca. Con menos miembros en los grupos podréis concentraros en proyectos y tareas específicos. Aunque es inevitable que surjan problemas incluso en un Grupo de Cuarenta seres humanos, bien merece la pena que os juntéis de esta forma. Os pedimos que lo aceptéis.

La participación en un Grupo de Cuarenta no excluye la posibilidad de estar en otros grupos, ni interferirá de ninguna forma con las actividades de otros grupos. Los Grupos de Cuarenta siempre se asocian a los Maestros Ascendidos. No penséis que debéis comprometer vuestras creencias. Trabajamos con vosotros para ayudaros a ascender a la quinta dimensión. Estamos constantemente en contacto con Sananda-Jesús y otros maestros. Queremos ayudaros a recordar vuestras encarnaciones anteriores y a estimular vuestros recuerdos, para que podáis acceder a un conocimiento superior ya aprendido en otras vidas.

Queremos que todos sepáis que tenéis varios sistemas de memoria, no sólo el terrestre. Todos contáis con un mínimo de dos y un máximo de diez sistemas de memoria, sistemas que son tan elaborados como la memoria terrestre. Estos sistemas de memoria pueden unirse. Podéis activar esas otras memorias y obtener información, pero debéis preparar vuestro cuerpo mental para el influjo entrante de energía superior y de conocimiento superior.

Los próximos años van a ser difíciles para el planeta. Van a ser difíciles por varios motivos, y vuestro compromiso con un proceso de grupo os va a ser muy útil durante ese tiempo. Os proporcionará una fuente de estabilidad, unos cimientos. Querréis tener la capacidad para salir libremente del planeta y del sistema energético que os retiene allí, así como para entrar en ellos. Querréis experimentar ser un cuerpo de luz que puede moverse por los corredores saliendo del sistema terrestre.

Vais a necesitar un enfoque, un lugar adonde ir y personas con quienes reuniros. Abandonar el plano terrestre puede resultar aterrador y confuso, aunque sea temporalmente, sin algún tipo de punto de enlace o de base. Los Arcturianos están a vuestra disposición para ayudaros a trabajar en estos corredores y a entrar en el espacio energético terrestre, así como a salir de él. Hemos sido especialmente entrenados para ayudaros en todo eso, de modo que cuando salgáis del campo energético de la Tierra os ayudaremos a desapegaros.

Es necesario abundar en la explicación del número cuarenta. El número cuarenta se da a ambos lados: cuarenta seres humanos en la Tierra y cuarenta Arcturianos en nuestra nave. A un guía espiritual Arcturiano se le asigna el trabajo que hará con cada uno de los seres humanos del Grupo de Cuarenta. Centraros en vuestro guía espiritual Arcturiano y conectad con él. Caminad libremente por su conciencia. Son entrenadores Arcturianos que están preparados para permitiros estar en su conciencia y en sus cuerpos. Pero no es una calle de sentido único. Esto es un mito y un error común. Es una calle de doble sentido. Vosotros también podéis entrar en un Arcturiano. ¿Os parece absurdo? ¿Por qué no íbamos a poder dejar que vuestra conciencia entre en nosotros, con lo preparados y avanzados que estamos? En realidad, ésta es una conexión más poderosa. Cuando estáis en nuestra conciencia, podemos colaborar con vosotros de forma más estrecha.

Hemos llevado naves interdimensionales al reino de la Tierra. En las naves hay numerosos Arcturianos en un estado de profunda meditación. Estos grupos de meditación de nuestras naves velan por el Grupo de Cuarenta miembros en la Tierra. Conectan con vosotros telepáticamente y os envían energía, y así nos centramos poderosamente en vosotros. Hemos construido un verdadero puente de energía del que vosotros formáis parte.

Cuarenta Grupos de Cuarenta

El agrupamiento en Grupos de Cuarenta se extenderá por todo el país y por todo el mundo, y se crearán cuarenta Grupos de Cuarenta. Una vez formados todos los Grupos de Cuarenta, aumentará la diseminación de la energía Arcturiana. Una cantidad descomunal de personas querrá entrar a formar parte de esos grupos. Cuando se anuncie y publicite este concepto, la respuesta será abrumadora. Sin embargo, los primeros Grupos de Cuarenta no serán los únicos que trabajarán con los Arcturianos. En el planeta ya hay otros seres que están trabajando intensamente con la energía Arcturiana. Pero quienes os unáis a los primeros Grupos de Cuarenta trabajaréis con nosotros de forma especial, de una forma que nos ayudará a manifestar una sanación planetaria.

El trabajo que realizamos con vosotros está llegando a un punto que podría devenir en una intervención planetaria. A través de nuestras interacciones con vosotros se puede generar una asistencia cósmica o una fuerza curativa para todo el planeta. No estamos aquí para rescataros, sino para ayudaros a aumentar o ampliar vuestras energías sanadoras. Éste es el enfoque y la dirección que necesitáis. Ahora comprendéis la necesidad de una red interactiva de grupos y la forma en que esta red interactiva nos permitirá trabajar con la Tierra sin incurrir en efectos secundarios kármicos negativos. Sobre todo, deberíais comprender el respeto absoluto que os tenemos a vosotros y a este proceso de sanación planetaria.

Los primeros Grupos de Cuarenta ya han sentado las bases para los demás grupos que están por formarse. Es posible que estos últimos sean más poderosos y estén más estrechamente unidos entre sí. Sin embargo, los fundadores o iniciadores llevan la carga porque deben sentar las bases.

Tal y como hemos dicho, se crearán cuarenta Grupos de Cuarenta. En ese momento todos vosotros ya estaréis ampliando de forma constante vuestra energía. Cada vez que se forme otro Grupo de Cuarenta, éste impulsará al primer grupo. El tercer Grupo de Cuarenta impulsará al segundo y al primero. El cuarto Grupo de Cuarenta impulsará al tercero, al segundo y al primero. Éste es el poder del cuarenta. ¿Lo entendéis en vuestros términos de matemáticas factoriales?

Lo que sucederá es que los cuarenta Grupos de Cuarenta serán tan poderosos que un Grupo podrá ascender y entonces quedarán treinta y nueve Grupos. A continuación, se formará otro cuadragésimo Grupo. De esta forma habrá Grupos entrando y saliendo. Un Grupo ascenderá y otro se formará y ocupará su lugar. Ésta será la pauta de la Ascensión en grupo. Queremos explicaros que, además, habrá otros puntos u olas de Ascensión simultánea. Es posible que todos puedan ascender en un punto concreto. No obstante, en la primera ola no irán todos los Grupos de Cuarenta. Esto es importante: es preciso llevar a cabo el trabajo de base para las siguientes ascensiones. Cuando un Grupo asciende, la responsabilidad sobre las siguientes ascensiones en grupo recae inmediatamente en los demás Grupos.

Para nosotros no es un esfuerzo interactuar con vosotros, porque habéis aumentado mucho vuestra energía. Actualmente, una corriente de energía pasa por los Grupos de Cuarenta existentes. Los Grupos iniciales interactúan con la energía de grupo y se nutren de ella y se expanden. El canal va a pasar al próximo reino con estos grupos de personas. Ahora llegan muchas personas nuevas y el subconsciente de cada uno de los nuevos miembros se purifica. Esto sucede automáticamente, porque el trabajo de un Grupo de Cuarenta llega a ser tan poderoso que, en última instancia, afecta a todos sus miembros. Las personas que ahora se unen a nuevos Grupos de Cuarenta, por ejemplo, sienten el efecto y el poder de los dos primeros grupos. Sabed que la energía que se genera es perceptible para otros. Esta idea de purificación del subconsciente va a extenderse a todos los Grupos que se formarán.

Mantenimiento de los corredores de la quinta dimensión

La Tierra se está haciendo merecidamente conocida como lugar de elevación espiritual. Sin embargo, mientras que numerosos seres quieren trasformar la Tierra y formar parte de ese proceso, existen otros que se esfuerzan por impedir la Ascensión planetaria. Por este motivo hemos convocado a los Grupos de Cuarenta, para que se presenten como una poderosa fuerza que active y afiance la energía necesaria a fin de garantizar que la Tierra complete su trasformación.

Los Nativos Americanos han previsto el posible colapso de la tercera dimensión. Es preciso mantener los corredores de la quinta dimensión. Y ahora nos referimos a la Ascensión planetaria. No penséis que todo sucederá de repente y que todos pasaréis a la quinta dimensión. Estos momentos son de preparación, no sólo en el plano personal, sino también en el plano planetario.

Las personas empezarán a «desaparecer» a medida que asciendan a los corredores en los que habéis estado trabajando. Estos corredores han de mantenerse con regularidad, como si fueran jardines. Si no los mantenéis, regándolos y quitando las malas hierbas, quedarán rápidamente cubiertos de maleza. Incluso un corredor poderoso, si se encuentra rodeado de energías o fuerzas negativas, acabará cerrándose aunque se hallen presentes energías superiores. Para mantener el corredor abierto se precisa un constante empleo de energía superior. Imaginad cuántos corredores abiertos podría haber por todo el mundo con cuarenta Grupos de Cuarenta.

Los Grupos de Cuarenta van a influir de manera fundamental para mantener la conexión con la quinta dimensión. Podéis pensar que la quinta dimensión no está conectada con la Tierra. Pero la quinta dimensión sí está conectada con la Tierra. ¡Nosotros mismos somos prueba de ello! También Sananda-Jesús lo es. ¿No vino él a vuestro planeta? Es preciso poner en orden la tercera dimensión. Algunos de vosotros os marcharéis y, tras la Ascensión, no regresaréis a esta dimensión. Sin embargo, la tercera dimensión ha de recuperar su armonía, algo que sólo puede hacerse con contactos como éste.

Liderazgo e intención de los Grupos de Cuarenta

Un líder de Grupo no tiene por qué ser un canal, pero sí ha de poder expresar la misión, llevarla a cabo, contribuir a organizar y coordinar los esfuerzos del Grupo y garantizar la intención del Grupo. La función del líder no consiste en atraer a sus miembros, ésa es la función del canal. El líder de cada Grupo no ha de vivir necesariamente en la zona donde se crea el Grupo.

Cada Grupo de Cuarenta precisa una persona fuerte como líder, porque muchos miembros del Grupo de Cuarenta se dedicarán a trabajar en cuestiones de poder personal. Si el líder no es fuerte, los egos personales de los miembros se enredan y pueden modificar la intención del Grupo. La intención del Grupo ha de concentrarse en la entrada en la quinta dimensión, en establecer y mantener corredores, en la sanación personal y en el trabajo de red planetaria. Una persona que conecta a menudo con la energía de la quinta dimensión emitirá un campo magnético vibracional superior. El poder personal del líder puede servir para ampliar la conexión que el Grupo tiene con nosotros.

La responsabilidad más fundamental de cada uno de los Grupos consiste en mantener la intención de conectar con la energía de la quinta dimensión. Vosotros podéis emitir la energía magnética que recibís de la quinta dimensión. Cuando tengáis un campo magnético de energía conectado con la quinta dimensión, atraeréis a otras semillas estelares. El campo de energía magnética que recibís de la quinta dimensión es una vibración diferente de cualquier energía que podáis recibir de la tercera dimensión. El primer Grupo de Cuarenta empezó por enviar ondas de pensamiento a través de los corredores de la quinta dimensión a otros futuros miembros de Grupos de Cuarenta.

Vuestra misión como semilla estelar tiene que ver, en parte, con que forméis estos Grupos. Formar parte de un Grupo de Cuarenta constituirá un punto de apoyo para acceder a otras oportunidades espirituales. Los Grupos de Cuarenta Arcturianos se convertirán en la cámara de compensación central de toda la información Arcturiana; devendrán el punto central de toda la energía Arcturiana en el planeta Tierra. La interacción del primer Grupo con los demás Grupos de Cuarenta será muy poderosa. No subestiméis el poder de estos Grupos. El compromiso de las personas que ahora entran a formar parte de estos Grupos supera con creces el que han tenido la mayoría de quienes han trabajado antes con la energía Arcturiana.

Los Arcturianos aparecerán

Llegará un momento en que todos los Grupos de Cuarenta se reunirán simultáneamente. Ésta será una de las primeras tareas una vez se hayan establecido los cuarenta Grupos de Cuarenta. De hecho, se producirá una gran congregación de semillas estelares Arcturianas. Vosotros vais a poner los cimientos de una interfaz interdimensional. Vosotros vais a abrirnos un camino para aparecer interdimensionalmente.

Habéis oído con anterioridad que los extraterrestres que aparezcan en la tercera dimensión podrán asumir vínculos kármicos o cargas kármicas, con los terrícolas. No obstante, gracias a la formación de los Grupos de Cuarenta y a vuestras meditaciones e interconexiones, no se malinterpretará nuestra aparición en vuestro espacio dimensional. Las leyes del karma no nos afectarán negativamente.

Nuestra llegada a vuestro espacio no os acarreará en absoluto ningún sufrimiento. Tenemos mucho cuidado con estos asuntos del karma y de las influencias exteriores. Además, somos muy respetuosos con vuestro trabajo y vuestro libre albedrío. Consideramos de suma importancia que todos los seres ajenos a la tercera dimensión respeten y reconozcan vuestro libre albedrío, así como que trabajen con vosotros de forma que podáis interactuar con ellos. De esta manera existirá plena libertad evolutiva.

Los Grupos de Cuarenta os proporcionarán ese marco de libertad y de no interferencia kármica para todos los que participáis. De este modo nos será más fácil aparecer ante vosotros. Podréis asimilar este encuentro sin traumas ni desequilibrios. Con la preparación que os estamos dando, un encuentro así no cambiará drásticamente vuestra vida. Estáis evolucionando con nosotros porque os conectáis e interactuáis con la quinta dimensión. Para cuando aparezcamos ante vosotros, seréis capaces de estar a la altura de las circunstancias.

Uno de los motivos que ha llevado a los extraterrestres que llamáis los Grises a interrumpir la participación en vuestro planeta y a abandonar la Tierra es que han empezado a padecer una enfermedad kármica. Todos los que han interferido radicalmente en la evolución de la Tierra han experimentado, de alguna forma, una restitución kármica. Normalmente suele ser una restitución rápida, no como vuestra experiencia en la Tierra, en la que es probable que debáis esperar tres o cuatro vidas para incurrir en los resultados negativos de vuestro karma.

Actualmente existe una forma de protección alrededor de la Tierra para prevenir una gran interferencia de los extraterrestres. Otros extraterrestres han podido interferir en el pasado. Sin embargo, quienes lo han hecho con intenciones negativas han pagado por ello de alguna manera. Quienes vienen aquí ahora para interactuar con la Tierra adoptan un enfoque positivo, similar al nuestro, para evitar efectos kármicos perjudiciales.

El flujo de los futuros Maestros Ascendidos

La formación de los cuarenta Grupos de Cuarenta establece una pauta o flujo de futuros Maestros Ascendidos que entrarán en el Portal Estelar. Éste es un grupo de conexión que será estanco a todas las energías negativas y a todas las agresiones contra el marco dimensional de la Tierra. La misión de los cuarenta Grupos es la preparación para la Ascensión y el establecimiento de un apoyo sólido a la tercera dimensión. Este apoyo se prestará a través de la asistencia al trabajo de red electromagnética planetaria y a la creación y al mantenimiento de corredores interdimensionales.

Se formarán diferentes organizaciones de cuarenta Grupos. Los primeros cuarenta Grupos surgirán a partir del trabajo de este canal. Habrá otras que también crearán cuarenta Grupos de Cuarenta desde un canal central. Esta misión consiste en despertar a la trasformación en el Portal Estelar. Antes de trasformarse totalmente y atravesar el Portal Estelar, se precisa claridad mental para abarcar el conocimiento del Portal. El Grupo de Cuarenta es el método primordial que ahora empleamos. Contamos con otros que también colaboran con nosotros.

Estamos convencidos de que trabajar con Grupos de Cuarenta es la forma más directa, personal y poderosa de ayudaros. Queremos hacer hincapié en la palabra «personal», porque estamos muy interesados en vosotros personalmente y en los retos personales que afrontáis. Nos interesa ayudaros a que hagáis lo necesario para acelerar vuestro crecimiento. Por lo tanto, no nos interesa trabajar con mil personas a la vez, sino con grupos más pequeños. Os estamos demostrando nuestra implicación personal con vosotros. Os enviamos la luz gris plateada a vuestra glándula pineal. Permitid que ese punto de vuestra glándula pineal sea un punto de acceso a una claridad mental superior. Soy Juliano. Somos los Arcturianos.

Capítulo 15

El Triángulo Sagrado

Nos gustaría hablaros de un triángulo que guarda relación con los extraterrestres, con la Hermandad Blanca y con los indios Nativos Americanos. Este Triángulo Sagrado contribuirá a la sanación que necesita la Tierra. Contribuirá a llevar la Tierra a la próxima dimensión, lo que beneficiará al planeta y a toda la humanidad. Vuestra misión estimula este triángulo y garantiza que aquellos que entran en contacto con vosotros comprendan el vínculo vital entre estos tres aspectos que constituyen lo que llamamos Triángulo Sagrado.

Comprobaréis que son tres las fuerzas que representan la fuerza unificadora de la quinta dimensión. Advertiréis que en nuestra ropa figura una insignia con forma de triángulo. La insignia contiene un triángulo con un círculo de un cuerpo planetario superpuesto a él. En vuestras tres dimensiones no podéis ver a través del cuerpo planetario y, por ello, posiblemente no podáis visualizarlo. No podéis dibujar un objeto a través del cual podéis ver. Sin embargo, esta insignia se corresponde a lo que llamáis artefacto holográfico o símbolo holográfico.

Sería maravilloso tener un símbolo reconocible para esta misión. Nos gustaría disponer de un dibujo de este símbolo que fuera fácilmente reconocible para todas las semillas estelares y trabajadores de la luz. Este símbolo reflejaría todas estas ideas de las que hablamos. El símbolo del Triángulo Sagrado debería dibujarse en interacción con un objeto planetario de la quinta dimensión. Podríais emplear colores para representar los tres lados, como el rojo para los Nativos Americanos, el blanco para la Hermandad Blanca y el azul para los extraterrestres.

El Triángulo Sagrado representa tres fuerzas que deben unirse para que se produzca una sanación planetaria. Sanaciones así han tenido lugar en otros sistemas planetarios con los que hemos trabajado. Los nombres Hermandad Blanca, Nativos Americanos y extraterrestres representan cada uno de los aspectos de la fuerza del triángulo. Cada una de esas fuerzas aporta una energía poderosa. El Triángulo Sagrado es una imagen que representa una trasformación y una unificación. Vuestra función es activar a las personas para que comprendan todo esto.

Lado uno: los extraterrestres

El primer lado representa a las fuerzas extraterrestres superiores que actualmente trabajan con el planeta para llevaros el conocimiento y la experiencia de las dimensiones superiores, y para explicar el proceso de Ascensión. En segundo lugar, los Arcturianos y otros seres extraterrestres superiores mantienen numerosos corredores que conectan la tercera dimensión con la quinta. Estos corredores se están utilizando para verter energía de la quinta dimensión en la Tierra, para que el planeta manifieste su aspecto pentadimensional. Además, los corredores son necesarios para la Ascensión de todos los humanos a la quinta dimensión.

Para que se produzca la Ascensión y vosotros ascendáis, es preciso que conozcáis la quinta dimensión. Debéis entender que la quinta dimensión existe y que en estos momentos hay formas de acceder a ella. Asimismo, habéis de saber que en la quinta dimensión residen seres extraterrestres superiores, como nosotros mismos. Hemos venido a enseñaros aspectos de la quinta dimensión. Lo haremos de un modo que os permita a muchos de vosotros ser activadores espirituales de otros muchos seres en el mundo.

Queremos hablaros de nuevo sobre el Portal Estelar Arcturiano, porque éste es el símbolo del lado extraterrestre del Triángulo Sagrado. El Portal Estelar será pronto una fuerza en este planeta. Hemos contribuido a presentar el Portal Estelar Arcturiano, que va a entrar en la conciencia de muchas personas en la Tierra. Basta con esta conciencia para trasformar a miles de personas. ¿Por qué? Pensad en esto: podéis ir a un lugar donde podéis contemplar con claridad vuestras encarnaciones pasadas, para después pasar a dirigir vuestras propias encarnaciones futuras.

El Portal Estelar es el epítome de la encarnación, porque la culminación del ciclo de encarnaciones consiste en vuestra capacidad de decidir a dónde queréis ir. Sabemos que en la Tierra os han dicho que habéis elegido vuestras condiciones de vida, pero os han influido sobremanera la orientación y la sabiduría divinas de vuestros Maestros e instructores espirituales. Ahora nos referimos a la plena independencia a la hora de elegir vuestro camino evolutivo.

Podéis pensar: ¿y si no estoy preparado para el Portal Estelar? Sabed que vais a ir a algún sitio, eso os lo garantizo. Porque si os quedáis en este planeta, no vais a tener la opción de quedaros sin hacer nada. Si os quedáis y os dejáis llevar, entraréis en la oscuridad. Muchas personas no lograrán alcanzar los planos superiores. Si no elegís, entonces os limitaréis a ir con las masas que iniciarán de nuevo el ciclo de la encarnación en otro planeta tridimensional. ¡Eso ya lo habéis hecho antes!

Estamos en una misión de servicio. Ayudaros a completar vuestro Triángulo Sagrado forma parte de un triángulo superior con el que estamos trabajando. Este triángulo concluirá un triángulo de servicio para nosotros. De la misma manera que vosotros estáis completando un triángulo para llevar vuestra conciencia y al planeta a una dimensión superior, nosotros estamos acabando un triángulo que nos llevará a otro reino y a otro estado superior de conciencia. Parte de un lado de vuestro triángulo consiste en serviros a vosotros mismos y a otros que se encuentren en vuestra situación. Así es como funciona el Universo. Enseñamos nuestros avances con demostraciones e instrucciones dirigidas a vosotros en la Tierra. Desde nuestro punto de vista, lo que hacemos por vosotros lo hacemos de forma totalmente desinteresada. Lo hacemos para completar nuestra propia misión. No buscamos ningún provecho personal en vuestro avance planetario.

La energía extraterrestre, especialmente la energía Arcturiana y la Pleyadiana, trae a la Tierra el código para abrir los corredores que conducen a la quinta dimensión. Hablamos de esta salvación de la Tierra. Es la salvación de vuestra biosfera. La luz de la quinta dimensión se centrará en la trasformación de la Tierra. El Templo de Cristal Arcturiano irradia continuamente una luz de la quinta dimensión por los corredores de la Tierra. El flujo constante de energía procedente del Templo es esencial para mantener estos corredores interdimensionales.

Lado dos: la Hermandad Blanca

El segundo lado del triángulo representa a la Hermandad Blanca, que supervisa el Consejo Galáctico. La palabra «blanca» hace referencia al color espiritual de la luz pura y no guarda relación con la raza. «Hermandad» no tiene connotaciones de género, sino que solamente es el nombre de una organización unificada de Maestros Ascendidos. La Hermandad Blanca ha recibido la responsabilidad de trabajar con las masas a través de las religiones tradicionales, el reino angelical y otros aspectos de la luz blanca.

Este aspecto del triángulo implica la energía de Sananda, Kuthumi y otros miembros de la Hermandad Blanca que trabajan en la Tierra. Estos Maestros Ascendidos son responsables de mantener todas las religiones tradicionales del mundo. Mediante estas religiones, los Maestros os han estado ayudando a desarrollar vuestra presencia espiritual del YO SOY, así como vuestras capacidades para uniros a la Unicidad del Creador. La energía de la Unicidad del Creador es muy intensa en las dimensiones superiores. Si superáis la dualidad del plano de la tercera dimensión experimentaréis esa energía preponderante del Creador.

La Hermandad Blanca ha ayudado activamente a ciertos seres poderosos, como a Sananda-Jesús, Buda, Mahoma y a otros, a ser fuerzas y energías divinas en vuestro planeta. Cada uno de estos seres es una gran fuerza de energía. Cada uno de ellos puede atraer a varios millones de almas tras ellos. Se sabe que es necesario ofrecer cierto mensaje o camino para llevar a una gran cantidad de almas a un nivel superior. En este planeta, numerosos seres siguen religiones tradicionales y tienen un conocimiento muy estrecho y rígido de la naturaleza del Universo. Estas personas todavía pueden acceder a los reinos superiores. Llevar a sus pueblos a un lugar superior es responsabilidad de un Maestro, como Sananda-Jesús o Buda. En ese lugar se les puede instruir para que den los pasos necesarios que les conduzcan a los reinos superiores.

Lado tres: los Nativos Americanos

El último lado del triángulo es el de los Nativos Americanos. Cuando decimos «Nativos Americanos» no sólo nos referimos a los indios nativos del continente norteamericano, sino también a los pueblos indígenas y nativos de todo el mundo. Su conocimiento íntimo de la Tierra y de las fuerzas y la dinámica de la Tierra les ayudan a sostener la tercera dimensión. Un concepto elemental de la unificación consiste en comprender que mientras estáis en la Tierra, interactuáis constantemente con la energía de la Tierra. Éste es el aspecto de los Nativos Americanos, la conexión sagrada con la Madre Tierra.

Los Maestros Ascendidos de los Nativos Americanos trabajan en un encargo planetario especial. Aunque su misión es concluir el proceso en la Tierra, también están desarrollando una experiencia planetaria paralela, de modo que los Nativos Americanos tendrán de nuevo el control absoluto de su destino. El éxito de esta misión será motivo de una gran celebración.

Las energías de los Nativos Americanos han estado en contacto con la luz del Sol Central Galáctico. Conservan una luz poderosa que les fue concedida. A ciertos grupos de nativos se les han dado frecuencias especiales, que permiten a toda la dimensión de la Tierra permanecer intacta. Es cierto que algunas vibraciones y códigos están relacionados con la estabilización de toda la tercera dimensión. Estas frecuencias son tan poderosas porque proceden del centro galáctico, del propio núcleo galáctico.

A los Nativos Americanos indios, especialmente a algunos de los hopis, se han confiado ciertos códigos que protegen para garantizar la supervivencia de la Madre Tierra. Los códigos aseguran que la Tierra no regrese a un estado negativo fuera de control. Pero la protección completa de estos códigos está ahora fuera de su alcance. En estos momentos no pueden proteger toda la Tierra con su sabiduría espiritual. Necesitan las otras partes del código.

Sabemos que la energía nuclear que utilizáis en la Tierra puede trastornar totalmente estos códigos y frecuencias especiales. Quienes utilizan la energía nuclear no son conscientes de que ciertos errores pueden destruir toda la dimensión. Por este motivo y otros similares se ordenaron nuestras intervenciones y las de otros seres desde el centro galáctico. Nuestras intervenciones asegurarían que no se destruyan los códigos y las frecuencias. Ahora estamos extendiendo a otros trabajadores de la luz el conocimiento de que estas frecuencias son cruciales para la estabilización de la dimensión terrestre. Los Nativos Americanos que conservan los códigos no pueden llevar solos esa carga. Por lo tanto, los trabajadores de la luz saben que ellos también deben trasportar esta vibración de frecuencia de luz.

Es preciso que los Nativos Americanos sepan que forman parte del triángulo. No pueden seguir haciendo su trabajo solos. De la misma manera, el Triángulo Sagrado no puede completarse sin ellos. Cada uno de los lados necesita los otros lados (en el plano terrestre). Queda por ver cómo se les hará llegar a los Nativos Americanos este mensaje, cómo reaccionarán y si accederán a participar. Existen numerosos seres profundamente comprometidos a trabajar con los Nativos Americanos que tienen acceso a los poderes de sus culturas.

La unión de los lados del Triángulo

Somos los Arcturianos y yo soy Tomar. Parte de la misión Arcturiana ha consistido en introducir el concepto del Triángulo Sagrado y supervisar su desarrollo. Se trata de una necesaria unificación de energía.

Cada uno de los aspectos de esta energía es muy importante. Algunos de vosotros estáis familiarizados con las tres energías. Os sentís cómodos con la energía de los Nativos Americanos, con la de la Hermandad Blanca y con la energía Arcturiana y extraterrestre. Un punto central del triángulo unifica estas tres energías. Es posible experimentar personalmente la unificación de las tres energías.

Los pueblos llamados primitivos, como los Nativos Americanos, no tenían tecnología industrial, pero los más avanzados contaban con una gran tecnología espiritual, muy admirada por los Arcturianos. Éstos admiran la tecnología del Espíritu de los Nativos Americanos. Es una verdadera manifestación creativa de esta Tierra. Os animamos a utilizar esta tecnología espiritual e integrarla en la tecnología espiritual Arcturiana y la tecnología espiritual de la Hermandad Blanca. Cada una de ellas tiene un aspecto único que ofrecer. Estas energías son las que deben estar unidas para que la Tierra ascienda.

Algunos aceptarán a los Nativos Americanos y a la Hermandad Blanca, pero no a los extraterrestres. No podrán aceptar la energía del Portal Estelar. ¿Cómo hacer comprender a estas personas la energía del Portal Estelar, la energía de los Arcturianos? Por otro lado, quienes se abren a las energías extraterrestres suelen abrirse a las otras dos. Es posible que tengáis problemas con personas que no aceptan de entrada a los extraterrestres. Otros, quizá, no estén dispuestos a aceptar la energía espiritual de los Nativos Americanos.

Algunas personas trabajarán en diferentes lados del triángulo. Una persona puede trabajar en un único lado y seguir alineado. Por ejemplo, una persona que trabaja sólo con el lado de Sananda y las Huestes Angélicas puede seguir alineada, porque éstos llevan la energía de ese lado. Los elegidos o los especiales trabajarán para unificar los tres lados. Para llevar a cabo esta unificación no harán falta muchas personas.

Quiero que os centréis en tres lugares muy sagrados, dos en la Tierra y uno en Arcturus. El primer lugar se halla en la sierra de San Francisco, junto a Flagstaff, que representa las tierras sagradas de los Nativos Americanos. El segundo lugar se encuentra en el Monte Shasta, al norte de California, que representa la energía y la presencia de la

Hermandad Blanca. El tercer lugar es el Templo de Cristal de Arcturus, con la frecuencia Arcturiana de la quinta dimensión.

Ahora os pido que vayamos a todos estos lugares del Triángulo Sagrado. Primero a la sierra de San Francisco. De la sierra al Templo de Cristal en Arcturus. Seguidamente del Templo de Cristal al Monte Shasta. De ahí regresad a la sierra de San Francisco para completar el triángulo. Ahora visualizad esta energía del Triángulo y la unificación espiritual de la Tierra. Os pido que visualicéis otra vez esos tres lugares, uno por uno, mientras recibís mensajes de los seres de cada uno de esos sitios.

La sierra de San Francisco

Vayamos primero a la sierra de San Francisco, cerca de la ciudad de Flagstaff, en Arizona. Es una sierra de picos elevados que domina gran parte de Arizona. Es un lugar muy sagrado. Allí residen numerosos espíritus indios, pero también pueden encontrarse seres del reino extraterrestre. Sentid la pureza de la luz en este lugar. Dejad ahí una firma de vuestra energía con vuestro cuerpo etérico.

Soy el jefe Corazón de Búfalo. Me siento orgulloso de caminar sobre las montañas de Saint Francis, la sierra de San Francisco. Qué unificación más bella, San Francisco, Saint Francis, una parte de Kuthumi. Está escrito que cuando el hombre blanco regrese a las enseñanzas de los nativos, entonces será el momento de sanación de la Tierra. Sé que muchos de vosotros estáis preparados para rendir homenaje a estas enseñanzas y a los Maestros Ascendidos de los Nativos Americanos. Estoy aquí para deciros que los Maestros Ascendidos de los Nativos Americanos os pertenecen a todos vosotros. Estamos abiertos a trabajar con todas las personas que son del Corazón de Búfalo.

Corazón de Búfalo es un corazón que está abierto al mundo de los animales. Está abierto a los animales con poder. Sabemos que los animales necesitan la Tierra. Los animales no pueden vivir a menos que su entorno sea puro, a menos que puedan vivir de acuerdo con las leyes de la naturaleza. Corazón de Búfalo lo sabe. El Búfalo Blanco ha regresado a las praderas. El Búfalo Blanco camina entre vosotros en espíritu y en forma física real. Es un símbolo de la gran unificación y del trabajo que se va a hacer ahora.

El Búfalo Blanco es un signo, pero no el último. El significado de este signo es que habrá perdón y una nueva era de comprensión entre los nativos y los blancos en este planeta. Este espíritu de comprensión empezó hace ya varios años, en 1987, con la Convergencia Armónica. Actualmente, nuestra colaboración se ha intensificado. El proyecto del Triángulo Sagrado reconoce la necesidad de unificar y perdonar. Nosotros, de entre los Maestros Ascendidos, trabajaremos con los Nativos Americanos para ayudarles a comprender que vuestras intenciones son puras, que queréis integrar las energías del Triángulo Sagrado y que ellos necesitan vuestra ayuda.

Los Nativos Americanos no pueden completar sus tareas de sanación de la Tierra y conservación de esta tercera dimensión sin vosotros. Trabajamos con ellos para superar su paranoia y desconfianza con respecto al pueblo blanco. Comprendemos profundamente sus sentimientos y por qué no quieren compartir su conocimiento espiritual con vosotros. No obstante, porque el tiempo apremia, si se guardan su conocimiento espiritual y deciden no compartirlo, todos podrían perecer. He pedido a todos los Maestros Ascendidos de los Nativos Americanos que estén con nosotros. Trabajaremos para dotar a este proyecto de la energía de los Nativos Americanos, así como de la energía de los animales de poder.

Sabed que la mayoría de los Maestros Ascendidos de los Nativos Americanos han decidido ayudar a la Tierra. Hay muchos más espíritus de Nativos Americanos que aguardan para prestar su ayuda. Sabemos que, además de los Nativos Americanos existen otras culturas nativas e indígenas. Sin embargo, la llamada original procedía de los Nativos Americanos en este continente porque ellos tenían los códigos especiales. Los Hopi tienen un conocimiento especial de la tercera dimensión y de la restauración de la energía espiritual de este reino.

Saludos, hermanos y hermanas. Soy el Jefe Águila Blanca, y os bendigo a todos y cada uno de vosotros. Os obsequio con la pluma de águila etérica para guiaros durante este próximo e intenso período. Sé que muchos de vosotros estáis deseando entrar en vuestros cuerpos de luz, que os aguardan en la quinta dimensión. Sin embargo, necesitamos que mantengáis vuestra energía y vuestra presencia aquí en la Tierra. Examinad vuestros corazones y ved a cuántas personas estáis afectando y a cuántas más afectaréis en el futuro próximo. Observad cuántas personas van a reunirse gracias a vuestros esfuerzos.

Todavía existen muchos tipos de corredores o lugares de elevada energía por todas las tierras nativas. No obstante, están parcialmente cerrados y los espíritus protectores las custodian. Por lo tanto, para entrar en esas áreas se requiere un permiso especial. Actualmente se precisa un nuevo tipo de corredor entrecruzado. El trabajo energético conectado con el Triángulo Sagrado puede contribuir a sentar unas buenas bases para la creación de estos corredores que conducen a la quinta dimensión.

Debido a que la Tierra tiene conocimiento de la quinta dimensión, ella ha servido a numerosas personas antes que a vosotros al permitirles alcanzar este nivel superior. Si la Tierra se trata debidamente, la energía se pondrá a vuestra disposición. Ahora estoy hablando de la Madre Tierra. Bendita seas, Madre Tierra. Vivimos dichosamente sobre la superficie de tu cuerpo. Tú eres nuestra Madre, así como la madre de otros muchos espíritus. Aceptamos nuestra función de guardianes de tu luz espiritual. Te enviamos sanación en toda la superficie y en todos tus océanos, cielos, grandes ríos y corrientes.

Me dirijo a vosotros esta noche de ceremonia sagrada que ha de celebrarse para preparar la Ascensión de la Tierra. Existe una energía universal por todo el planeta. Esta fuerza vital de la Tierra lo impregna todo en el planeta. Vosotros formáis parte de esa energía de la Tierra. Tenemos que entrar en la Tierra, entrar en su espíritu y decirle que estamos preparados para manifestar su hermosa luz. Para ello, debemos dirigir una luz de la quinta dimensión al interior de la Tierra con una gran fuerza. A continuación, ofreceremos oraciones especiales, pronunciaremos palabras especiales que contribuirán a elevar la conciencia de la Tierra.

Amigos míos, la Tierra ha sido debilitada. Lo que ha sucedido en el planeta durante los últimos dos mil años y, especialmente, las actividades desempeñadas en los últimos doscientos años han atascado su vida espiritual. Numerosos trabajadores de la luz se han marchado a diferentes partes del planeta y han creado accesos a la energía y han abierto vórtices. Esta noche hemos de entrar en la Madre Tierra. Viajad conmigo esta noche al centro del espíritu de la Madre Tierra.

Desde donde estáis sentados, descended al interior de la Tierra. Descended a su campo energético como seres energéticos. Dejad que vuestro cuerpo confluya en la energía de la Tierra y pronunciad estas palabras: «Madre Tierra, venimos a llevaros a la quinta dimensión. Madre Tierra, llevamos la luz de los Arcturianos a tu reino espiritual. Madre Tierra, te amamos y nos comprometemos a desbloquear tus códigos de Ascensión para que puedas avanzar». Éste es el objetivo de las ceremonias de los Nativos Americanos: la protección, el desbloqueo y la activación de los códigos sagrados de la Madre Tierra.

Me complace sobremanera que estéis preparados para incluir nuestra sabiduría y nuestras enseñanzas en el Triángulo Sagrado. Me complace que tantos de vosotros reconozcáis el carácter sagrado de la Tierra. Es un planeta sagrado y un lugar santo. Todavía existen muchos lugares sagrados en este planeta, que necesitan nutrientes y activación. Desde los puntos más altos de las montañas podemos tener una visión global de lo que ocurre en toda la Tierra. Gran parte de lo que le está sucediendo a la Tierra y a sus habitantes es destrucción, y esto lleva ocurriendo desde hace siglos. Pero ahora, bellas personas como vosotros llevan una antorcha de luz por amor al planeta. Fumo la pipa de la paz con vosotros. Ha hablado Águila Blanca.

El Templo de Cristal Arcturiano

Habla Tomar. Ahora os pido que vayáis al Templo de Cristal en vuestro cuerpo etérico. Dirigid vuestro Tercer Ojo al interior del enorme cristal. Estableced una frecuencia de luz desde el cristal a vuestro Tercer Ojo, y sentid la energía entrar por vuestro Tercer Ojo. Os llegarán conocimientos de cómo asistir en esta unificación. Dejad una parte vuestra aquí, en el Templo de Cristal. Ahora tenéis dos partes vuestras en diferentes lugares sagrados.

Habla Helio-Ah y nosotros somos los Arcturianos. Os hablo desde el Templo de Cristal Arcturiano. Observamos de cerca vuestros patrones de energía y cómo empezáis a integrar las energías del Triángulo Sagrado. Una de nuestras funciones es ofreceros una conciencia de grupo que será pura. Además, otra función consiste en atraer a muchas semillas estelares Arcturianas a este proyecto del Triángulo Sagrado. Las semillas estelares Arcturianas han contribuido decisivamente a la puesta en marcha de este proyecto, y así lo harán también en su conclusión. Nosotros, que llamamos y activamos a las semillas estelares, queremos despertar en ellas su función de unificar la luz de la tercera dimensión con la luz de la quinta dimensión. Ésta es una de las principales responsabilidades de los Grupos de Cuarenta.

Los habitantes de la Tierra solamente aceptarán el perdón y la unificación y trascenderán la negatividad existente en el planeta gracias a la luz de la quinta dimensión. La luz de la quinta dimensión del Templo de Cristal es una luz de trascendencia. Es una luz que trasciende el ego, una luz de pensamiento puro y una luz de purificación. Cuando conozcáis la quinta dimensión a través de las frecuencias Arcturianas, sabréis cómo superar la dualidad. Es un lugar de poderosa atracción de energía que está en armonía con el Espíritu Creador.

Es necesario conducir a los Nativos Americanos con los que trabajáis al Templo de Cristal y a los corredores. Descubriréis que son más receptivos de lo que pensabais, porque los Nativos Americanos llevan varios siglos recibiendo visitas de los extraterrestres. No es una experiencia nueva para ellos. Estarán muy abiertos a la frecuencia Arcturiana.

Ayudamos a la Tierra mediante el establecimiento de corredores desde el Templo de Cristal. Estos corredores se emplazarán en diferentes lugares. Quiero que sepáis que el Templo de Cristal siempre estará allí para que lo utilicéis cuando lo necesitéis. Si os sentís confusos y no sabéis qué dirección tomar, venid al Templo de Cristal. Entrad en el cristal y sentid la pureza de pensamientos y la pureza de la luz. Comprenderéis vuestra situación con más claridad.

Somos los Arcturianos y yo soy Juliano. Éste es un momento increíble para estar en la Tierra. Somos conscientes de las alineaciones que vuestro Sistema Solar está experimentando con el centro galáctico o el Sol Central Galáctico. Somos conscientes de las aperturas, de los corredores, de las oportunidades interdimensionales ahora existentes. Es verdaderamente asombroso porque es una experiencia y una apertura que sólo se producen en ciertos momentos de la historia del planeta.

Éste es un momento de aceleración personal. Ahora existe una gran oportunidad de avanzar personalmente en vuestra conciencia y en la evolución de vuestra alma. Es realmente un momento que muchos de vosotros habéis esperado largo tiempo: un momento para que vengáis y os encarnéis, conociendo las infinitas posibilidades y la maravillosa oportunidad de experimentar la Ascensión, la apertura a la próxima dimensión.

Como sabéis, vuestro planeta ha desarrollado una tecnología fascinante, pero, en general, no habéis avanzado tanto espiritualmente como planeta. Vuestro sistema planetario está en peligro de cataclismo. Basta con dos o tres hombres desquiciados para crear un caos total. Vuestra realidad, vuestra gasolina, vuestro dinero…, no son sino atisbos de la destrucción total. Cuando hablamos de los peligros de cataclismo de vuestra dimensión, nos referimos, en parte, a esas cuestiones de la banca, el comercio y el petróleo. Éstos son los factores que hoy día mantienen viva vuestra realidad de la tercera dimensión. Todo es muy frágil.

La tecnología científica por sí misma no garantiza la evolución espiritual. Sin embargo, en estos momentos existe una maravillosa oportunidad de evolución espiritual. Nos preguntamos por qué no la aprovechan más personas. Nunca antes en este planeta ha habido una acumulación tan ingente de conocimientos disponibles. Nunca antes ha habido tanta interacción con extraterrestres y otros seres de conciencia superior. Nos fascina ver la Tierra desde nuestra perspectiva según vamos llegando de la quinta dimensión. ¿Podéis imaginar ver a esos maravillosos seres de luz alrededor de la Tierra?

Cuanto más os podamos ayudar a conectar con la quinta dimensión, tanto mayor podrá ser la unificación. Cuanto mayor es la unificación, tanto más luz llega a vuestro planeta y tanto más participáis en contribuir a que los diferentes aspectos del planeta asciendan. Cada uno de vosotros es responsable de una vibración personal del planeta con la que resonáis, un aspecto de la realidad a cuya unificación vais a contribuir. No conocéis los poderes existentes en este proyecto. Numerosas personas de este planeta van a realizar tareas similares. Participaréis con otros en la manifestación de la unificación planetaria y dimensional.

Sananda-Jesús fue tan poderoso cuando estuvo en este planeta porque era una unificación personificada. Recorría el planeta como ser unificado, asimilando la tercera y la quinta dimensión. Vosotros podéis hacer lo mismo. No tenéis que ser el gran sanador, no tenéis que sacrificar vuestra vida, no tenéis que hablar a las masas y no tenéis que convertir el agua en vino. Éstas eran las funciones de Sananda-Jesús. Vuestra función es vivir la unificación, mostrar la unificación para que otros la vean.

Nosotros, los Arcturianos, amamos nuestro trabajo con la Tierra. Creemos que es una tarea santa, una tarea dichosa que consiste en traeros tecnología espiritual. Sabemos que queréis entrar en la quinta dimensión. Uno de los métodos para aumentar vuestra frecuencia y acelerar vuestra energía es conectar con el Templo de Cristal. Cuando conectéis aquí vuestra energía, vais a vibrar a un ritmo más y más rápido. En el Templo de Cristal tenemos un lugar especialmente creado para vuestra conexión y vuestro trabajo. Las cámaras de cristal contienen vibraciones especiales adecuadas para todos los que llegan a este lugar interdimensional en Arcturus. El Templo de Cristal porta vuestra vibración específica y vuestro código de luz. Os guardaremos vuestro lugar y vuestra energía aquí, en el Templo de Cristal. Además, os enviaremos un rayo de luz sanador para vuestro viaje de vuelta a través del corredor del Monte Shasta.

Monte Shasta

Habla Tomar. Ahora id al Monte Shasta en vuestro cuerpo etérico. Aquí hay mucha luz. En este corredor de luz llamado Monte Shasta residen Sananda, Kuthumi, Saint Germain, la Virgen María, Quan Yin y muchos otros Maestros Ascendidos. Dejad aquí parte de vuestro yo etérico. Ahora os encontráis en los tres lugares sagrados a la vez y, además, todavía seguís en vuestro cuerpo físico.

Saludos, queridos míos, os habla María. La unificación de las energías del Triángulo Sagrado constituye el cumplimiento de una misión que empezó hace dos mil años. Es una misión relacionada con la alineación planetaria y con la apertura a la energía designada como energía del Salvador. Durante su misión en la Tierra, Jesús predijo que llegaría una época de gran luz y resonancia. Sin embargo, esa época debía ir precedida de una limpieza y una purificación.

Si permanecéis en el camino, si mantenéis las frecuencias de luz superiores, si comprendéis y leéis los signos de los tiempos y os alineáis con Sananda-Jesús y los Maestros Ascendidos, podréis pasar por la purificación. Podréis entrar en el nuevo mundo que está por venir, la quinta dimensión.

Yo, María, tengo muchos amigos entre vosotros. Sé que muchos de vosotros estáis llenos de amor por la Tierra. Sé que deseáis ayudar. Esto es lo hermoso de vosotros: estáis verdaderamente deseando servir, y por eso es una bendición trabajar con vosotros. Cuando servís, trascendéis el propio ego. Sé que os preocupan vuestro karma individual, vuestro desarrollo, vuestros medios de vida y vuestras familias. Pero aún tenéis un sentido de responsabilidad respecto del planeta y de lo que ahora acontece. Queréis ayudar a los demás y queréis sanar a los demás.

Me emocioné mucho al saber cuántos de vosotros deseáis ser sanadores y al saber que manifestáis vuestra luz y energía sanadoras. Nuestro Maestro Sananda-Jesús fue el ejemplo perfecto de sanación: quienes entraban en su campo energético sanaban al instante. Quiero que aquellos de entre vosotros que vayáis a ser sanadores sepáis que la fuerza sanadora reside en vuestro campo energético. Quienes entren en vuestro campo energético sentirán un intenso despertar.

El trabajo que gira en torno a la energía unificadora contribuirá a estabilizar el planeta y a vosotros durante los próximos cambios terrestres. La importancia de este aspecto del Triángulo Sagrado reside en el gran amor que sentimos por vosotros y por la Tierra –el cumplimiento de la misión establecida por Sananda-Jesús–, así como en el anuncio y el progreso de la Ascensión, y en reunir a los seres de luz superior en la quinta dimensión. En la Hermandad Blanca, todos nosotros estamos comprometidos con estas tareas. Hemos contraído el compromiso de trabajar con vosotros a través de todos vuestros guías e instructores. Dejemos que las canciones de la presencia angelical lleguen a vuestros oídos etéricos. Que la luz de todos nosotros mueva vuestros corazones.

Habla Kuthumi. Aquí estoy en la presencia de YO SOY. Estoy aquí para traeros la llama violeta y para asegurarme de que permanece en vuestro campo energético. Expandirme y unificar las energías del Triángulo Sagrado es un servicio especial. Los miembros del Grupo de Cuarenta van a llegar para enseñar a muchas personas. En la enseñanza de la unidad el perdón debe desempeñar un papel integral. Mi mensaje para vosotros es que ya es hora de enseñar a perdonar, que es una energía sanadora muy poderosa. No puedo hacer una lista de las incontables injusticias y del dolor y la pena que se han infligido a tantas personas en esta Tierra. Pero podemos expresar perdón y sanar las heridas del pasado. Una de las funciones del Triángulo Sagrado es reconocer que en los Nativos Americanos reside una parte importante de la preservación de la Tierra y de la tercera dimensión. La Tierra está destinada a entrar en el reino de la quinta dimensión cuando logre la unificación de las tres energías del Triángulo Sagrado.

Queridos todos, soy Quan Yin. Estoy aquí para enseñaros compasión y comprensión. Estoy aquí para enseñaros el perdón. Disfrutamos de estas conexiones que llamáis el Triángulo Sagrado. Vosotros sois realmente las únicas personas en el planeta que ahora viven en esta poderosa conexión. Habéis venido aquí a aprender cómo utilizar y expresar debidamente el poder personal.

En la Tierra hay numerosas personas que quieren comprender y perdonar. Puedo guiaros a muchos de vosotros a la luz de la comprensión. Para perdonar, primero debéis comprender. De la energía de la Hermandad Blanca vais a llevaros la comprensión de lo que está sucediendo en este planeta. Debéis entender que nos movemos hacia la quinta dimensión y que existen puntos de acceso a los planos superiores. Debéis entender que el proceso de la Ascensión planetaria ya ha comenzado para vosotros y para la Madre Tierra.

Es muy importante que comprendáis que el dolor y el sufrimiento de los habitantes de la Tierra formaban parte del crecimiento de la raza humana, y es preciso que perdonéis todo esto. Habéis de comprender y sentir el amor que los guías e instructores sienten por vosotros. Muchos de los Maestros, incluido yo mismo, hemos vivido varias vidas humanas en la Tierra y sabemos lo que es eso. Conocemos las numerosas dificultades, pero también pensamos que perseveráis admirablemente. Aceptáis esta función, esta tarea de unificación.

Solicito que la luz de Buda os alumbre a todos vosotros y que la luz de Buda sea parte del Triángulo Sagrado. Que llevéis el conocimiento de Buda en vuestros corazones. Que comprendáis la vida de Buda y que utilicéis estos conocimientos como parte de la sanación que podéis trasferir al mundo. Buda eligió el camino de seguir en la Tierra, al igual que los maestros de los Nativos Americanos. Decidió esperar a que todos estén preparados para venir y a que la energía de Buda se alinee con la energía terrestre de Sunat Kumara. Ningún esfuerzo… sin esfuerzo. Sé… siendo. Éstas son las lecciones de Buda. Os envío mi amor, queridos míos, pero también quiero enviaros mi admiración por vuestro trabajo en torno a la unificación.

Habla Tomar. Hemos completado la visita de los tres lugares sagrados que representan la energía del Triángulo Sagrado. Si os movéis alrededor del Triángulo Sagrado, podréis comprobar lo poderosa que va a ser esta energía. Es preciso llamar la atención de todos sobre la importancia de los corredores interdimensionales que mantiene el Templo de Cristal. Servirán de baliza para los diferentes Grupos de Cuarenta. Os pido a cada uno de vosotros que activéis un corredor en el lugar del planeta que deseéis. No sólo servís a este proyecto, sino que, al estar en los tres lugares sagrados al mismo tiempo, también estáis demostrando una existencia multidimensional. Regresad de estos lugares a vuestro cuerpo físico. Ahora estas tres fuerzas del Triángulo Sagrado os protegerán. Ahora podréis vivir la unificación y manifestarla.

Activación de los códigos de Ascensión

La unión de las tres energías del Triángulo Sagrado desbloqueará los poderosos códigos de Ascensión en la Tierra. Trabajar con los códigos es, a veces, como un rompecabezas, en el que cada pieza debe ocupar su lugar correspondiente. Una vez colocadas todas las piezas, se abre una gran puerta. Cuando vuestro nivel de conciencia alcanza cierta vibración, se abre un código interno y entonces recibís las visiones de Ezequiel, las visiones de las escaleras que van a los cielos. Recibís las visiones de la entrada al Portal Estelar. Se os deja entrar en los corredores interdimensionales.

Tenéis el potencial de despertar a vuestra misión Arcturiana, de despertar a vuestras vidas pasadas Pleyadianas y de despertar a vuestras conexiones Arcturianas. Todo esto forma parte de los códigos de los que hablamos. Ahora os estamos preparando para elevar todas vuestras vibraciones de modo que podáis recibir y activar en vuestro interior nueva energía codificada, lo que constituirá una manifestación de los Grupos de Cuarenta. Podéis convertiros en catalizadores de la apertura de los códigos en vuestros propios cuerpos mental, físico, emocional y espiritual.

Cuando un código esté listo para abrirse en vuestro interior, escucharéis cierto tono y, de repente, experimentaréis un impulso de energía dentro de vosotros. En el marco de su misión, los Grupos de Cuarenta Arcturianos ayudarán a otros a activarse para que también puedan recibir el impulso de energía y experimentar la apertura de los códigos. Algunos de vosotros ya habéis sentido esas aperturas. Una vez hayáis experimentado el impulso energético y la apertura de un código, podréis recibir instrucciones específicas sobre qué hacer a continuación. Conocéis el ejemplo de Moisés y su ascenso al Monte Sinaí. Recibió un impulso de energía y se abrieron los códigos para él. A continuación, Moisés recibió instrucciones sobre qué mensajes iba a entregar a su pueblo.

Muchos de vosotros estáis totalmente abiertos y vuestros códigos ya se han unido e integrado en vuestra conciencia. Siempre trabajamos en dos niveles. Trabajamos en el nivel de vuestra iluminación personal y trabajamos en el nivel del servicio a la Tierra. Cada uno de los que participáis en este proyecto llevará al Triángulo Sagrado cierta energía de luz. Algunos de vosotros llevaréis la energía de los Nativos Americanos, otros la energía de los Pleyadianos. Algunos traerán la energía de la Virgen María, otros la de otros. La fuerza de la unión de estas tres energías desbloqueará códigos de Ascensión más profundos en la Tierra.

Es muy importante que sepáis que pueden suceder numerosas catástrofes. Van a ocurrir muchos eventos relacionados con la purificación de la Tierra. Pero en la propia Tierra figuran códigos sagrados, códigos que utilizaron seres extraterrestres superiores para traer vida al planeta. Estos códigos se utilizaron para crear la biosfera de la Tierra. La forma en que se desarrolló está recogida en un formato estructural en el cuerpo de la Tierra.

El método y la energía para llevar la Tierra a las dimensiones superiores ya están codificados en su interior. Independientemente de lo que ocurra en la superficie de la Tierra, las personas que tienen una vibración superior pueden acceder a los códigos en el interior de la Tierra. Cuando hayan sido activados completamente, una belleza inusitada y una luz emergente de la Tierra inundarán el planeta. Una hermosa luz sanadora y cálida saldrá a la superficie. Las personas que experimenten esto serán tocadas por un rayo de santidad. Todo esto ha sido descrito como el regreso al Jardín del Edén. Todo el mundo se encontrará en un estado celestial en la Tierra.

Habla Sananda

Soy Sananda. Queridos míos, ésta es realmente una tarea sagrada y un viaje sagrado en el que seguís embarcados. Conozco vuestro amor por este camino y por este viaje. Ya va siendo hora de que se produzca la unificación de todo el planeta en la Tierra.

La unificación que los Arcturianos han designado como Triángulo Sagrado es una profunda misión del alma para vosotros y para todos los guías e instructores que trabajan con vosotros. Este proyecto de unificación por cuya realización os esforzáis consiste en el cumplimiento de una misión vuestra y mía. El Triángulo Sagrado es la representación de la unificación de la tercera dimensión con la quinta dimensión. Para muchos de vosotros ésta es vuestra misión elegida en la Tierra, a la que contribuiréis y que experimentaréis. En esta misión del Triángulo Sagrado desempeñaréis un papel creativo participando en todos sus diversos aspectos.

Para todos nosotros es realmente emocionante reunirnos y unir nuestras fuerzas. La tecnología espiritual que ofrecen los Arcturianos contribuirá a unificar el planeta. La Cábala nos enseña que la unificación consiste en la unión de una energía del mundo superior con el mundo inferior. También establece que la misión de los trabajadores de la luz consiste en completar esa unificación. Solamente vosotros como Adam Kadmon, la raza humana de Adán, podéis unificar esta energía.

El destino de la Tierra siempre nos preocupa. Todos los días recibís noticias que os informan de destrucciones en el planeta, de la extinción de otra especie, de otra amenaza de la mano de un líder aberrante o incluso de un posible peligro a causa de un asteroide. Se necesitará una energía sobrenatural para llevar a cabo la evolución de la Tierra a la siguiente dimensión.

Hemos colocado el Triángulo Sagrado sobre vuestros cuerpos etéricos para que comprendáis la misión y las tareas que tenéis ante vosotros. Aquellos que van a ser activados se sentirán atraídos por vosotros. Comprenderán el triángulo de la energía y podréis uniros a ellos para llevar a cabo esta tarea necesaria. Trabajaremos con cualquiera que decida participar en la unificación de las tres energías del Triángulo Sagrado.

Os movéis rápidamente. No hay muchas personas en el planeta que puedan trabajar con los tres lados del Triángulo Sagrado. Quizá penséis que no estáis suficientemente desarrollados o que no sois lo bastante poderosos o buenos para desempeñar esta tarea de unificar los tres aspectos diferentes del Triángulo Sagrado. Os preguntamos: ¿quién más puede hacerlo? ¿Quién más está dispuesto a recoger este conocimiento de la unidad de estas tres energías y hacerlo llegar a otros? No se trata de vuestras habilidades o de vuestra fortuna. Se trata de si estáis abiertos y sois sinceros ante esta tarea. Considerad este trabajo como una unificación de máxima importancia.

Es preciso unir estas energías especiales del Triángulo Sagrado para salvar al planeta y a la tercera dimensión del cataclismo inminente. El nivel de este trabajo de unificación comporta una gran santidad. El punto de unificación estará completo cuando exista una convergencia simultánea de las tres energías del Triángulo Sagrado. Esto abrirá la puerta de vuestra Ascensión planetaria. Cuando se abran los códigos del Triángulo Sagrado, también se abrirán los cerrojos que os mantienen en la Tierra, y vuestra conciencia empezará a confluir más fácilmente en otras dimensiones. A esto se le ha llamado la apertura de los cierres, algo que solamente puede ocurrir después de que hayáis activado los códigos de Ascensión. En ese momento, podréis elegir a dónde ir, porque habréis concluido vuestro trabajo en la Tierra.

Os envío un rayo dorado de luz desde mi chacra del corazón hasta el vuestro. La voluntad del Creador se expresará a través de la conclusión del proyecto de unificación del Triángulo Sagrado. Una vez concluido, se abrirá la puerta de la quinta dimensión para permitir la entrada y la elevación de vuestras almas a fin de que se unan a nosotros allí. Os envío mis bendiciones a todos en la Tierra. Ha hablado Sananda.

Glosario

Adam Kadmon: Término hebreo que designa al hombre primigenio o primer hombre. Es el prototipo del primer ser que surgirá una vez iniciada la creación.

Adánico: Término usado para referirse al homo sapiens o a los «humanos terrestres». El Hombre (Adán) fue creado a partir de la Tierra.

Andrómeda: Gran galaxia espiral situada a 2,2 millones de años luz de la galaxia Vía Láctea. La galaxia Andrómeda es la mayor de nuestro grupo galáctico local. Suele llamarse también nuestra galaxia hermana.

Andromedanos: Raza avanzada y superior de seres de la galaxia Andrómeda. Actualmente, un grupo concreto de Andromedanos colaboran con los Arcturianos en su esfuerzo por facilitar el proceso de la Ascensión planetaria de la Tierra.

Arcángel: Término que designa el rango superior de los ángeles en la jerarquía angelical. La Cábala cita a diez arcángeles. Están considerados mensajeros de anunciaciones divinas.

Arcturus: La estrella más brillante de la costelación del Boyero, que se cuenta entre las constelaciones con los registros más antiguos. Arcturus es, además, la cuarta estrella más brillante que puede verse desde la Tierra. Es una estrella gigante, de cerca de veinticinco veces el diámetro del Sol y cien veces más luminosa que éste. Se halla relativamente cerca de nosotros, a unos cuarenta años luz de la

Tierra. A finales de la primavera y a principios del verano, Arcturus puede verse en lo alto del cielo después de la puesta del sol. Es fácil identificar Arcturus si se sigue el mango del Carro hacia el exterior.

Ascensión: Punto de trasformación que se alcanza a través de la integración del yo físico, emocional, mental y espiritual. La unificación de los diferentes cuerpos permite trascender los límites de la tercera dimensión y entrar en el reino superior. Ha sido comparada con lo que se ha venido en llamar Arrebatamiento en la teología cristiana. Asimismo, se ha definido como una aceleración espiritual de la conciencia que permite al alma regresar a los reinos superiores, de manera que queda liberada del ciclo del karma y del renacimiento.

Ashtar: Comandante de un grupo de seres espirituales dedicados a ayudar a la Tierra a ascender. Los seres que supervisa Ashtar existen principalmente en la quinta dimensión, y proceden de numerosas y distintas civilizaciones extraterrestres.

Cábala: Rama principal del misticismo judío. La palabra hebrea *kabbalah* se traduce por 'recibir'.

Canalización: Proceso de entrar en un trance meditativo a fin de inducir a otras entidades para que hablen a través de uno mismo.

Chacras: Centros energéticos del organismo humano. Estos centros facilitan la integración y la trasferencia de energía entre los sistemas espiritual, mental, emocional y biológico del cuerpo humano.

Cinturón de Fotones: Cinturón de energía que emana del centro de la galaxia que está a punto de cruzarse con el Sistema Solar y la Tierra. Se ha predicho que el Cinturón de Fotones contiene partículas de energía que podrían afectar al campo electromagnético de la Tierra, lo que detendría el funcionamiento de todos los equipos electromagnéticos.

Corredores: Paso transitorio en la Tierra que conduce a una dimensión superior. Los corredores pueden encontrarse en lugares muy energéticos, como algunos lugares sagrados en la Tierra. Los Arcturianos creen que nosotros podemos crear corredores en nuestras zonas de meditación en la Tierra.

Crestone, Colorado: Pequeña ciudad al sureste de Colorado que se ha convertido en un centro espiritual único. Los Arcturianos afirman que en Crestone existen numerosos corredores y centros energéticos que conducen a lugares clave de la quinta dimensión, como su planeta de origen, el Templo de Cristal Arcturiano y el Portal Estelar Arcturiano.

Eck: Maestros Ascendidos adeptos de Eckankar, la antigua ciencia del viaje del alma.

Eckankar: Fuerza vital omnímoda. Una antigua ciencia, ahora practicada por los seguidores de Eckankar, que enseña a liberar el alma del cuerpo y a realizar el viaje del alma. Los seguidores de Eckankar creen que la principal tarea de los maestros e instructores etéricos es ayudarnos en nuestro desarrollo evolutivo.

Ehyeh: En hebreo, el nombre supremo de Dios. Es el nombre que Moisés dio a Dios en Génesis 3:14. «Ehyeh Asher Ehyeh» es el nombre completo, que se traduce por «I AM THAT I AM».

Etérico: Término utilizado para designar los cuerpos superiores no visibles del sistema humano. En la India, «etérico» se utiliza para describir la energía invisible y los pensamientos de los seres humanos.

Grises: Véase la voz «Zeta Reticuli» en este glosario.

Grupo de Cuarenta: Un concepto de conciencia de grupo propuesto por los Arcturianos para que lo utilicemos en el proceso de Ascensión en grupo. De acuerdo con los Arcturianos, cuarenta es un número espiritualmente poderoso. Los Arcturianos hacen hincapié en el valor y el poder de unirse en grupos. Un grupo de cuarenta consiste en cuarenta miembros diferentes localizados por todo Estados Unidos y por todo el mundo que se dedican a meditar juntos en un momento concreto una vez al mes. Se recomiendan interacciones de grupo y reuniones físicas anuales. Los miembros se comprometen a ayudarse mutuamente en su desarrollo espiritual. Los Arcturianos han solicitado que se organicen Grupos de Cuarenta. Estos grupos colaborarán en la sanación de la Tierra y sentarán las bases del trabajo de Ascensión individual para los miembros.

HAARP: «High Frequency Active Aural Research Project» (programa de investigación de aurora activa de alta frecuencia). Se trata de un proyecto de investigación científica del ejército de Estados Unidos que ha sido descrito por algunos como una parte del proyecto Star Wars (Guerra de las Galaxias). Se envían ondas de radio de alta frecuencia a la ionosfera con objeto de agrupar todos los sistemas de comunicaciones mundiales. Todo esto se prueba en el lejano y montañoso estado de Alaska. El proyecto utiliza un trasmisor de radio de enorme poder y ofrece una capacidad única de calentamiento de la ionosfera.

Hermandad Blanca: La Hermandad Blanca es una jerarquía espiritual de Maestros Ascendidos que residen en la quinta dimensión. La palabra «blanca» no se utiliza como término racial, sino que se refiere a la luz blanca o la frecuencia superior que han obtenido estos Maestros. Entre los Maestros se incluye a Sananda, Kuthumi, la Virgen María, Quan Yin, Sanat Kumara, Saint Germain y muchos otros seres ascendidos.

Kadosh, Kadosh, Kadosh, Adonai Tzevaoth: En hebreo equivale a «Santo, santo, santo es el señor todopoderoso». Se trata de una poderosa expresión que, cuando se canta, puede elevar el nivel de conciencia a nuevas alturas y ayudar a desbloquear los códigos para nuestra trasformación en la quinta dimensión.

Kadosh: Palabra en hebreo que significa 'santo'.

Kuthumi: Uno de los Maestros Ascendidos que sirve a Sananda. En una vida anterior, Kuthumi se encarnó como san Francisco de Asís. En general se le reconoce una posición de Instructor del Mundo en la Hermandad Blanca planetaria.

Luz Zohárica: Luz de la fuente del Creador. Zohar es la palabra hebrea que corresponde a Brillo o Esplendor.

Metatrón: La tradición asocia a Metatrón con Enoch, quien «anduvo con Dios» (Génesis 5:22) y ascendió al Cielo y se trasformó de ser humano en ángel. Su nombre ha sido descrito como Ángel de la Presencia o aquel que ocupa el trono junto al trono Divino. Otra interpretación de su nombre se basa en la palabra latina *metator*, que significa 'guía' o 'mensurador'. En el mundo de la mística judía, Metatrón tiene el rango máximo de los ángeles. De acuerdo con los Arcturianos, Metratón se asocia al Portal Estelar y ayuda a las almas en su Ascensión a los mundos superiores.

Miguel: Su nombre es en realidad una pregunta: «¿cómo es Dios?». Posiblemente sea el más conocido de los arcángeles y está reconocido en las tres tradiciones sagradas occidentales. Se le ha llamado Príncipe de la Luz, que combate en una guerra contra los Hijos de la Oscuridad. En este papel ha sido a menudo retratado con alas, con una espada desenvainada, como guerrero de Dios que mata al Dragón. Su papel en la Ascensión se centra en ayudarnos a cortar las cuerdas que nos atan al plano terrestre, lo que nos permitirá elevarnos a una conciencia superior. En la Cábala se le considera el predecesor de Shejiná, la Madre Divina.

Mónada: Fuerza creativa, elemental y original. Cada uno de nosotros contiene una porción de esa fuerza en el centro de nuestra verdadera esencia.

Nefilim: En hebreo significa 'los caídos'. Este término se utiliza en Génesis 6:4 en referencia a los gigantes: «Había gigantes en la Tierra en aquellos días, y también después que se llegaron los hijos de Dios a las hijas de los hombres, y les engendraron hijos».

Orión: Costelación soberbia que domina el sur del cielo en invierno. La parte más notable de la costelación es el cinturón, que consiste en tres estrellas brillantes. Ninguna otra costelación contiene tantas estrellas brillantes. Rigel, que se halla fuera del cinturón, por ejemplo, es una estrella gigante que está a más de 500 años luz. Betelgeuse, otra estrella fuera del cinturón de Orión, se encuentra a unos 300 años luz.

Oriones: Cultura extraterrestre que descendía de otra civilización antigua cerca de la costelación de Orión. Los Oriones han influido notablemente en la confección genética del hombre actual. Los seres humanos poseemos una parte del ADN de los Oriones y sus rasgos se reflejan en nuestra conformación física, emocional y mental.

Plano astral: Nivel no físico de la realidad considerado el lugar a donde van la mayoría de los seres humanos cuando mueren.

Pléyades: Pequeño grupo de estrellas conocido como las Siete Hermanas en algunas mitologías. Algunos indios Nativos Americanos creen ser descendientes de las Pléyades. Se encuentran cerca de la costelación Tauro, a unos 450 años luz de la Tierra, y son el hogar de una raza humana llamada los Pleyadianos, que a menudo han interactuado con la Tierra y sus culturas. Se dice que los Pleyadianos comparten con nosotros una ascendencia común.

Portal Estelar: Portal multidimensional que conduce a otros reinos espirituales. El Portal Arcturiano está muy cerca del sistema estelar de Arcturus y está supervisado por los Arcturianos. Para que los terrícolas que así lo deseen puedan cruzar este poderoso lugar de paso, es necesario que completen todas las lecciones y encarnaciones terrestres relacionadas con la experiencia de la tercera dimensión. Sirve de entrada a la quinta dimensión. En el Portal Estelar se asignan nuevas misiones a las almas, que, de esta manera, pueden ser enviadas a diferentes reinos superiores a través de la galaxia y del Universo. Metatrón y muchos otros seres superiores están presentes en el Portal Estelar. Actualmente, numerosas personas utilizan el término «Portal Estelar» para referirse a aperturas en la Tierra que conducen a dimensiones superiores, cuando, en realidad, están describiendo los corredores. El Portal Estelar es una magnífica estructura etérica similar a un templo que puede procesar y trasformar muchas almas.

Pozo de Montezuma: Atractivo turístico en el centro de Arizona, cera de la zona de Sedona. En un principio, los historiadores establecieron erróneamente que este profundo pozo pertenecía a los indios aztecas de México. Más tarde se descubrió en un estudio arqueológico que esa área pertenecía a los indios Sinagua, contemporáneos de los Anasazi. Los Arcturianos reconocen esta zona como un poderoso corredor y un espacio maravilloso para la meditación y para experimentar otras dimensiones.

Proyección de pensamientos: Técnica descrita por los Arcturianos que implica la proyección de pensamientos a través de un corredor para llegar a la quinta dimensión y más allá.

Sananda: Aquel que nosotros llamamos Maestro Jesús. Se le considera el mayor cabalista judío de todos los tiempos. Su nombre galáctico –Sananda– representa una imagen evolucionada y galáctica de aquel que es en su totalidad. En la Cábala, a Sananda se le conoce como Jeshua ben Miriam de Nazareth, que significa «Jesús, hijo de María de Nazaret».

Sol Central: Centro de cualquier sistema estelar astronómico. Todas las agrupaciones de estrellas, nebulosas y galaxias contienen un núcleo en su centro. Incluso el gran Universo tiene un Gran Sol Central en el centro de su estructura. En la mayoría de los casos existe una estrella gigante en el centro de todos los sistemas estelares. El Gran Sol Central de la galaxia Vía Láctea genera energía vital para toda la galaxia.

Taquión: Pequeña partícula que viaja más rápido que la luz. Una piedra taquiónica es un objeto que contiene partículas taquiónicas y se utiliza en sanaciones, de la misma manera que los cristales.

Templo de Cristal: Templo etérico en la quinta dimensión que los Arcturianos han puesto a nuestra disposición. En el Templo de Cristal hay un lago de aproximadamente 1,6 kilómetros de diámetro, que alberga un enorme cristal que mide la mitad del propio lago. El lago y su área circundante están comprendidos en una gran cúpula de cristal, que permite a los visitantes ver las estrellas.

Tonos: Sonidos que producen una resonancia vibratoria que contribuyen a activar y alinear los chacras.

Trasferencia de almas: Proceso en el que una persona recibe a otras entidades espirituales en su cuerpo. Este término también se refiere al nuevo espíritu que ha entrado en el cuerpo. En algunos casos, el espíritu original de la persona puede haberse marchado (por ejemplo, tras un accidente de coche o alguna forma de trauma grave), y el nuevo espíritu entra en el cuerpo de esa persona.

Triángulo Sagrado: Término utilizado por los Arcturianos para denominar un símbolo triangular que representa la unificación de tres poderosas fuerzas espirituales en la Tierra: los maestros de la Hermandad Blanca, incluyendo a Sananda-Jesús; los maestros dimensionales superiores extraterrestres, como los Arcturianos y los Pleyadianos; y los Maestros Ascendidos de los indios Nativos Americanos, como el Jefe Águila Blanca. La unificación de estas fuerzas espirituales creará el Triángulo Sagrado, que contribuirá a la sanación y la Ascensión del planeta Tierra.

Zeta Reticuli: Sistema estelar doble que es el hogar de pequeños seres humanoides de grandes ojos negros ovalados que llevan visitando la Tierra desde hace 50 años. A menudo se les llama Grises o Zetas. Se les ha acusado de abducir a seres humanos para investigar su ADN y para otros experimentos médicos.

Zona Vacía: Zona situada fuera de la tercera dimensión, pero no necesariamente en otra dimensión. Un área ajena a nuestra estructura de Universo espaciotemporal donde el tiempo no existe. Se ha especulado con que el Cinturón de Fotones contiene regiones de zona vacía y con que la Tierra entrará, temporalmente en el futuro próximo, en una zona vacía.

Apéndice

Biografía de David K. Miller

David Miller vive en Prescott, Arizona, es un canal reconocido mundialmente y, desde hace más de dieciocho años, es el líder y el fundador de un grupo internacional de meditación centrado en la sanación y en la evolución personal y planetaria, llamado El Grupo de Cuarenta. A nivel de sanación planetaria, ha desarrollado una técnica conocida como Biorrelatividad, que utiliza el poder de la energía grupal para ayudar a estabilizar y a armonizar el planeta y a restablecer el sistema del bucle de retroalimentación de la Tierra, que mantiene el equilibrio correcto de la atmósfera, las corrientes oceánicas y los patrones climáticos.

El grupo de meditación de David Miller tiene más de 1.200 miembros en todo el mundo. Además de sus conferencias y talleres, David es también un autor prolífico. Ha escrito diversos libros y numerosos artículos sobre las técnicas de sanación de la Tierra.

David trabaja con su mujer, Gudrun Miller, psicoterapeuta y artista visionaria. Juntos han dirigido talleres en Brasil, Alemania, Australia, México, Argentina, Costa Rica, España, Nueva Zelanda, Bélgica y Turquía. La base del trabajo de David radica en su estudio y conexión con las enseñanzas de los Nativos Americanos y en su intenso estudio de la mística, incluyendo la Cábala. También tiene un gran interés en la astronomía y en la relación de la Tierra con la galaxia.

El Grupo de Cuarenta

Según los Arcturianos, 40 es un número espiritualmente poderoso. Por eso, el objetivo de este proyecto es establecer una red de cuarenta Grupos de Cuarenta alrededor del mundo. La formación de Grupos de Cuarenta aumentará la energía de todas las meditaciones de grupo, proporcionará poderosas energías de sanación para la Tierra y ayudará a todos los miembros a elevar sus conciencias al nivel de la quinta dimensión. Cada Grupo de Cuarenta proporcionará las bases para generar la energía necesaria para la Ascensión de grupo.

David Miller ha trabajado con las energías de la Ascensión durante más de dieciocho años. Realiza diversas teleconferencias mensuales para el Grupo de Cuarenta: conferencias GOF, ejercicios de Biorrelatividad, conferencia mensual sobre las Ciudades Planetarias de Luz, clases sobre el Árbol Planetario Arcturiano, etc. Todas estas canalizaciones se envían a los miembros GOF en inglés y en español, al igual que el boletín mensual y otra información mensual.

El Grupo de Cuarenta en España

En España hay 3 grupos GOF o Grupos de Cuarenta, que engloban diversas provincias. En total hay 65 miembros GOF, 53 en España y 12 en Francia, y 13 Ciudades Planetarias de Luz: Montserrat, que es la sede del cristal principal; San Pere de Ribes, donde está la Séptima Escalera de la Ascensión, Zaragoza, Toledo, Santiago, Gijón, Murcia, Granada, Logroño, Fuente de Fátima (parte de Plasencia), este de Valladolid y Lourdes, Francia, y Jardin Bagatelle en París, Francia.

Todos los Grupos de Cuarenta apoyan y difunden las canalizaciones de David Miller y realizan dos o tres encuentros mensuales para llevar a cabo las meditaciones mundiales y para practicar técnicas Arcturianas personales y de Biorrelatividad. La coordinadora general de los Grupos de Cuarenta en España es Magda Ferrer.

Tecnología espiritual arcturiana planetaria

La Tierra debe ser preparada para recibir la energía de quinta dimensión. El primer nivel de preparación son los Cristales Etéricos. El segundo nivel son las Ciudades Planetarias de Luz y el tercer nivel son las Escaleras de Ascensión.

Los Cristales Etéricos

Son cristales invisibles que contienen la energía de la quinta dimensión y han sido enviados a la Tierra por los Arcturianos. El propósito de estos Cristales Etéricos es proporcionar energías de sanación a los meridianos de la Tierra. Hasta la fecha, se han descargado 12 Cristales Etéricos. A continuación, se muestra un resumen del proceso y del papel que desempeñan en la sanación de la Tierra.

Lista de los 12 Cristales y resumen de cada uno

Lago Puelo, en Argentina: Hogar del primer Cristal que se bajó a la Tierra. El Cristal de Lago Puelo tiene la energía primordial para todo el planeta. Es una energía de iniciación y de conexión a la energía.

Valle Grose, en el Parque Nacional Montañas Azules, en Australia: El Cristal del Valle Grose se conecta con la Serpiente del arco Iris, que es la energía de la diosa femenina de la Madre Gaia y es una zona de gran importancia para los aborígenes de Australia.

Lago Moraine, en Canadá: Este Cristal contiene la luz cuántica de la activación de la energía etérica, que puede ir más allá de las leyes normales del tiempo/espacio lineal y de la causa/efecto.

Lago de Constanza, Bodensee, en Alemania: Hogar del cuarto Cristal. Este cristal proporciona nueva información, nuevos códigos, nuevas estructuras y nuevas dinámicas en las líneas ley de la Tierra y nos permite acceder a nueva información.

Costa Rica, en volcán Poas: Hogar del quinto cristal etérico. Este cristal está relacionado con la gran fuerza de atracción, que tira y empuja a las galaxias en diferentes direcciones. También ayuda a atraer y descargar energía bloqueada de los canales energéticos de la Tierra, por ejemplo modificando el Anillo de Fuego para crear equilibrio en esa zona.

Monte Shasta, en California, Estados Unidos: La combinación del cristal, la Kachina Galáctica y la huella del Portal Estelar significa que el Monte Shasta se ha convertido en un punto de la Ascensión poderoso. También nos ofrece una buena conexión con nuestra alma, la fuerza de nuestra alma y la misión de nuestra alma.

Lago Taupo, en Nueva Zelanda: Hogar del séptimo cristal. El número siete es un símbolo de buena suerte, buena fortuna y trae abundancia y prosperidad. Este cristal representa esa riqueza y prosperidad, y es una gran fuerza de atracción de energía para los que trabajan con él. También es una reafirmación de la fuerza y poder espiritual de los Pueblos Nativos de la Tierra y les ayudará a despertarse y conseguir su misión.

México y las hermosas Barrancas del Cobre: También conocido como el Cañón de Cobre, donde reside el octavo cristal. Este cristal nos ofrece un nuevo vínculo con la energía Arcturiana, un vínculo donde nos podemos conectar con el planeta-Luna Alano y el maestro de la quinta dimensión llamado Alano que vive allí. El cristal también lleva la energía especial de titilación, que permite que nos movamos o movamos objetos a otra dimensión.

Montserrat, cerca de Barcelona, en España: Este magnífico lugar es sagrado. Juliano nos cuenta que está libre de guerras y de polarización, y este noveno cristal, que fue traído hace poco, tiene una energía poderosa, sagrada y santa. Este cristal se descargó para trabajar con la luz sagrada y santa y contribuirá a que los otros cristales se conviertan en lugares de energía verdaderamente sagrados.

Monte Fuji, en Japón: Este cristal tiene la energía de las fuerzas vitales de Lemuria, que ahora se han desvelado por su llegada. Es un antiguo cristal que contiene grandes secretos de luz y conocimiento ancestral sobre el planeta. Tiene una conexión con las Abuelas y Abuelos ancestrales.

Estambul, en Turquía: Este cristal representa el lugar del conocimiento oculto revelado.

Sierra de Bocaina, en Brasil: Este cristal representa la interacción entre la tercera y quinta dimensión.

Las Ciudades Planetarias de Luz

Sesenta y siete Ciudades Planetarias de Luz han sido ya activadas alrededor del mundo. Las ciudades son un recipiente capaz de alojar patrones de pensamiento y de luz de quinta dimensión, elevando el campo de energía espiritual de nuestro planeta. La energía de quinta dimensión continuamente es descargada y reactivada por semillas estelares dentro de cada ciudad. Su vibración espiritual mantiene un campo espiritual que prevé que bajas vibraciones de tercera dimensión dominen la vibración de la ciudad, habilitando interacciones más evolucionadas y permitiendo que se manifiesten las energías para una Sociedad Justa.

Todas las Ciudades Planetarias de Luz están conectadas a los doce cristales etéricos, estableciéndolas como parte del nuevo campo de meridianos, y están directamente conectadas a las ciudades de la Tierra Interna, al Arcturus Interno y a otras Ciudades Hermanas en otros mundos, ellas son un importante paso hacia la conexión con nuestras familias galácticas.

Las Escaleras de la Ascensión

En el transcurso del 2011/2012 se han bajado 7 Escaleras de la Ascensión:

Bajada de la Escalera de la Ascensión de Jerusalén, 8 de enero de 2011

Bajada de la Escalera de la Ascensión de Sedona, Estados Unidos, 19 marzo de 2011

Bajada de la Escalera de la Ascensión del Monte Fuji, Japón, 10 de junio de 2011

Bajada de la Escalera de la Ascensión de Australia, 11 de junio de 2011

Bajada de la Escalera de la Ascensión de San Martín de los Andes, Argentina, 3 de septiembre de 2011

Bajada de la Escalera de la Ascensión en Nevada, Estados Unidos, 11 de noviembre de 2011

Bajada de la Escalera de la Ascensión en la colina de San Pablo, San Pere de Ribes, España, 14 de mayo de 2012

Las Escaleras de la Ascensión son puntos de activación y puntos de entrada a la quinta dimensión, pero no son sólo para ir a la quinta dimensión, sino que las Escaleras de la Ascensión también están bajando portales que pueden ser usados para enviar energía de sanación a la Tierra. Hay muchas formas diversas de dirigir energías desde las Escaleras de la Ascensión y aunque, en esencia, las Escaleras de la Ascensión van paralelas a los Cristales Etéricos, asimismo pueden usarse junto con los Cristales Etéricos, ya que también están proveyendo una bajada directa especial de luz y energía de quinta dimensión.

Por otro lado, las Escaleras de Ascensión han sido establecidas en ciertos lugares del planeta con el suficiente poder energético como para mantener la vibración adecuada que, en el momento adecuado, atraerá la 5.ª dimensión hacia la 3.ª dimensión y mantendrá abiertos los portales en la Escalera de Ascensión, porque habrá miles y miles de almas que ascenderán, ya que la Ascensión es el principal propósito de las Escaleras de la Ascensión.

La Asociación Grupo Unicornio, la Escuela Arcturiana y el Templo Arcturiano

La Asociación Grupo Unicornio tiene como objetivo impulsar la cultura espiritual y es una iniciativa de varios miembros del Grupo de

Cuarenta 1 de España, que tiene sede en la Ciudad Planetaria de Luz de Sant Pere de Ribes. La Asociación patrocina las actividades del Grupo de Cuarenta GOF 1 de España y las clases de Tecnología Espiritual Arcturiana de la Escuela Arcturiana, el Workshop anual y la publicación de los libros en español de David Miller, clases de pintura visionaria, clases de sanación por el sonido, conciertos, danza sufí y muchos otros eventos conducentes al desarrollo del Grupo de Cuarenta y de la Ciudad Planetaria de Luz de Sant Pere de Ribes.

La Escuela Arcturiana para la Sanación Planetaria y la Ascensión Personal no es un centro sino un conjunto de enseñanzas, meditaciones y técnicas para la evolución y el desarrollo personal y planetario que englobamos bajo el paradigma del Triángulo Sagrado, formado por las tres fuerzas espirituales de Maestros Ascendidos que ayudan a la reparación del planeta: la Hermandad Blanca, la Hermandad Nativa y la Hermandad Estelar. La meta final es la fundación de una Nueva Sociedad Justa en la Tierra.

El Templo Arcturiano es un espacio creado para la meditación y para la práctica de la Biorrelatividad.

En nuestra sede en la Ciudad Planetaria de Luz de Sant Pere de Ribes ofrecemos:

- Meditaciones y enseñanzas del Triángulo Sagrado para la práctica de las técnicas Arcturianas y espacios formativos sobre dichas técnicas.
- Clases de Tecnología Espiritual Arcturiana en presencia y también a distancia mediante el sistema E-learning Moodle.
- Ejercicios de Biorrelatividad en el Templo Arcturiano y con la Cámara de Sanación planetaria.
- Meditaciones en el Templo Arcturiano: proyección del pensamiento, bilocación y titilación. Conexión con el Lago de Cristal y con el Portal Estelar.
- Bilocación a las Cámaras Holográficas Arcturianas de Sanación personal para recuperar el poder personal y para la liberación de traumas.

- Trabajo en la Rueda de Medicina.
- Clases de pintura visionaria y clases de sanación por el sonido.
- Conciertos y otros eventos.

Información sobre El Grupos de Cuarenta

David K. Miller
davidmiller@groupofforty.com
P.O. Box 4074 Prescott, AZ 86302 USA
http:/www.groupofforty.com

Grupos de Cuarenta en España/ Francia: Magda Ferrer
Email: magdafer@grupos40.com
Web: https://www.grupos.40.com

Asociación Grupo Unicornio: David Arbizu
Email: davidarbizu@grupounicornios.com
Web: https://www.grupounicornios.com

Blog de las Ciudades Planetarias de Luz:
http://pcolglobalnetwork.blogspot.com.es/

**Blog de la Escuela Arcturiana para la Sanación
Planetaria y la Ascensión Personal:**
http://escuelaarcturiana.blogspot.com.es/

Escuela Arcturiana Online:
https://www.grupos.40.com/moodle/

Índice